21世纪普通高等教育规划教材·公共基础课系列

财政学

主　编　江　依
副主编　吴海琪　王　恒
　　　　许雁妮　刘　丽
参　编　郑晓燕

上海财经大学出版社

图书在版编目(CIP)数据

财政学/江依主编．—上海：上海财经大学出版社，2017.9
(21世纪普通高等教育规划教材·公共基础课系列)
ISBN 978-7-5642-2772-2/F·2772

Ⅰ.①财…　Ⅱ.①江…　Ⅲ.①财政学-高等学校-教材　Ⅳ.①F810

中国版本图书馆CIP数据核字(2017)第154307号

□责任编辑　李宇彤
□封面设计　晨　宇

CAIZHENGXUE
财政学

主　编　江　依
副主编　吴海琪　王　恒
　　　　许雁妮　刘　丽
参　编　郑晓燕

上海财经大学出版社出版发行
(上海市中山北一路369号　邮编200083)
网　址：http://www.sufep.com
电子邮箱：webmaster@sufep.com
全国新华书店经销
上海叶大印务发展有限公司印刷装订
2017年9月第1版　2017年9月第1次印刷

787mm×1092mm　1/16　11.75印张　301千字
印数：0 001—4 000　定价：34.00元

21世纪普通高等教育规划教材
21 SHI JI PU TONG GAO DENG JIAO YU GUI HUA JIAO CAI

编委会

BIAN WEI HUI

前 言

在经济类专业的大学课堂上，目前师生们谈论较多的一个话题是如何提高学生上课的兴趣。在当前提倡教学改革的时代大背景下，大学的教材应该是作为连通教师与学生之间思维的一座桥梁，要让师生均能够读出兴趣。

财政学课程是我国高等院校经济类专业的核心课程和必修课程。在当前部分高校向应用技术型大学转型的背景下，社会要求创新人才培养模式。而财政学是经济学的一个重要组成部分，目前我国正在不断进行财税体制改革，作为典型的应用学科，原有的财政学理论体系和教学内容必须不断改革与更新。基于上述背景，本书编写人员在借鉴已有的财政学理论研究成果的基础上，结合自己在财政学教材与课程改革过程中的探索及教学实践经验编写此书。

本书强调引用最新的财税改革成果，吸收了在财政学课堂教学过程中的教学经验，开篇通过阐述生活中的财政现象，增强了本书的生活性，更接地气；此外，在各章节中尽量减少理论陈述的部分，采用了图表数据、案例分析、计算分析、经济评论文章解释的方式，提高了本书的趣味性，目的是引导学生学会将身边的各种现象与财政学结合起来，提高学生对生活中的财政现象的敏感能力，并能用各种财政理论知识来解释和分析各种财政现象。

本书结合我国财政理论的实际发展情况，以“财政现象—财政职能—财政支出—财政收入—财政政策”为框架，形成公共产品理论、财政支出部分、财政收入部分和财政宏观调控四大板块，全面介绍了财政学理论。全书从财政基本理论开始，通过对生活中财政现象的介绍，引出财政学要研究的范围以及财政的资源配置、收入分配、经济稳定与发展三大职能，进而过渡到财政支出部分。通过对我国目前实际的财政支出规模和结构的介绍以及财政支出的各种分类介绍，说明财政支出是政府为实现其社会和经济职能而有计划分配资金的过程。财政收入部分以财政收入的主要来源——税收——为主要内容，介绍税收原理、我国现今税收制度改革等内容，特别突出当前我国“营改增”部分改革内容，强调了整本书的时效性。最后再引出财政的预算政策以及财政宏观调控政策。

本书在编写中注重三个方面：一是编写内容的时效性。本书的内容全部根据我国财税改革的实际情况和最新发展来编排。二是编写方法的实践性。为了更好地提升教学效果，激发学生的学习兴趣，在全书的体例设计上，每章设置了“章前导读”“材料分析”等内容，以求更好地吸引同学们思考。三是用通俗易懂的语言讲清了财政学的基本理论，并引用各项最新的数据和图表，便于同学们理解，也便于读者了解我国财政收支等实际情况。本书内容较为浅显，不仅适合于初学财政学的广大同学，还适合于爱好财政学的自学读者。

本教材共十章，由江依拟订编写大纲，经过所有参编人员共同讨论修改后完成，全书最后由江依修改定稿。参与本教材编写和修订的成员有江依、郑晓燕、吴海琪、许雁妮、王恒、刘丽。

在编写本书时，我们参考了国内外财政学著作，吸取了其他版本教材在编写结构和内容上的可借鉴之处。在此，对相关著作的作者表示真诚的谢意。此外，还要特别感谢湖北商贸学院经济学院的郑晓燕老师，她为本书提供了许多写作思路并参与了本书编写的全过程。

此外，我们还要感谢上海财经大学出版社的精心策划，感谢所有编写人员。由于编者水平有限，书中不足之处在所难免，恳请广大读者批评指正。

编　者
2017 年 6 月

目　录

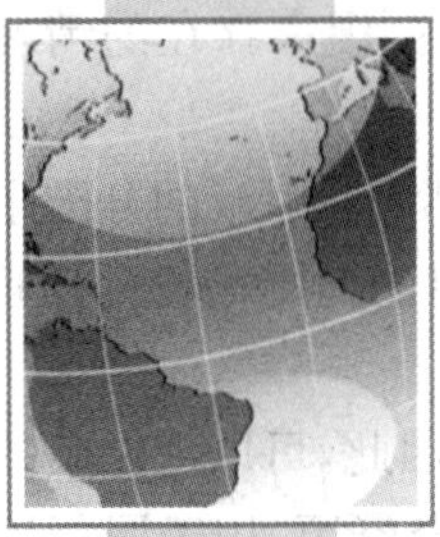

第一章
财政学概述

章前导读

财政学作为经济学的一个分支，它在经济人行为假定、经济决策的产生、经济目标的确定、经济结果的分析以及对经济过程的评价上所遵循的完全是与经济学研究相一致的原则。财政一词最早于13～15世纪出现在拉丁文中，意为结算支付期限、支付款项、确定罚款支付等。16世纪财政一词传入法国，意为公共收入。17世纪演变为专指国家理财。在我国，早期用“度支”“国计”“国用”等词来概括财政现象。19世纪90年代，财政一词由日本传入我国。在戊戌变法(1898年)“明定国是”诏书中首次出现“改革财政，实行国家预算”的条文。自民国开始，以“财政”命名官方机构，称“财政部”。

实践中，财政表现为政府的一系列收支活动或政府的理财活动。本章将介绍财政的本质、财政与市场的关系、财政的职能等，并意图通过生活中的财政学现象来更通俗地讲述各项财政行为。

第一节　财政的本质

财政是人类社会发展到一定阶段的产物，以生产力和生产关系不断发展为基础，以国家的出现为前提，是一个历史范畴、分配范畴，也是一个经济范畴。在原始社会初期，社会生产力水平极其低下，几乎没有剩余产品，没有生产资料私有制，没有社会公共需要，没有阶级和国家，因此也就没有财政。

到了原始社会末期，由于社会生产力的发展和剩余产品的出现，促进了私有制和阶级的产生，终于使人类社会从无阶级的原始社会过渡到有阶级的奴隶社会，随之产生了国家。国家为了实现其职能，为了满足公共需要，凭借政治权力和生产资料的所有权参与社会产品的分配，即财政分配。因此，财政是国家为了执行其职能的需要，凭借政治权力参与社会产品分配的一种经济活动。

一、财政的概念

(一)财政的一般概念

关于财政的概念，学术界传统的观点总结起来有以下三种：

1. 国家分配论

这种观点认为，财政是国家为了满足实现其职能的物质需要，并以自身为主体参与社会产品的分配活动及形成的分配关系，这种活动具有强制性和无偿性。

2. 剩余产品论

这种观点认为，财政是一种物质关系，即经济关系，是随着社会生产的不断发展，在剩余产品出现以后逐渐形成的社会对剩余产品的分配过程。

3. 社会共同需要论

这种观点认为,财政是为了满足社会的共同需要而进行的分配活动,在国家存在的情况下,这种分配活动表现为以国家为主体的分配活动。

以上几种观点虽然各有不同的侧重点,但有几点却是共同的。例如,都承认财政的分配主体是国家或政府,分配的客体是一部分社会产品(剩余产品),财政分配的目的是国家履行其职能,以满足社会公共需要。

在社会主义市场经济发展的今天,财政的概念被赋予了更多的内容。因此,可以把财政的概念表述为以国家(或政府)为主体,通过政府的收支活动,集中一部分社会资源,用于履行国家职能,提供公共产品以满足社会公共需要的经济活动。

从经济学意义上来讲,财政是一种以国家为主体的经济行为,是政府集中一部分国民收入用于履行政府职能和满足公共需要的收支活动,以达到优化资源配置、公平分配以及经济稳定和发展的目标。

实践中,财政表现为政府的一系列收支活动或政府的理财活动。

财政的概念包括以下四个方面的具体含义:

(1)财政分配的主体是国家(政府)。

(2)财政分配的客体是一部分社会产品或国民收入(其中主要是剩余产品)。

(3)财政分配的形式既有实物和力役形式,也有价值形式。

(4)财政分配的目的是满足国家实现其职能的需要。

(二)财政的基本特征

根据我们对财政一般概念的认识,财政的特征表现为以下几个方面:

1. 强制性

财政作为以国家为主体的分配形式,通常是凭借政治权力来进行的。具体体现为国家按法律规定强制施行,是一种无条件的分配,是财富的单向转移。例如:国家从实现其自身的职能需要出发,通过立法和政府机关的相关规定,要求企业、经济组织、个人履行纳税义务。任何组织或个人如果违抗就是一种违法行为,就要受到相关的惩罚。这种强制性对社会主义市场经济条件下的国有企业也不例外,它们也必须按国家规定上缴利税,其他经济组织和个人更应该无条件服从,其实质是一种强制行为。

2. 报偿的非对称性

报偿的非对称性一般是指国家对社会产品的再分配过程中,对于以各种不同方式取得的社会资源,归国家所有,并且由国家根据实际需要进行统一分配,这种分配也是财富的单向转移,并不一定要返还原来的纳税单位或个人,在国家分配过程中并不和另一方之间构成某种交换关系。至于单位或个人以不同形式受益于国家财政,并非国家偿还缴纳的财政收入,而是国家根据实际情况转移支付的结果。

3. 公共性

政府财政为满足社会需要提供的公共产品,具有整体性和非排他性。绝大部分公共产品和服务是面向社会的,社会成员不论其是否愿意或是否实际支付了费用,都可以享用政府通过财政支出提供的公共产品和服务。从另一角度来看,政府的理财活动也具有公共性。财政资金只能用于公共用途,财政资金属于公共财产,它的取得和使用必须按法定程序,各种收支统一纳入预算管理。

4. 收入与支出的对称性

财政实际上是政府控制社会经济的宏观调节手段，通过收支活动最终达到社会总需求和总供给的协调，以达到资源的优化配置。因此，财政收入与支出的对称性是指财政在运行过程中要保持收入与支出的平衡。但是，这种平衡是一种动态平衡，收支的绝对平衡是不存在的。当收大于支的时候意味着财政结余，表明财政运行较为稳妥，但如果形成大量结余，则表明政府集中的资源没有充分利用；相反，支大于收时，表明出现了财政赤字，如果出于需要，适当的赤字在一定程度上会促进经济发展，但连续不断地出现赤字，就会出现通货膨胀而影响经济发展。

二、公共需要与政府活动

从财政的本质来看，它体现了政府为了履行国家职能，为社会提供公共产品以满足公共需要而进行的经济活动。因此，有必要就公共需要与政府活动之间的关系加以认识。

（一）公共需要

所谓公共需要，是指社会提供安全、秩序、公民基本权利和经济发展的社会条件等的需要。公共需要具有以下三个基本特征：

1. 总体性

总体性指的是社会公共需要是全体国民的共同需要。

2. 非排他性

非排他性指的是为满足社会公共需要所提供的公共产品和服务可由社会成员共同享用。

3. 不对称性

不对称性指的是享用满足社会公共需要的产品和服务不遵循等价交换原则，从公共需要中获益多少与缴税多少并不成比例。

公共需要的范围主要包括：维护国家政权和政府机关的正常运转需要，如国防、外交、公安、司法和行政管理的需要；与收入再分配紧密联系在一起的社会服务的需要，包括为教育、卫生保健、社会福利、基础科学研究提供的经费；与政府调控经济职责有关的基础设施和非竞争性基础产业的需要，如铁路、航空、公路、邮政、电信和环保等的需要。

（二）政府活动

政府是国家组成（如政府、土地、居民等）的要素之一，是社会的公共权力机关。它是指一定范围内占统治地位的阶级管理公共事务的机关。公共权力凌驾于社会之上，是政府在管理公共事务方面的职责。政府是国家意志的执行者，国家的职能就是政府活动的范围。从广义上来看其基本职能包括两个方面：一是政治职能；二是公共职能。公共职能是指借助各种非暴力的强制性手段，利用思想控制和技术监视，以进行社会管理，开展社会服务，维持社会平衡和促进经济发展的活动。该职能体现了政府活动的主要范围，涵盖了财政分配活动的全部内容。

（三）公共需要的满足与政府活动的关系

1. 公共需要客观上要求政府活动的参与

满足社会公共活动需要并能维持一定的政治经济生活秩序，使社会再生产正常运转，是人类社会存在和发展的要求，而满足程度又是社会经济发达程度的反映。随着社会不断进步和经济不断发展，满足社会公共需要的内容必然丰富，数量必然增多，质量必然提高，必然要求满足这种社会公共需要的政府广泛参与活动。因此，随着社会公共需要范围的不断扩大，政府的活动范围也在逐渐扩大，由财政分配满足社会公共需要的作用和范围也必然加强，这种活动关系既是必然的，也是客观的。

2. 国家实现其职能也需要满足社会公共需要

国家财政集中分配，满足社会公共需要是国家实现各种职能的要求。古典经济学的创始人亚当·斯密把政府活动的范围列为防务、司法裁判和公共工程。实际上，任何性质的国家充当社会的正式代表，成为财产关系的承担者，除了抵御外敌和维护内部秩序外，还要维护社会再生产的外部条件，都会执行某种社会和经济的职能，来提供满足社会公共需要的产品和服务，以谋求社会的信任。

第二节　财政与经济的关系

一、财政与经济诸环节的关系

所谓经济是指生产、分配、交换和消费，即社会再生产过程中形成的社会关系的总体。整个经济发展过程也就是生产、分配、交换和消费连续不断运动的过程。财政是以国家为主体的对一部分社会产品的分配活动，自然属于分配范畴，而且是社会再生产中分配环节的重要组成部分。因此，财政与经济诸环节的关系主要表现为财政与生产的关系、财政与交换的关系、财政与消费的关系以及财政分配与其他分配形式的关系。

(一)财政与生产的关系

社会再生产各个要素之间存在着相互作用。就生产与分配而言，生产决定分配，而分配又反过来影响生产。分配既作为生产成果的分配，受一定的生产资料所有制形式及生产的规模和生产力水平的制约，同时又作为生产要素的分配而包含在生产之中，作为生产的前提和条件制约着生产。在以生产资料公有制为主体、多种经济成分并存的所有制形式下，财政作为包含在社会再生产统一体内部的一个有机组成部分，不仅作为社会产品的一个组成部分而决定于生产，而且由于进行社会扩大再生产的生产资料中，很大一部分要通过财政资金的分配来实现，从而使得财政分配作为生产要素的一部分而包含在生产中。

就整个社会而言，财政与生产的关系可以表述为：生产决定财政，财政反过来影响生产。生产决定财政主要表现为生产的发展规模、速度和水平决定财政收支的规模、增长速度和积累水平；财政影响生产主要表现为国家支配的财力和使用方向影响着生产发展的规模和速度，制约着社会生产的结构。

(二)财政与交换的关系

交换与分配都是社会再生产中连接生产和消费的中间环节，它们之间是相互联系、相互制约和互为前提的。分配决定着社会成员(集团或个人)在社会总产品中所获得的份额，交换则表现为用这个份额换取各自所需要的产品和服务。可以说，交换是分配和消费之间的中间环节。在社会主义市场经济前提下，交换是实现财政收入的前提，因为产品生产出来以后，只有通过交换来获得社会承认，取得销售收入，才能进行分配，从而形成财政收入。从这个意义上讲，交换成了财政分配的前提。

反过来，财政也影响着交换，主要表现在：社会产品在交换之前，如果没有财政资金的合理分配，商品交换就难以全面完成；在一定的生产力水平下，财政资金分配的方向和分布状况直接影响社会产品供应的数量和结构；一国社会产品在国家、集体、个人之间的交换，归根结底和财政有计划地按比例分配国民收入、确定积累和消费的比例有关系。从这个意义上说，财政分配又成了交换的一个前提。总之，在社会再生产中，为了更好地促进生产、服务、消费，必须正确处理分配与交换的关系，使财政与分配互相促进。

（三）财政与消费的关系

在社会再生产过程中，生产与消费具有直接的同一性。生产过程也就是生产资料和劳动力的消费过程，生产为消费创造出消费资料，创造出消费对象；消费不仅使生产最后得以完成，同时由于人们产生的新的、更多的需求又成了新的生产动力和目的，促进生产不断向前发展。因而可以说，生产就是消费，消费就是生产，生产创造消费，消费创造生产。社会主义生产的目的是最大限度地满足人民日益增长的物质文化生活的需要，因此也就决定了财政分配的目的就是满足人民消费的需要。

消费对财政的影响表现在两个方面：一是满足消费是财政分配的根本目的；二是消费是财政的最终实现。而财政对消费的影响也是多方面的，虽然一定时期内消费水平取决于生产力的水平，但在同一生产力水平下，消费水平却受着国民收入分配中积累与消费的比例关系以及财政资金用于消费的比例的影响。因为在国民收入中，用于增加消费的部分直接或间接地取决于国家财政分配，所以财政分配直接影响着社会消费和个人消费水平。

（四）财政分配与其他分配的关系

分配是社会再生产的一个重要环节，分配体系由财政分配、信贷分配、价格分配、工资分配和企业财务分配组成，而财政分配与其他分配存在着相互联系、相互影响和相互制约的关系。

1. 财政分配与工资分配

首先，工资分配影响财政分配。工资分配主要由两部分组成：一是物质生产领域的工资，相当于国民收入初次分配中的（V）部分；二是非物质生产领域的工资，包括行政事业单位职工的工资，是从国民收入再分配中取得的劳动报酬。在国民收入既定的条件下，增加生产领域内工人的工资，势必减少企业利润，从而减少财政收入；提高非物质部门职工的工资更会增加财政拨款。由此可以看出，提高物质生产部门的工人工资必然减少财政收入，增加非物质部门员工工资必然增加财政支出。

其次，财政分配也制约着工资分配。对于生产性企业和非生产性领域职工的工资发放，国家可以通过财政政策加以干预。各地域的生产性和非生产性工人的工资标准由各地人民政府提出但必须报国家财政部门批准，在规定地域标准内的工资可作为成本在税前扣除，而超过规定的工资不能作为成本在税前扣除，主要从企业税后利润中支出。另外，改革开放以来，随着富民政策的实施，人们的收入出现了多渠道的现象，为克服收入分配上的悬殊，国家还通过征收个人所得税来调节工资分配。

2. 财政分配与价格分配

价格分配是整个社会产品体系中的重要组成部分。财政分配主要是针对社会产品中的剩余产品价值（M）所进行的一种集中分配。而价格分配则是通过商品价格购销差价或商品价格与价值的背离，引起商品价格高于或低于其价值，从而对国民收入进行分配与再分配。这种分配必须借助交换才能完成。财政分配和价格分配均是以价值量作为分配对象的行为，它们之间存在着相互制约的关系。

一方面，财政分配制约着价格分配。财政分配的规模大小和结构直接影响着社会购买力的实现与物价水平。财政投资性支出与社会消费性支出如果安排过多，超过了国家财政收入的能力，则必然出现财政赤字，而弥补措施又往往诱发通货膨胀。在财政分配活动中，国家通过制定有关财经纪律与法规来约束企业行为。在财政分配过程中，国家还可以通过减免税收、财政补贴等措施,促使企业发展,企业可以在确定产品价格时低于前期水平,从而在竞争中具有价格优势。

另一方面,价格分配制约着财政分配。价格分配影响财政支出的规模,由于价值规律的作用,当产品价格发生变化时,若财政规模不变,则能购买到的商品数量必然发生增减,若商品是为了保证某项任务的完成而必需的,就势必影响财政拨款。同时,价格分配制约着财政收入的规模。一般情况下,价格上升,在成本不变的情况下,企业增收,财政收入就相应增加;价格下降,企业收入减少,则财政收入也相应减少。

3. 财政分配与信贷分配

财政分配与信贷分配两者既有区别,又有联系。两者的区别在于:一是分配主体不同,财政分配是以国家为主体的分配,而信贷分配则是以银行为主体进行分配;二是分配对象不同,财政分配对象是国民收入(V+M),其中主要是剩余产品价值(M),而信贷分配则是以整个社会产品(C+V+M)作为分配对象;三是分配的性质不同,财政分配是强制的、无偿的分配,通过税收组织收入,采用无偿拨款方式安排资金,而信贷分配是自愿的、有偿的分配,主要通过发放贷款、吸收存款的形式进行分配;四是分配目的不同,财政分配是为了满足国家政府实现其职能的公共需要,而信贷分配则是为了满足企业临时资金周转和投资需要的分配。

财政与信贷的联系在于财政性存款与财政拨款是银行信贷资金的重要来源。银行作为经营货币的特殊企业,需要向国家财政缴纳税收或利润,财政赤字也可采取向银行透支的办法来弥补。政策性银行具有财政和银行的双重功能,是财政与银行资金运用的结合部门。政策性银行在国家的产业政策和规划指导下,自主经营,自担风险,不以营利为目的,支持国家进行宏观经济管理,促进经济和社会的发展。

4. 财政分配与企业财务分配

企业财务分配是财政体系的基础和基本环节。企业财务分配是指企业在社会再生产中运用价值形式分配企业总产品的活动。通过企业财务分配形成补偿基金、工资基金与企业纯收入(利润),利润进一步分解为上缴的税金、利息、各种保险金、向投资者分配利润和企业自行支配的资金。财政分配与企业财务分配相互制约、互相影响。

首先,企业财务分配制约着财政分配。主要表现在两个方面:一是企业成本核算是否真实,关系到财政收入能否足额、稳妥地取得;二是企业按规定能否及时缴纳税收和利润,关系到财政收入能否及时取得。

其次,财政分配也制约着企业财务分配。为保证财政收入的实现,国家通过财经法律来约束企业的经营行为,防止企业偷税漏税,保证财政收入。基础设施的投资及企业的更新改造的投资也是由财政安排、企业财务落实的,说明财政分配决定着企业财务分配。

二、财政与经济运行机制

所谓经济运行机制,是指经济运行中各构成要素之间的相互联系、互相制约的关系及其运转方式和总体功能。它是由经济运行的决策、信息的传递,以及经济运行的动力和调节方式构成的有机整体。经济运行机制大致可以划分为计划经济运行机制和市场经济运行机制两类。财政作为一个经济范畴,是经济机体内的一个重要构成因素,它可以能动地为不同模式的运行机制服务,同时也受到其服务的运行机制的制约,与不同的经济运行机制相适应。

(一)财政与计划经济运行机制

在计划经济运行机制中,国民经济的主要经济变量和经济关系在计划的规定下按行政方式联结，经济过程在计划的推动下运行。与这种经济运行机制相适应，财政表现出以下特征：

1. 财权财力的高度集中性

财政是政府以计划形式对社会经济生活实施全面组织、安排和控制的重要财力保证。因此，它不仅要将全社会的主要财权财力集中于政府，而且还要集中于中央政府。在此要求下，中央政府成为实施财政决策的唯一主体，各级地方政府的财政活动均受制于中央政府。

2. 财政是社会资源配置的基本承担者

在计划经济体制下，以计划为核心的经济运行机制使得财政不仅执行着政府配置资源的活动，而且也执行了理当由企业和个人所执行的资源配置活动，从而使财政成为社会资源配置的基本承担者。一方面，政府的财政收入几乎集中了全社会的全部剩余产品，然后又通过财政支出的形式直接为国民经济的发展提供资金，从而使得整个社会资源的绝大部分是通过财政加以配置的；另一方面，财政以直接的财力分配形式直接或间接地介入了从企业生产到人民生活的各个领域，从而使计划经济中的财政进入了微观资源配置领域，取代了由企业和个人等微观经济运行主体所进行的微观资源配置活动。

3. 对经济运行调控的直接性

在计划经济的运行过程中，不仅经济运行目标由国家以指令性计划的方式予以确定，而且经济运行的全过程也要在国家的直接操纵下按预定的程序来完成。而国家实现这一控制的重要手段就是财政，财政是整个国民收入的枢纽，国家通过财政自身的收支活动直接安排和调节整个国民经济各重要方面的比例关系以及运行状况。

(二)财政与市场经济运行机制

在市场经济运行机制中，决策方式不再是计划机制下的一元集中模式，而是由各级政府、各个企业和个人参与的分权式决策。这些不同经济利益的主体在追求自身利益时推动着经济的发展。在市场经济条件下，伴随着微观经济主体地位的显现，微观经济和宏观经济构成了目标各异、相互独立的两个经济层次。在不同的经济运行领域，财政的地位与作用存在显著的不同。

1. 财政与微观经济运行机制

微观经济是社会再生产过程中单个经济单位的经济活动，或者说是单个企业和资源所有者的生产经营活动。微观经济是宏观经济的基础，企业作为从事生产、流通或劳务等活动并实行独立核算的经济组织，是一个国家国民经济的基础，也是国家财政的基础。首先，财政分配的对象——社会产品，是由企业创造的，没有社会财富，就没有社会财富的分配。其次，由企业构成的一定时期的产业结构是决定国家财政收入结构和支出结构的主导方面。

与此同时，财政作为国家宏观调控的重要手段，对微观经济活动也产生很大影响，表现在：财政分配的宏观目标是企业行为取向的基本依据；财政分配的合理性是企业生存和发展的重要条件。在这种运行机制下，企业相对独立，参与社会资源的分配，财政一般不直接参与生产经营活动。同时，不仅财政信息的收集来源于市场，而且信息的传递也是通过市场向微观经济主体传递的，因而财政决策也就经常受微观经济决策体系行为的制约，决策效果也受到不同程度的影响。

2. 财政与宏观经济运行机制

在市场经济条件下，由于市场机制对经济运行的自发调节存在着自身难以克服的缺陷和局限性，当微观经济主体达到自身利益目标时，却不一定能实现经济总体的大体平衡。所以，当市场机制参与资源配置时，政府必须担当起宏观调控的职责，促进整个经济的平衡发展。而财政作为政府手中掌握的一种重要工具，必然通过其政策措施影响宏观经济运行，起着控制的重要作用。宏观经济运行的目标标准状态就是社会供给与需求在总量和结构上保持平衡，因此，各国政府财政在对国民经济控制时均把社会总供求平衡作为目标之一。

在市场经济条件下，财政主要采取以间接方式为主、直接与间接相结合的方式进行调控。一方面，财政以市场为中介，采用经济手段和法律手段，通过影响微观经济主体的利益来间接地对经济过程进行调节；另一方面，财政要以经济、法律以及行政手段，以直接或间接的方式进行重要项目的投资与管理，以保证国家产业政策与国民经济发展目标的实现，从而促进宏观经济协调运行。

第三节 政府职能与财政收支

一、混合经济中的政府职能

在现代市场经济体制下，市场是一种资源配置渠道，政府也是一种资源配置渠道，二者相互交融，但各自的运行机制又是迥然不同的，市场经济理论不能够完全回答政府配置资源的机制和规律，政府和市场的关系不是替代，而是互补。

市场失灵是政府弥补市场缺陷的必要条件而不是充分条件。充分条件是政府经济活动在取代私人活动后，与单纯私人经济活动相比表现出更高的效率。政府拥有受民主政治控制的强制力（优势条件），政府通常利用政治权力监管私人经济活动，并利用税收和补贴来影响资源使用的，这使得政府在纠正市场失灵方面具有某些明显优势。值得注意的是，在政府调控的混合市场经济下，由于各国的政治经济体制和具体国情不同，在发挥政府的经济职能范围方面，各国有各自不同的选择，从而形成了不同的市场经济体制模式。如以美国和欧洲多数国家为代表的“新自由主义”的市场经济模式；德国实行的“社会市场经济”模式；以日本、韩国为代表的政府主导型的市场经济模式，即“亚洲模式”或“东方模式”。在我国经济体制转型时期不仅存在市场失灵问题，还存在市场发育的残缺，这就决定了在处理政府与市场的关系上，需要政府发挥的作用更为突出。因此，政府职能范围的研究显得尤为重要。

随着社会经济的发展，政府职能的范围在逐渐扩大。亚当·斯密从财政税收对国民财富发展的影响角度论证了政府经济活动的范围。出于他的自由经济理论，他认为政府的作用一是保护社会，二是保护个人，三是建设和维护公共设施。而萨缪尔森在其《经济学》一书中则论述了政府的五种职能：直接控制职能；公共产品的社会消费职能；稳定经济的财政政策和货币政策；政府从事生产的职能；福利支出职能。他尤其重视通过政府的支出与税收对经济进行干预以稳定国民收入水平。概括起来，现代政府职能起码应该包括如下几部分内容：

首先是立法职能，即提供人们生活交往活动所必需的法律，特别是经济法律和法规的制定。如以法律保护契约的执行，财产所有权，反对任何形式的垄断，反对非法竞争，保护产权和知识产权，保护生产者和消费者权益等。其次是经济管理职能。如提供稳定的宏观经济环境，提供有利于经济发展的公共设施和基础设施，包括加强通讯、能源、信息服务、环境保护等；对经济行为的行政管理，如检查、监督、审计等。再次是生产和购买职能，包括提供贷款、保险，生产及消费购买公共产品和公共服务，如国防、交通、教育、科研及新技术、新产品开发等。最后是再分配职能，如累进所得税、公共补助和社会保障制度等。

现代混合经济中政府部门的主要职能，概括起来就是弥补市场缺陷，承担私人部门经济办不了、办不好、不愿办的事。市场经济中政府干预手段主要有：

（1）行政法律。行政法律干预包括制定规制市场和经济主体行为的法律法规，以规范市场行为；制定发展战略和规划，引导和调节经济运行；直接采取行政手段，如规定产品价格，实行公共管制，命令造成污染的厂商停产或限期治理等。

（2）组织公共生产。组织公共生产手段主要是指由政府通过财政预算投资，兴办所有权归政府所有的工商企业和单位，提供市场不能提供或提供不足的物品。需要注意的是，公共生产、公共物品、公共提供是三个不同的概念。

（3）经济政策。财政政策是主要的经济政策手段之一。财政政策施行的主体是国家，国家通过运用税收、国债、财政支出、政府购买等手段来调节财政收入和财政支出水平，进而影响整个社会的总需求水平。

二、财政支出是政府履行职能的表现

财政支出是政府经济职能的集中体现，也是市场经济下政府活动的范围和内容在经济方面的总体概括。根据马克思主义基本原理，财政分配源于政府职能，财政是政府履行职能的重要经济基础。公共财政支出的规模和内容反映了政府活动的规模和范围，调整公共财政支出结构是实现政府职能转换的重要途径。

公共财政支出也是全体居民共同利益的集中体现。这说明，政府作为公共管理机构，有必要通过对公共财政支出的调整来满足社会各阶层的利益和要求。通过财政资金的支出，满足整个社会再生产和公共部门等各方面活动的资金需求，从而为实现政府的各项职能服务。因此，财政支出是财政分配活动的重要环节，它反映了政府的政策，规定了政府活动的范围和方向。

由于技术的进步、生产的社会化、经济的增长和社会的进步，各国政府的职能范围均有所扩展，由政府提供的公共产品和公共服务的范围和数量不断增加，政府对经济的直接管理程度大为加强，在收入再分配和社会保障方面，以及减轻经济周期波动和失业方面，政府都在发挥重要作用。财政支出占 GDP 的比重明显扩大，发达国家多在 30％以上，有的甚至高达 40％以上。

三、财政收入是政府履行职能的财力保证

为使政府的必要职能得以履行，应保证公共支出的资金来源。政府财政收入是政府为履行其职能，保证财政支出的需要，是依法取得的货币收入。财政收入应该能够随着经济增长而同步增长，同时保证收入在各级政府间的正确分配。

政府可以通过多种形式取得实现其职能所需的财政收入，如税收、直接向消费者收费、举债等。税收是财政最主要的收入来源。原因是税收依托立法，收入来源稳定，且筹资成本较低，既可免除增发货币形式所带来的通货膨胀之害，又可避免举借公债形式所必需的还本付息之累。

四、政府职能、财政支出和财政收入之间的关系

财政收入和财政支出是财政资金运行的两个方面。没有完善、健全的财政收入机制，财政资金运行就缺乏稳定可靠的来源；而没有完善、健全的财政支出管理，就难以提高财政资金的配置效率，难以保证财政资金的良性运行。但其前提必须是确定财政收支的规模和结构，而财

政收支的规模和结构决定于市场经济中的政府职能。

由政府职能导致公共支出的必要，而稳定的财政收入使公共支出正常进行，是政府职能顺利履行的必要条件。从这样的一条逻辑链中可以看出，政府的财政活动，包括收入和支出，都源于政府的必要职能。只有把政府的职能界定清楚，才能划定政府的支出范围及其财政收入的规模。

就政府和纳税人的关系而言，由于有些活动必须由政府出面来做更有效率，而这些活动的受益者是民间部门中的企业和个人，这就使政府有理由向公众征税和收费，目的是取得收入以保证顺利履行自身职能，更好地提供服务。公众由于享受了政府提供的公共产品和公共服务，也有义务向政府纳税和付费，以便换取相应的收益。这是市场经济下的交易行为，体现了公共财政的基本原则，即受益与负担对应原则，政府提供的公共服务是通过纳税人缴纳税收所得到的，但由于公共产品和服务是对全体公众的，这种对应可能并不是完全对等的。作为财政体制的设计者的政府，有义务使财政税收体制努力向较为公平的方向迈进。

简言之，市场经济和社会公共需要要求确定政府职能，根据政府职能确定财政职能，根据财政职能确定财政支出的方向、范围和数量，根据财政支出确定财政收入（税收收入）的规模，从而也就决定了公共财政的职能及其范围。

第四节　生活中的财政现象

在现实生活中，人们总是能接触到各式各样的财政现象，小到人们用诚实劳动和合法经营取得的货币收入到市场上购买自己需要的商品或劳务，而这些商品和劳务的价格中又都包含了各项商品税收；大到政府利用税收收入投入到基础设施、教育、国防等领域。可以说，一个人自出生，就已经和财政结下了不解之缘。当我们来到人世，接生我们的医院，幼儿时期抚育我们的幼儿园，学龄儿童进入小学乃至进入中学、大学学习的学校，在我国基本上都是由政府出资兴办的；参加工作以后，一旦失业，政府还可以提供维持生活的失业保险金用以保障人们的正常生活；等到我们年老，可以依靠政府参与提供的养老保障和医疗保障安度晚年。所有这些，都离不开政府和财政的服务。

财政与每个人的关系如此密切，以至于几乎没有人能够脱离财政而生存。在日常生活中，充满着各种财政收支活动，比如道路、桥梁、机场、国防、社会治安、自然灾害救助等，大量地依靠财政提供的财力来建设或维持运转。同时，人们的各种经济活动，又必须向财政缴纳各种税费，这些税费收入就成为各级财政用于各项活动的经费来源。

下面分财政收入和财政支出两个方面来谈谈生活中的财政现象。

一、我们生活中所参与的有关财政收入的现象

先以税收为例来谈谈我们生活中与税收有关的例子。税收作为我国财政收入的主要来源，不仅有着聚集财政收入的功能，还有着调节收入分配的功能。日常生活中，我们会经常参与到商品的购买和消费环节中，我们最终所支付的商品的价格中就包括了各种各样的商品税，如增值税、消费税等。在我国，对于一般商品而言，增值税是对商品在生产加工的每个环节中商品所增加的价值所征收的一种税；消费税是对一些特殊的商品（国家为了制约这些商品的消费或者是为了节能减排的倾向）再按一定的比例所征收的一道商品税，虽然商品税的纳税人是企业或商户，但是最终每一环节所产生的商品税的税额都是累计下来由消费者承担的。所以

说，在日常生活中，我们的消费活动已经为国家的财政贡献了一定的收入。除此之外，我们平时所缴纳的社会保险、住房公积金、养老金其实也是我国财政收入的一项来源之一，而国家的这一项来源也专项用于公民的住房和社会养老问题上，只是社会保险需要等到失业或者年老、生病的时候才会使用；而住房公积金需要等到购买商品住房或者住房装修等时才能够提取使用。

在国家财政收入方面，除了上述各种经费以外，还有许多和我们的生活息息相关的缴费途径，例如对于国家（政府）兴办的学校，学生每年所缴纳的学费并不是全部交给学校，而是学校会将很大一部分交给国家或者国家财政部门，之后学校所需要的经费又由国家财政部门拨出；又如我们平时所缴纳的高速公路的过路费，也是政府财政收入的一部分。所以我们生活中每时每刻都在与国家财政打交道。

（二）我们生活中所参与的有关财政支出的现象

国家财政的支出也包括了很多方面，与我们日常生活的联系也很密切，它涵盖了教育、医疗、养老、公共设施等诸多方面。我们平时免费享受使用的公园等都是国家财政拨款建成的，有很多公园都是免费开放的，这就是财政取之于民，用之于民的体现。对于一些公共设施的建设，其前期的投入是十分巨大的，投资回报期较长，后期的维护运营同样也需要消耗大量的物力和人力，且不说免费开放的公共设施，即使这些公共设施在运营期间已经开始盈利，也很难在短期内收回成本。例如：高速公路、地铁等大型工程，它们的建造成本十分巨大，一般的个体很难单独承担，而这些建设又关乎国家的经济。对于公民来说，这些基础设施建设确实给人们的生活带来了极大的便利。另一个典型的例子就是我国提供的免费的九年义务教育，这是国家财政在教育方面支出的体现。在教育的其他方面，国家财政也起到了很大的作用：如今各大高校的科研经费以及各研究所的研究经费大部分都由国家财政的支出提供，而科技的研究有助于国家经济的发展以及国家综合实力的提高，更有利于国民生活质量的提高。

总之，国家的财政支出深刻地影响着国民的生活，它在很大程度上体现了用之于民。很难想象如果没有了国家财政的支出，我们的生活以及一个国家的运作会是怎么样的。

材料 1－1　　总理再发话：集中攻克雾霾成因，该花多少钱就花多少钱！

“许多人都注意到，只要天气好，一些跳广场舞的地方就热闹欢腾；而遇到雾霾天，广场舞的声音立即就变小了。我也听说，咱们在座的一些部长们，出外散步时也习惯先要看看‘雾霾指数’。”2017 年 4 月 26 日国务院常务会议上，李克强总理一连引用了两个身边的事例，说“雾霾的确已成为事关每个人的民生痛点”。

“今年财政预算已经做完了，那我们就从总理预备费中出这个钱！”李克强说，“我们常说钱要花到刀刃上，这件事就是广大人民群众最急切盼望解决的事之一，该花多少钱就花多少钱！”

2017 年 3 月，李克强参加全国人大陕西代表团讨论时，中科院院士、中科院地球环境所所长周卫健向总理建议，应集中多学科科学家攻克“中国北方雾霾的成因及应对”。李克强当即表示，如果有科研团队能够把雾霾形成机理和危害性真正研究透，提出更有效的应对良策，“谁攻克，重奖谁”！

2017 年两会闭幕后两天，总理就在部署落实《政府工作报告》工作时加入一项新任务：设立专项资金，组织相关学科优秀科学家，集中攻关雾霾形成机理与治理。一个多月后的 4 月 26 日，李克强主持召开国务院常务会议确定，开展由环境保护部牵头，科技、中科院、高校、农业、工信、气象、卫生等多部门和单位协作的“集中攻关”。

“我们就是要汇聚跨部门科研资源，组织优秀科研团队进行科学研究，齐心协力打赢这场雾霾成因和治理的‘攻关战’！”总理说。

李克强说，这些年我们持续不懈治理雾霾，取得了一定的成效。但还要进一步向纵深方向推进，切实把雾霾成因机理彻底搞清楚。只有研究透了，才能更有效地“对症下药”。

“现在我们观测到的雾霾，成分和形成机理到底是什么？‘雾’和‘霾’究竟各占多大比例？这些都需要我们更加深入地研究。”他说，“人民群众对雾霾治理有急切的期盼，我们一定要把这件事情实实在在办好。切实推动空气质量持续改善，减轻群众的呼吸之忧，坚决打赢这场‘蓝天保卫战’！”

资料来源：中国政府网，2017 年 4 月 26 日。

请大家思考：攻克雾霾与财政有着怎样的关系？

第五节　财政的职能

财政的职能是指财政在社会经济生活中所具有的职责和功能，但这种职责和功能在不同的财政模式中会有不同的表现。也就是说，计划财政有计划财政的职能，公共财政有公共财政的职能。我们研究的是市场经济体制下公共财政的职能，这种研究必须以政府与市场的关系为基础。公共财政的职能与计划财政的职能是不同的，这是因为计划经济与市场经济的运行模式不同，经济运行机制不同，财政活动的领域也不相同。不区分计划财政与公共财政的差异，将计划经济下财政的职能简单套用在市场经济的公共财政中是不可取的。因此，研究公共财政的职能必须以市场经济体制中政府与市场的关系为基础，说明在市场经济体制所决定的政府与市场的关系下财政内在固有的功能。

根据社会主义市场经济的内在要求，财政的职能主要有三个方面，即资源配置职能、收入分配职能和经济稳定与发展职能。

一、资源配置职能

资源配置，广义的理解是指社会总产品的配置，狭义的理解是指生产要素的配置。资源配置就是通过对现有的社会资源合理配置，实现资产结构、产业结构、地区结构及技术结构的合理化，使社会资源得到最有效的利用，获得最大的经济和社会效益。在市场经济条件下，一部分社会资源必须由财政配置，财政必然具有内在的资源配置职能。首先，公共产品的提供要求一部分社会资源必须由财政配置，政府经济活动就是要为社会提供公共产品以满足社会的公共需要。由于公共产品具有非竞争性和非排他性的特点，具有较为明显的外部效应，在公共产品提供过程中，不存在自身等价交换的补偿机制，因此，公共产品在一般情况下不可能依靠市场提供，市场机制在公共产品资源配置中不起作用。在这种情况下，公共产品的提供只能依靠财政。政府通过财政分配活动为公共产品配置相应的社会资源。财政为公共产品配置资源是必然的，如果财政给公共产品配置的资源不足，而市场又不能配置，则会导致整个社会公共产品的短缺，出现财政缺位的现象。其次，弥补市场失灵也需要一部分社会资源由财政配置。市场在竞争性领域中的资源配置是高效率的，但市场在资源配置中存在着市场失灵，可能会出现社会资源的损失和浪费、社会再生产过程的垄断、通货紧缩和通货膨胀、市场价格信息的扭曲以及社会收入分配的不公等现象。因此，需要政府对市场经济领域进行干预，矫正市场的失灵。例如，通过财政补贴矫正正的外部效应，通过收费矫正负的外部效应，通过财政政策的制定和实施调节社会总供给与社会总需求的平衡等，这将导致财政对一部分社会资源的配置。

应当指出的是，财政的资源配置职能并不能替代市场对资源的配置。在一般情况下财政应当尽量减少直接对市场经济领域的资源配置，从而在竞争性领域中让市场在国家宏观调控下在资源配置中起基础性作用。财政在竞争性领域中资源配置的力量越强，市场机制就越弱，这将极大地破坏市场对资源的配置，降低社会资源的配置效率。财政资源配置的领域主要是政府经济领域，在竞争性领域中，财政只能矫正市场的失灵而不应成为资源配置的主体，不能让财政超越市场成为资源配置的最重要方式。税收理论中的税收中性原则说明的就是这个道理。这也是公共财政与计划财政的最大区别。

财政资源配置职能的实现机制和手段主要有四种。一是确定社会公共需要的基本范围，确定财政收支占国内生产总值的比重。通过国家预算合理安排财政收入和财政支出的规模，确定财政收入和财政支出占国内生产总值的比重，合理确定财政赤字或结余，进而影响社会总供给和总需求的相对均衡，保证社会再生产的顺利进行。国家预算是财政安排资源配置最基本的手段。二是运用财政收入手段，合理安排财政收入的数量和收入的形式，确定财政占有社会产品的规模；完善税收制度和税收的征收管理，协调流转税和所得税之间的关系，发挥它们不同的作用；规范政府的收费行为，合理确定税收与收费之间的比例关系；协调公债的发行规模，选择合理的公债发行方式与偿还方式，完善公债市场，发挥公债的作用。组织财政收入的过程也是政府占有社会产品的过程，运用财政收入手段能够为财政配置社会资源提供基础和保证。三是优化财政支出结构，提高资源配置的结构效率。合理安排财政支出规模，进一步优化财政支出结构，通过财政支出结构的优化和调整，实现财政资源配置结构的优化；应将财政支出的重点逐步转移到提供公共产品以满足社会公共需要上来；合理确定购买性支出与转移性支出的比重，合理确定投资性支出与消费性支出的比重；综合运用政府投资、公共支出、财政补贴、政府贴息、税收支出等多种支出形式，全面实现财政资源配置的优化。四是提高财政资源配置的效率，资源配置的核心是效率问题，财政的资源配置无疑应当坚持“公平优先，兼顾效率”的原则，必须强调财政资源配置在维系社会公平中的不可替代的作用，但公平优先不意味着放弃效率。在公平优先的原则下，必须兼顾财政资源配置的效率，既要注意财政资源配置的社会效率，也要注重财政资源配置自身的效率，应当针对不同性质的财政支出，运用不同的方法对支出效率进行分析和评价。

二、收入分配职能

收入分配是财政被赋予的基本职能，是财政本质的集中体现。收入分配是指通过财政分配活动实现收入在全社会范围内的公平分配，将收入差距保持在社会可以接受的范围内。收入分配职能是财政的最基本和最重要的职能。在社会再生产过程中，既存在着凭借生产要素投入参与社会产品分配所形成的社会初次分配过程，也存在着凭借政治权力参与社会产品分配所形成的社会再分配过程。初次分配是市场经济领域的分配活动，财政再分配则是政府经济领域的分配活动。两个领域收入分配的原则与机制是完全不同的，在收入分配中如何处理公平与效率的关系也不相同。

市场经济领域中的初次分配，贯彻的是“效率优先，兼顾公平”的原则。在一般情况下，我们对公平的理解主要是社会产品分配结果的公平。但结果的公平本身，受制于起点的公平和规则及过程的公平。没有起点的公平和规则及过程的公平，就不可能真正实现结果的公平。市场经济之所以坚持效率优先，原因在于：首先，市场经济中的初次分配依据的是生产要素的投入,生产要素的拥有者将自身拥有的生产要素投入生产过程中,并凭借这种生产要素的投入参与生产结果的分配。而社会成员对生产要素拥有的数量与质量都不相同,这种起点的不同必将影响到结果分配的不同,这实际上就是起点的不公平。在这种情况下,市场经济领域的初次分配不可能强调结果分配的公平,市场经济有可能做到规则和过程的公平,但无法做到结果的公平。如果市场经济刻意追求结果的公平,就不存在按生产要素投入的分配。其次,市场经济具有竞争性。在竞争的作用下,资源利用效率比较低的企业有可能通过破产机制被淘汰,其利用的资源也会向资源利用效率较高的企业集中。这种竞争对市场主体来说是生与死的竞争。在生与死的竞争压力下,市场经济主体必须提高资源利用效率,将效率放在首位,没有一定的效率就没有生存的机会。

正因为如此,市场经济领域中的初次分配必然存在收入分配的差异,出现收入分配差距的拉大,这是市场经济本身无法避免的。从某种意义上说,这种收入分配差距的拉大具有进步意义,它可以刺激社会资源配置效率的提高,促进市场经济竞争力的增强。但是,从全社会范围看,收入分配差距如果过大,结果的不公平如果过于严重,会直接影响到社会的稳定。社会收入分配不公是导致社会不稳定的重要因素。财政的收入分配职能就是通过财政的再分配活动,压缩市场经济领域出现的收入差距,将收入差距控制在社会可以接受的范围内。

财政实现收入分配职能的手段主要有三种。一是加强税收调节,税收调节是从收入角度调节社会收入分配的重要手段。市场经济在竞争的作用下必然出现收入分配差距的拉大,政府应当承认这种差距的合理性,但政府不能任由这种收入分配差距拉大。政府可以通过税收对各方的收入进行调节。财政既可以通过间接税调节各类商品的价格,从而调节各种生产要素的收入,也可以通过累进个人所得税,调节社会成员的收入水平,对较高收入群体课以较高的税,体现出区别对待的政策。二是转移性支出,通过转移支付制度调节社会收入分配是财政的支出政策。一般理论认为,支出政策在调节收入分配中比收入政策更为有效,副作用更小。三是可以通过社会保障制度建设、发放失业救济金、制定城市最低生活费制度、进行住房补贴等方式,加大对低收入群体的支持,使其能够维持一般的生活水平,从而维系整个社会的稳定,提升全体社会成员的福利。

材料 1—2　　　　基尼系数

基尼系数是 1943 年美国经济学家阿尔伯特·赫希曼根据洛伦兹曲线所定义的判断收入分配公平程度的指标。基尼系数是比例数值,在 0 和 1 之间,是国际上用来综合考察居民内部收入分配差异状况的一个重要分析指标。

赫希曼根据洛伦兹曲线提出的判断分配平等程度的指标。设实际收入分配曲线和收入分配绝对平等曲线之间的面积为 A,实际收入分配曲线右下方的面积为 B。并以 A 除以($A+B$)的商表示不平等程度。这个数值被称为基尼系数或洛伦兹系数。如果 A 为零,基尼系数为零,表示收入分配完全平等;如果 B 为零则系数为 1,表示收入分配绝对不平等。收入分配越是趋向平等,洛伦兹曲线的弧度越小,基尼系数也越小;反之,洛伦兹曲线的弧度越大,那么基尼系数也越大,收入分配越是趋向不平等。

其具体含义是指,在全部居民收入中,用于进行不平均分配的那部分收入所占的比例。基尼系数最大为“1”,最小等于“0”。前者表示居民之间的收入分配绝对不平均,即 100%的收入被一个单位的人全部占有了;而后者则表示居民之间的收入分配绝对平均,即人与人之间收入完全平等,没有任何差异。但这两种情况只是在理论上的绝对化形式,在实际生活中一般不会出现。因此，基尼系数的实际数值只能介于0和1之间，基尼系数越小则收入分配越平均，基尼系数越大则收入分配越不平均。国际上通常把0.4作为贫富差距的警戒线，大于这一数值容易出现社会动荡。

图1—1为基尼系数示意图：

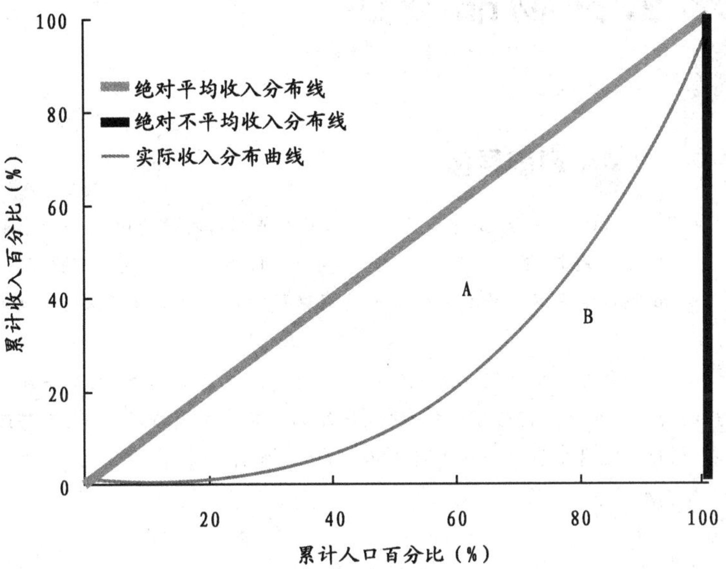

图1—1 洛伦兹曲线和基尼系数示意图

三、稳定与发展的职能

稳定与发展的职能，也可以称为财政的宏观调控职能，是指利用财政政策通过财政活动矫正市场失灵，进而保证社会总供给与总需求的相对均衡，促进社会再生产协调运行。

一般来讲，实现稳定和发展目标的财政手段主要有四种。一是以社会总供给和总需求的大体平衡作为经济稳定的目标。社会总供求保持了平衡，物价水平就基本稳定，经济增长也会适度，充分就业和国际收支平衡也不难实现。所以运用财政手段来促进经济的稳定，必须首先考虑调节总供给和总需求的平衡。二是在保证总供求平衡的手段中财政政策是最重要的。财政政策并不是一成不变的，而是“相机抉择”的。在总需求超过总供给时，财政可以减少支出或增加税收，或者两者并举，目的是压缩需求总量；反之，在总需求小于总供给时，财政可以增加支出或减少税收，或者两者并举，目的是扩大需求量。三是解决好增长与发展的关系，保证非生产的纯社会公共需要。四是解决好短期和长期政策之间的关系，短期政策与长期政策有时也存在矛盾，这种关系在许多情况下要考虑多种因素，加以权衡，做出合理抉择。

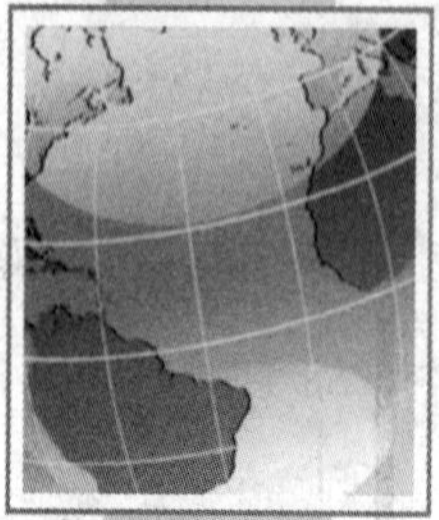

第二章 公共物品概述

章前导读

2001年美国遭到恐怖袭击后，所有美国人都认为政府必须采取措施防止将来再次发生袭击，任何人都承认国防是必须由政府来提供的。那么，国防到底具有什么特征呢？还有其他物品和服务也具有这种特征吗？本章将探讨公共物品的提供、公共物品的特征。

假定某人经营一家工厂，该工厂把垃圾倒进一条没有人拥有所有权的河里，而某一渔民在该条河中以捕鱼为生，很显然，工厂的行为使得渔民付出了代价，这就是外部性的一个简单的例子；假若还存在另外一个机构对这条河拥有所有权，谁使用这条河谁就要支付费用，那么还会出现外部性吗？本章将解释外部性的性质以及解决外部性的一系列对策。

第一节　公共物品

一、公共物品

（一）公共物品与私人物品

公共物品是和私人物品相对应的。人类社会需要各式各样的商品和服务，例如，吃穿住行等用品和服务，科教文卫等服务，社会行政管理服务和维持社会秩序，国家的安全，等等。从商品和服务需求的主体来看，有的是各社会成员的个人需要，如吃的食物、穿的服装以及旅游出行服务等，有的则是一种社会性的共同需要，如国防和社会安定。从商品和服务的供给渠道来看，在市场经济体制下，有的商品和服务能够单纯由市场来提供，而由于存在着市场失灵现象，有的商品和服务不能够由市场这只“看不见的手”的力量来提供，而必须由政府的力量来提供。因此，人类社会需要的各式各样的商品和服务，依据需求主体和供给渠道的不同，可以分为公共物品和私人物品两大类。

区分公共物品和私人物品的本质在于，私人物品同时具有排他性和竞争性，其余的都属于公共物品。这意味着公共物品可以分为三种情况：一是同时具有非排他性和非竞争性；二是同时具有非排他性和竞争性；三是同时具有排他性和非竞争性。同时具有非排他性和非竞争性的物品称为纯公共物品；其余的公共物品全部称为准公共物品。

排他性是指个人可以被排除在消费某种物品和服务的利益之外，当消费者为私人产品付钱购买之后，他人就不能享用此种商品和服务所带来的利益。竞争性是指消费者的增加将引起生产成本的增加，每多提供一件或一种物品，都要增加生产成本。非排他性即一些人享用公共物品带来的利益而不能排除其他一些人同时从公共物品中获得利益，例如，每个公民都可以无差别地受益于国防所提供的安全保障，每个适龄儿童都有权利和义务接受政府提供的义务教育等等。非竞争性即消费者的增加不引起生产成本的增加，或者说，提供公共物品的边际成本为零。

因此，我们可以这样认为，公共物品给整个社会带来的好处是散布到整个社会的，而私人物品是分别提供给不同的个人的，且私人物品不能给其他人带来任何收益或成本。

关于公共物品和私人物品的区分，需要注意以下几个问题：

(1)公共物品和私人物品的区分并不是绝对的，它取决于市场条件和技术状况。以海上用于照明船只的灯塔为例，一旦灯塔的信号灯亮起，那么一艘船只对该信号灯的利用绝对不会影响到其他船只对该信号灯的利用，此为非排他性；同时，在一定条件下船只的增加并不会引起灯塔生产成本的增加，此为非竞争性。那么这个灯塔就是纯公共物品。假设技术状况发生了改变，如果过往船只为了利用灯塔需要在船上安装一种接收器，那么未能安装接收器的船只则不能利用灯塔信号灯，这样排他性就出现了，此时灯塔就变成了一种准公共物品。

在很多情况下，纯公共物品的例子并不是太多，准公共物品则成为生活中的一种常态。

(2)私人物品并不一定只由私人部门提供。政府提供了很多同时具有竞争性和排他性的物品，比如有些特定性质的住房。同样，公共物品也可能由私人提供，比如，个人出资建设高速公路、个人出资维护公共绿地等。因此，我们不能单纯地从公共和私人两个词语中看出具体是由政府还是由私人来提供。

(3)政府提供某种公共物品并不意味着它也是由政府生产的。比如某项河流污染治理工程，在很多地区，它是政府的一项工作，但是政府治污可能是聘请专业的私人企业来做这项工作，政府本身并不组织生产过程。

纯公共物品和纯私人物品可以用如下的公式来表示：

纯公共物品：

$$X_{n+j}=X_{n+j}^{i}$$

此式子表明任何一个消费者 i 都可以消费纯公共物品的总量 X_{n+j}，纯公共物品不具有可分性。

纯私人物品：

$$X_j=X_j^1+X_j^2+X_j^3+\cdots+X_j^n$$

此式子表明纯私人物品具有可分性，商品和服务的总量 X_j 等于每个消费者对这种商品和服务的消费之和。

(二)混合物品(准公共物品)

纯公共物品与纯私人物品是社会产品中典型的两极。有些物品兼具纯公共物品和纯私人物品的特征，因而称之为混合物品或准公共物品。例如，一座桥梁，在不过分拥挤的情况下，多出一辆车通行，并不影响其他车辆的正常通行，也就是增加一辆车通行并不增加生产成本，即边际成本为零，则具有非竞争性；而通过桥梁的车辆均要收费，所以又具有排他性。又如一座花园，即使设置围墙，也不可能排除路人闻到花香并享受净化空气的好处。

二、公共需要

(一)公共需要与私人需要

公共物品是从供给的角度来表达的，而公共需要则从需求的角度来表达整个社会的共同需要。在现代市场经济体制下，由市场提供私人物品用于满足私人的个别需要，由国家机关和公共部门提供公共物品用于满足社会的公共需要。然而，提供公共物品并不是财政部门的职责，或者说，财政部门并不直接生产或提供公共物品，而是为政府部门供给公共产品和服务提供资金支持，最终目的是满足社会的公共需要。马克思在谈到社会产品的分配方式时曾提出了"一般社会需要"的概念："在任何社会生产(例如，自然形成的印度公社，或秘鲁人较多是人为发展的共产主义)中，总是能够区分出劳动的两个部分，一个部分的产品直接由生产者及其家属用于个人消费，另一个部分(即始终是剩余劳动的那个部分)的产品，总是用来满足一般的社会需要，而不问这种剩余产品怎样分配，也不问谁执行这种社会需要的代表的职能。"马克思在这里将社会产品分为"个人需要"和"社会需要"两个部分，为经济分析提供了一种科学的研究方法。至于用词，在当前市场经济条件下，应用社会公共需要来表达"一般的社会需要"，显然更为确切。

(二)公共需要的特征

1. 公共需要是社会公众在生产、生活和工作中的共同的需要，它不是普通意义上的人人有份的个人需要或个别需要的数学加总，而是就整个社会而言，为了维持社会经济生活，为了维持社会再生产的正常运行，也为了维护市场经济的正常秩序，必须由政府集中执行和组织的社会职能的需要。

2. 公共需要是每个社会成员可以无差别地共同享用的需要，一个或一些社会成员享用并不排斥其他社会成员享用。

3. 社会成员享用社会公共需要也要付出代价(如缴税或付费)，但这里的规则不是等价交换原则，各社会成员的付出与其所得是不对称的，不能说谁多付出就多享用，少付出就少享用，不付出就不得享用。

4. 满足公共需要是政府的职责，所以满足公共需要的物质手段只能是通过政府征税和收费支撑的由国家机关和公共部门提供的公共物品。

(三)公共需要涵盖的范围

公共需要涵盖的范围颇广，包括政府执行其职能以及执行某些社会职能的需要。诸如行政、国防、文化教育、卫生保健、生态环境保护的需要，也包括基础设施、基础产业、支柱产业和风险产业的投资，从广义上讲，还包括政府为了调节市场经济运行而采取的各种措施和各项政策提供的服务，等等。

(四)社会的公共需要

社会的公共需要是共同的，但又是历史的、特殊的。一般来说，公共需要在任何社会形态下都是存在的，不因社会形态的更迭而消失。在经济发展的不同阶段，除保证执行国家职能那部分需要外，社会公共需要的主要内容是在不断发展变化的。在传统社会中，农业是国民经济的主导部门，提供农业正常发展的条件，是这一阶段主要的社会公共需要，农田水利建设几乎无一例外是这一时期的一项重要财政支出。在经济起飞阶段，工业上升为国民经济的主导部门，人们从工业发展的实践得知，扩大投资是推动经济发展的主要动力，这一认识塑造了经济起飞阶段的社会公共需要的模式。观之当今的发展中国家，政府无不把提供工业发展所需要的社会基础设施引为己任，并在主要的工业部门直接投入大量资金。当经济发展进入发达阶段，物质财富增长的主要动力则来自科学技术，人们对社会生活福利的评价，亦不再只注重物质财富的数量增长，而是日渐重视质量的提高，于是发展科学教育、提供高质量的生活福利条件、保护生态环境，越来越成为公共需要的主要内容。

第二节　公共物品的提供

一、公共物品的生产

目前,公共物品的生产并不是全部由政府来完成,而是由政府和市场共同来完成。

(一)政府生产

1. 政府间接生产公共产品

政府利用预算安排和政策安排形成经济刺激,引导私人企业参与公共产品生产。即在公共产品的生产过程中引进市场和私人的力量。方式包括:政府与私人企业签订生产合同,授权经营,政府经济资助,政府参股。

2. 政府直接生产公共产品

纯公共产品和自然垄断性很强的准公共产品一般由政府直接生产。而政府直接生产就必须依托国有企业。国有企业具有“公共企业”的特殊功能。

(二)政府利用民间资本或外资生产公共产品的主要方式

1. BOT 模式

BOT(Build-Operate-Transfer)通常直译为“建设一经营一转让”。BOT 实质上是基础设施投资、建设和经营的一种方式,以政府和私人机构之间达成协议为前提,由政府向私人机构颁布特许,允许其在一定时期内筹集资金建设某一基础设施并管理和经营该设施及其相应的产品和服务。政府对该机构提供的公共产品或服务的数量与价格可以有所限制,但保证私人资本具有获取利润的机会。整个过程中的风险由政府和私人机构分担。当特许期限结束,私人机构按约定将该设施移交政府部门,转由政府指定部门经营和管理。

2. 公私协作方式

即政府公共部门与民营企业在某些公用事业项目的建设或运营中进行相互合作的一种模式。在该模式中,双方发挥各自的优势提供公共服务,共担融资风险和责任,共享收益。

3. 政府参股方式

对于有些初始投资金额比较大的项目,特别是一些基础设施项目,比如高速公路建设、铁路建设、机场建设等,可由政府控股参与建设。

4. 政府补助方式

对于一些从事民生产品项目经营的民营企业以及从事高新技术产品开发的民营企业,政府给予一定金额的补助。补助的方式主要体现在补贴、贷款贴息、减税和免税等方面。

二、公共物品有效供给的效率条件

社会资源配置最优化的条件是:配置在产品上的社会边际收益等于其社会边际成本。衡量社会资源配置是否合理的标准是“帕累托效率”准则,即如果社会资源的配置已经达到这样一种状态,任何重新调整都不可能在不使其他任何人境况变坏的情况下而使任何一人的境况更好,那么这种资源配置的状况就是最佳的,也就是具有效率的。如果达不到这种状况,既可以通过资源配置的重新调整而使得某人的境况变好,而同时又不使任何一人的境况变坏,那就说明资源配置的状况不是最佳的,也就是缺乏效率。

假设 A 和 B 同时观看花灯,我们知道,A 观看花灯并不妨碍 B 观看花灯,即一个人不能排除其他人观看花灯，所以，花灯展览是一种公共物品，具有典型的非排他性。然而，花灯展览的规模可以发生变化，假定原来参加展览的花灯一共有 20 个，现在展览扩大了规模，花灯由原来的 20 个增加到 21 个，那么此时扩大该展览的规模是否有效率呢？假定每增加一个花灯要花费 100 元，而 A 愿意为增加一个花灯支付 100 元，B 愿意为增加一个花灯支付 50 元，此时我们必须对这个增加的花灯的边际收益和边际成本进行比较。很显然，边际成本是 100 元，而边际收益是 150 元，边际收益大于边际成本，那么增加一个花灯是划算的，即符合效率要求。

所以，公共物品提供的效率，要求公共物品的提供一直增加到每个人最后 1 单位的边际收益等于边际成本为止。

三、纯公共物品的提供方式

纯公共物品的性质是同时具有非竞争性和非排他性。

非竞争性要求新增一个消费者的边际成本等于零，如果纯公共物品由私人部门提供，且私人部门的产品定价刚好等于边际成本，那么此时私人部门就实现不了利润最大化的目标，所以私人部门肯定不愿意提供纯公共物品。

非排他性要求一个消费者消费公共物品不能排除其他人同时享有该公共物品，这样就会形成“搭便车现象”，即消费者自己不会愿意花钱消费这种物品，都希望从别人购买公共物品的行为中获利。这是不符合市场机制规律的，因此，在这个角度上，私人投资者不会愿意提供纯公共物品。

市场和政府的运行机制的不同，决定了政府和市场是一种互补的关系。当市场不能提供纯公共物品时，政府可以解决该难题。一方面，政府的社会职能决定了政府有责任满足社会公共需要；另一方面，政府具有向社会成员征税的权力，税收是保证纯公共物品供给成本得到补偿的最好途径。表面上，纯公共物品免费享用，事实上也是以纳税为代价的，政府主要是通过无偿征税来提供纯公共物品。由以上分析可知，市场适于提供私人物品，对提供纯公共物品是失效的，而提供纯公共物品恰恰是政府配置资源的领域，是政府的首要职责。财政学关心的问题是，政府提供公共物品与市场提供私人物品之间的恰当组合，以及政府提供公共物品所花费的成本和代价，合理地确定政府提供公共物品的范围和财政支出的规模。

在一定社会条件下，人们完全有可能在不付出任何代价的情况下，享用通过其他人的捐献而提供的公共物品或服务的效益，这就是免费搭车者。强制性的融资方式是解决免费搭车问题的有效途径。既然公共物品或服务不可或缺，免费搭车的问题不可避免，那就只能依靠政府部门使用非市场的方式——公共财政——来解决公共物品或服务的供给问题了。在现实生活中，政府部门正是一方面以征税的方式取得收入，另一方面又将征税收入转用于公共物品或服务的提供。

四、准公共物品的提供方式

公共物品由纯公共物品和准公共物品（混合物品）构成。准公共物品兼具公共物品和私人物品的性质，因此既可以采取政府提供方式或市场提供方式，也可以采取政府和市场同时提供的方式来解决。

准公共物品有两种不同类型：一种是具有非竞争性但同时具有排他性；另一种是具有竞争性但同时具有非排他性。具体选择哪种提供方式，需要看该物品所产生的效益和成本，以效益大于成本为原则。

先看具有非竞争性又具有排他性的第一类准公共物品。以高速公路为例，高速公路成本可以通过两种方式弥补：一是通过征税弥补，免费使用，这是政府公共提供方式；二是由收费弥补，谁通过高速公路，谁就交费，这是市场提供方式。该高速公路可能带来的效益包括社会效益和经济效益，可能引发的成本包括建筑成本和其他成本（这里的其他成本包括征税成本和收费成本）。不论是采取政府提供方式还是市场提供方式，该高速公路提供的社会效益和建筑成本是相同的，不同的是无论征税或收费都会产生成本及可能带来的效率损失。征税成本是指税务机关征管成本和纳税人的缴纳成本，税收的效率损失是指因征税而带来的社会福利损失。收费要设置管理设施和管理人员，也要花费成本。另外，由于收费会在一定程度上限制通过高速公路的汽车流量，在不过分拥挤的情况下，对社会而言会产生一部分消费损失，这是收费的效率损失。最终选择哪种提供方式，取决于税收成本和税收效率损失同收费成本和收费效率损失的比较。

再看同时具有竞争性和非排他性的第二类准公共物品。选择这类准公共物品的提供方式，主要判断该准公共物品可能给整个社会带来的积极作用的大小。如果积极作用很大，可以考虑采取政府提供方式。例如科研成果是一种典型的准公共物品，而且政府的政策是鼓励基础科研成果付诸应用，一般是采取政府提供方式。不过为了提高公共物品的使用效率，并为了适当减轻政府负担，对多数准公共物品采取混合提供方式是一种较佳的选择。例如，医疗卫生服务，一部分由政府提供，一部分向医疗者收费，采取混合提供方式，这样既可以保障职工和居民的医疗需要，又可以避免病床过分拥挤和药品的浪费。当采取收费方式时，政府所要关心的问题是合理制定收费标准，避免滥收费现象的发生。

五、公共物品的私人提供

公共物品私人提供的意思是说将政府提供的服务交由私人部门提供或生产。那么公共物品能否由私人提供呢？答案是肯定的。

为什么公共物品可以由私人提供？这是因为公共物品非竞争性和非排他性的性质会随着社会的发展而不断发生变化。首先看排他性技术的改变。在过去，由于排他性的成本很高，因此很多企业不愿意花费巨大的排他成本来提供公共物品，而现今时代由于技术状况的不断改变，排他成本完全可以通过收取各种费用来弥补，这就出现了私人部门提供公共物品的情况。其次看非竞争性的改变。竞争性和非竞争性之间存在着一个临界点，如果不超越这个临界点，则是非竞争性；跨越了这个临界点，则变成竞争性。例如，拥挤的花园，将直接导致花园的维护成本增加，此时的花园是竞争性的。随着维护成本的增加，花园可能会演变为收费花园，那么此时，由私人提供就完全具备了可行性。

当前，不乏私人资本进入公共物品提供市场的例子。在英格兰，许多古堡由于历史较长，加上无人管理，日渐荒废。政府为了保护这些历史遗迹，同时又不增加财政负担，便允许私人对其购买，进行收藏或从事商业活动。政府以这种方式，廉价地保护了文物。我国历史悠久、文化灿烂，有许多老宅散落在民间，加上建筑材料不同，很难统一管理。于是不少民间人士对其进行了购买并保护性地拆除重建，这样既保护了文物，又解决了政府预算不足的尴尬局面。另一个更具说服力的例子便是公共教育，欧美国家的优秀大学几乎全是私立大学，著名的常春藤盟校是清一色的私立学校。哈佛大学、布朗大学、耶鲁大学等都是有着上百年历史的世界名校，这也充分证明私人提供公共物品并不是被社会排斥的。同样在美国，处于南北战争期间的林肯政府为了更好地联系东西两部，获取西部的战备资源，动员了不少民间企业联合成立太平洋铁路公司，修筑了一条横跨北美的铁路动脉。这条铁路不仅加强了东部和西部的联系，让北军击败南军，更是为维护美国统一作出了不可估量的贡献。在铁路开通之后，美国便走向繁荣，太平洋铁路公司至今还在为美国的铁路运输提供优质服务。由此可见，私人提供公共物品是可行的，而且可以正常运转下去。

第三节　公共物品与外部性

化工厂在生产运行过程中产生了污染物，很显然，这些污染物是市场运作的产物，污染物排放到河流中会直接或间接影响附近居民的身体健康，因此，化工厂的产量选择直接影响了附近居民的效用。我们给外部性规定这样的定义：当某一实体（一个人或一个企业）的活动以没有反映在市场价格中的某种方式直接影响他人的福利时，这种影响就称为外部性。外部性降低了经济效率。

当外部效应出现时，一般无法通过市场机制的自发作用来调节，以达到社会资源有效配置的目的。外部效应的存在既然无法通过市场机制来解决，政府就应当负起这个责任。政府可以通过补贴或直接的公共部门的生产来推进外部正效应的产出；通过直接的管制来限制或遏制外部负效应的产出，如政府可以通过行政命令的方式硬性规定特定的污染排放量，企业或个人必须将污染量控制在这一法定水平之下，或者政府以征收排污税等方式来治理企业或个人的环境污染。

一、外部性的性质

我们用以下一个例子来引出外部性的性质。

假设小王经营一家企业，这家企业把生产出来的废物倒进一条没有人拥有所有权的河里，而小张一直以在这条河中捕鱼为生。很显然，小王的行为使小张的利益受到了损害，但是这种损害并未反映在市场价格中，小王经营的企业的市场并未考虑到对小张的损害。然而，河中的水和其他各类生产要素一样，都属于企业生产过程中的投入品，是稀缺资源，按照经济效率的要求，小王如果要使用河流中的水，就应该付费，付费的多少直接反映的是水这种稀缺资源的价值。然而，小王并未付费。

以上例子表达的情况是没有人对这条河流拥有所有权，每个人都可以免费使用它，因此我们可以得出结论：外部性是没有或不能确定产权的结果。那么，如果有人拥有这条河，还会出现外部性吗？

如果小王对这条河拥有所有权，他一定会向小张的捕鱼行为收取一定的费用，费用的多少取决于小张捕鱼的多少，在这种激励作用下，小王存在避免该河流过度污染的动力；反之，如果小张对该条河拥有所有权，他也会对小王的排污行为收费，因为排污的程度影响了自己捕鱼的多少，那么小王在进行生产时就会考虑这种排污成本，不会再像从前那样无限制地进行排污。

综合起来，外部性具有以下性质：

（一）企业和消费者个人都可能产生外部性。外部性可能由生产活动产生，也可能由消费行为产生

并非所有的外部效应都是由生产性的企业产生的，例如，在公共场所某个人的吸烟行为直接降低了其他人的效用；某个养狗的家庭，狗的犬吠声可能给邻居带来噪音污染等等，都属于由于个人的行为产生的外部性。

(二)外部性可能是正的,也可能是负的

正外部性是某个经济行为个体的活动使他人或社会受益,而受益者无须花费代价;负外部性是某个经济行为个体的活动使他人或社会受损,而造成负外部性的人却没有为此承担成本。

1. 生产的正外部性

当一个生产者采取的经济行动对他人产生了有利的影响,而自己却不能从中得到报酬时,便产生了生产的正外部性。例如,教育是一种正外部性,完善的教育系统培育出的人才,会对社会建设作出贡献,这是对所有人都有益的;建设一栋造型美观的建筑,让这个地区的所有人都可以欣赏到这道风景,也是一种正外部性。

2. 消费的正外部性

当一个消费者采取的行动对他人产生了有利的影响,而自己却不能从中得到补偿时,便产生了消费的正外部性。例如,某人去注射了甲流疫苗,这一消费不仅对自己有好处,对周围的人也有一定的好处,即接触到病毒的传染源减少了。这也是一种正外部性。

3. 生产的负外部性

当一个生产者采取的行动使他人付出了代价而又未给他人以补偿时,便产生了生产的负外部性。例如,工厂在生产中所排放的污染物就是一种负外部性,它所造成的社会成本包括政府治理污染的花费、自然资源的减少以及污染物对人类健康造成的危害等。

4. 消费的负外部性

当一个消费者采取的行动使他人付出了代价而又未给他人以补偿时,便产生了消费的负外部性。例如,某人养了一只狗,这只狗每天夜里总是不停地叫,这个人由于习惯于夜生活,所以不会对此感到困扰。可是他的邻居习惯于早睡,每天都会被狗的叫声弄得失眠,于是不得不花钱买安眠药。在这里,养狗对于这个邻居就是一种负外部性。

(三)公共物品可以被看作是一种特殊的外部性

当一个人创造了有益于经济中所有角色的正的外部性的时候,这种正的外部性就是纯公共物品。例如,一个人在自家后院建造了一座漂亮的花园,花园里种了许多能够净化空气的植物,使得任何经过后院的人都能享受到相对洁净的空气,那么可以认为这个人创造了一种纯公共物品,这种纯公共物品就是正的外部性。

二、解决外部性的私人对策

在存在外部性的情况之下,市场机制可能导致无效率。那么如何在一定程度上解决外部性呢?解决外部性的私人对策有哪些呢?

再来看看另外一个外部性的例子。广州新电视塔面漆涂装总面积超过12万平方米,因新电视塔是超高建筑,涂装难度大、成本高。据估算,喷一次漆费用就高达几千万元。因此,工程特意采用当下耐腐蚀性最好的建筑涂料。电视塔因为要在高空喷漆,所以不可避免地会掉落一些油漆,变成粉末散布在空气中。方圆几里之内,空气中都会充满某种悬浮微粒。居民担心油漆在喷涂过程中,以及油漆中的溶剂挥发时若吸入体内对人体有害。如果给空气规定产权,那么谁污染空气谁就应该向空气的产权者付费,甚至是高昂的费用。这样一来,喷漆的工程组便会考虑散布到空气中的悬浮微粒可能引致的空气污染成本,在一定程度上负的外部性就会减弱甚至消失。

经济学家罗纳德·科斯在《社会成本问题》一文中提出了一种解决外部性的办法,即通过“界定产权,解决外部性引起的无效率”,它的理论核心命题被概括为科斯定理。关于科斯定理，比较流行的说法是：只要产权是明确的，并且交易成本为零或者很小，那么无论在开始时将产权赋予谁，市场均衡的最终结果都是有效率的，即能够实现资源配置的帕累托最优。

科斯定理的两个前提条件是：明确产权和交易成本。

第一个前提条件是明确产权。化工厂生产各种化学药品，自己付出的成本是原材料、劳动、机器设备的费用等，然而这些仅仅是“个体成本”，化工厂在生产过程中向周围的河中排放了废水、废渣和废气，“工业三废”引发的污染则需要整个社会付出代价。从整个社会的角度考虑，社会的福利就损失了。针对这一负的外部性，许多经济学家提出可以通过征税来解决，即通过政府强制征税的手段，使化工企业的成本提高，进而抑制化工企业的生产。然而征税除了使企业产生纳税成本以外，也会产生各种征税成本，于是科斯提出：政府只要明确产权就可以了。如果把河流的产权“判给”化工企业周围的居民，化工厂不给居民们赔偿费就别想在此设厂开工；若付出了赔偿费，成本高了，产量就会减少。如果把河流的产权给化工厂，居民认为付给化工厂一些“赎金”可以使化工厂减少污染，由此换来自己健康上的好处大于赎金的价值，就会用付“赎金”的办法“利诱”厂方减少生产从而减少污染。当厂家多生产钢铁的盈利与少生产钢铁但接受“赎买”的收益相等时，就会减少生产。谁得到了产权，谁就可以从中获益，而另一方则必须支付费用来“收买”对方。在这种情况下，政府无须过多干预，只需有效地保护产权就可以了。

科斯定理表明，市场的真谛不是价格而是产权。只要有了产权，人们自然会“议出”合理的价格来。

第二个前提条件是交易成本为零。交易成本，简单地说就是为达成一项交易所需付出的时间、精力和产品之外的金钱，如市场调查、情报搜集、质量检验、条件谈判、讨价还价、起草合同、聘请律师，直到最后执行合同等产生的各种成本。就“三废”污染这个问题来讲，如果河流的产权归属于企业周围的居民，则居民可能存在漫天要价的问题；如果河流的产权归属于企业，那么企业有可能过度地夸大自己因为减产而带来的损失。在上述例子中的交易成本，主要是居民和化工企业两方为达成共识所产生的讨价还价的成本。因为无论哪种情况，对方都要调查研究一番，这个调查的成本就是讨价还价的成本。如果存在交易成本，即使产权明确，私人间的交易也不能实现资源的最优配置。

科斯定理的两个前提条件并不是完全独立、没有联系的。如果产权不明确，后果就是扯皮永远扯不清楚，意味着交易成本无穷大，任何交易都做不成；而产权界定得清楚，即使存在交易成本，人们还可以有效地选择最有利的交易方式，使交易成本最小化。

科斯定理最适用于当事人很少且外部性来源很清楚的情况。科斯定理关于明确产权解决外部性的思路，有助于解决某些重要的问题。例如，通过红绿灯解决十字路口拥堵的情况。交通红绿灯是一种公共产品，通过红绿灯对交通资源进行划分，完全符合科斯定理的两个前提条件，即交易成本较小甚至为零以及产权清晰。红绿灯解决十字路口的问题就是明确地划分了交通灯这种公共资源的使用权。

案例讨论 2—1

近年来，我国不少牧区出现过度放牧而致使草场无法维持正常的再生，以致牧民的生活受到极大的影响。为什么牧民会做出这样的选择？（鄂尔多斯羊绒衫与西北草地沙化）

如果一个牧场由 100 户牧民共同拥有，假定最佳放牧数量为每户 50 头牛。当其中一户牧民将放牧的数量增加到 55 头牛时，就会导致资源的过度使用。但这户牧民得到了所增加放牧

5 头牛的全部收益，而其受到的损失仅仅为全部损失的 1/100。这必然刺激牧民增加放牧的数量。当所有牧民都这样做时，草场资源就处于低效配置状态。

上述问题就是经济学中所谓的“公地的悲剧”。公共物品是一种特殊的与外部性相关的物品，公共资源都将面临过度使用的结局。

明晰产权对外部效应及公地悲剧是一个重要的解决途径。

案例讨论 2—2

假定一个工厂周围有 5 户居民，工厂的烟囱排放的烟尘使居民晒在户外的衣物受到污染而使每户损失了 75 美元，5 户居民总共损失了 375 美元。解决此问题的办法有三种：一是在工厂的烟囱上安装一个防尘罩，费用为 150 美元；二是每户有一台除尘机，除尘机价格为 50 美元，总费用是 250 美元；三是给每户居民 75 美元的损失补偿，补偿方是工厂或者是居民自身。假定 5 户居民之间，以及居民与工厂之间达成某种约定的成本为零，即交易成本为零，在这种情况下，如果法律规定工厂享有排污权（这就是一种产权规定），那么居民会选择每户出资 30 美元去共同购买一个防尘罩安装在工厂的烟囱上，因为相对于每户拿出 50 美元买除尘机或者每户 75 美元的衣物损失来说，这是一种最经济的办法。如果法律规定居民享有清洁权（这也是一种产权规定），那么工厂也会选择出资 150 美元购买一个防尘罩安装在工厂的烟囱上，因为相对于出资 250 美元给每户居民配备一台除尘机，或者拿出 375 美元给每户居民赔偿 75 美元的损失，购买防尘罩也是最经济的办法。因此，在交易成本为零时，无论法律规定工厂享有排污权还是居民享有清洁权，最后解决烟尘污染衣物导致 375 美元损失的成本都是最低的 150 美元，这样的解决办法效率最高。

三、解决外部性的公共对策——税收和补贴

（一）税收

我们再来考虑以下的例子。假设小王经营一家企业，这家企业把生产出来的废物倒进一条没有人拥有所有权的河里，而小张一直以在这条河中捕鱼为生。我们借助于图形来分析。如图 2—1 所示，横轴表示小王工厂的产量 Q，纵轴表示价格 P，MB 曲线表示每一产量水平下小王的边际收益，根据边际收益递减规律可知，MB 曲线是向下倾斜的。还有一个概念，即边际私人成本 MPC。边际私人成本代表的是小王购买生产投入用品的所有支出，并且随着产量的增加而增加。我们知道，工厂生产的污染物损害了小张的利益，并且假定随着工厂产量的增加，污染物也随之增加。在每一个产量水平上，小张遭受的边际损害用 MD 表示，假定随着污染物的增加，小张的境况恶化得越来越快，因此 MD 曲线会向上倾斜。边际社会成本等于边际私人成本与边际损害之和，用 MSC 表示边际社会成本，即 $MSC=MPC+MD$。

在图 2—1 中，Q_1 代表 MSC 和 MB 的交点，是社会产量；Q_2 代表 MPC 和 MB 的交点，是实现小王企业利润最大化的产量水平。分析：从小王企业的角度来看，利润最大化的条件要求边际私人成本 MPC 等于边际收益 MB，此时的产量为 Q_1；从整个社会的角度来看，社会的效率要求边际社会收益大于边际社会成本，当边际社会收益 MB 等于边际社会成本 MPC 时，就满足了社会效率的要求，此时的产量为 Q_2。

如果现在对小王工厂的每单位产量课征 C 元的税，税收的额度 C 刚好等于在 Q_1 效率产量水平发生的边际损害，结果会如何？在图 2—1 的基础上，征税后，小王工厂的边际成本曲线会发生变化，即向上垂直移动 C 的距离，如图 2—2 所示。

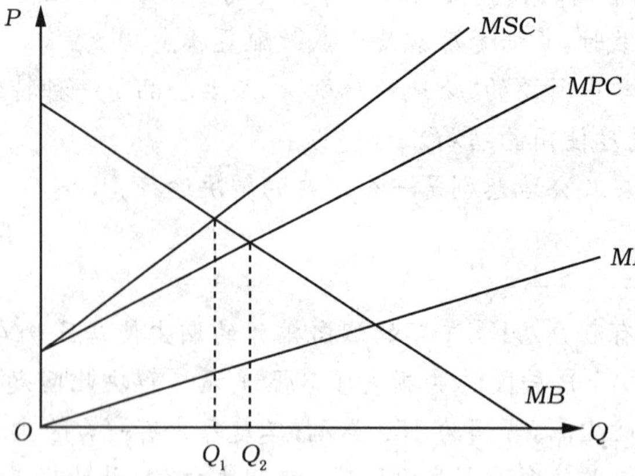

图 2—1

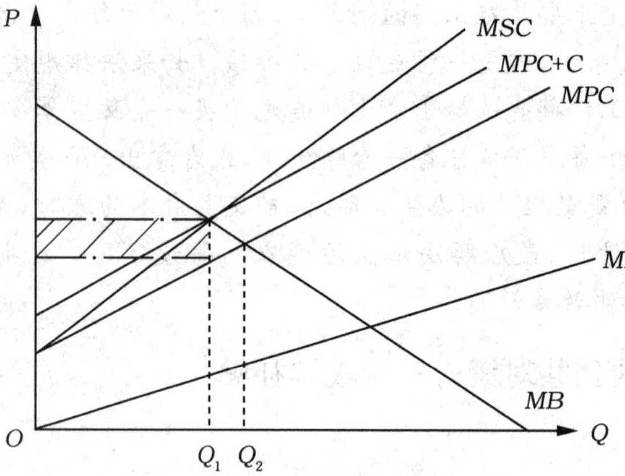

图 2—2

图 2—2 中，阴影部分的面积就是税收总额，向小王工厂所征收的税收额度就是小王造成外部性的成本，实际上，税收迫使小王进行有效率的生产。这是用税收来弥补排污者生产的私人成本和社会成本之间的差距。

根据污染所造成的危害程度对排污者征税，用税收来弥补排污者生产的私人成本和社会成本之间的差距，使两者相等，由英国经济学家庇古最先提出，这种税被称为“庇古税”。庇古税即用税收手段迫使企业实现外部性的内部化：当对一个企业施加一种外部成本时，应对它征收一种税，该税收等于该企业生产每一单位产品所造成的外部损害，即税收恰好等于边际外部成本。庇古税可以达到资源有效配置，能够导致污染减少到帕累托最优水平。

（二）补贴

补贴是通过向污染者支付一定的金额使其不污染，达到效率生产的形式。再看下面的例子。

某厂家所生产的不安全食品能够对另一企业同类的安全食品产生负面外部性，由于该企业生产的食品不符合安全食用的标准或者是其质量低下，消费者购买食用后受到一定的负面影响，消费者在接下来的购买中，将会因为之前购买无良厂家食品受到伤害的负面影响而有了一定的心理暗示，导致消费者怀有对该类食品的不信任态度而减少或者避免对该类食品的消费，这对生产同类食品但诚信经营的厂家产生了一定的负面影响，减少了该类厂家的收益。再从另一方面来看，诚信经营的厂家由于正规经营而使消费者对该类产品产生足够的信任，正规厂家将会给该类行业带来正面的外部性，促进同一食品行业的收益。政府应该对在同一食品行业中表现突出、诚信经营的厂家进行一定的补贴，并且在社会中以树典型的方式对诚信厂家进行宣传，以鼓励其诚信经营。此举不仅会使正规食品厂家因为其诚信经营得到了一定收益，而且也会带动其他厂家纷纷效仿，以达到更大的边际收入效益，从而使食品安全问题得以解决。

当然，补贴对解决外部性起着一定的积极作用，但补贴也存在着自身的问题：一是补贴会给厂商带来高利润，从长期的角度讲，可能存在更多的负外部性；二是补贴在道德上似乎不太可取，因为“谁污染谁付费，谁污染谁治理”更符合道德标准。

材料 2—1　　关于政府和社会资本合作提供公共物品

2016 年 6 月 12 日，财政部、教育部、科技部等 20 个部委联合发布通知，在全国启动第三批 PPP(政府和社会资本合作)示范项目申报筛选工作。此批项目的重点和范围包括哪些？前两批项目进展情况如何？全国 PPP 市场的“蛋糕”究竟有多大？记者采访了有关部门和专家。

由财政部示范提升到全国示范，鼓励行业破冰、区域集群和模式创新。

“第三批 PPP 示范项目申报筛选工作，由财政部与相关行业部委横向联合开展，就是要进一步提升示范项目申报筛选的全面性、科学性和时效性，实现从财政部示范到全国示范的升级。”财政部有关负责人表示，示范项目的申报筛选，将注重与我国“十三五”期间重大问题、重点项目有机衔接，鼓励行业破冰、区域集群和模式创新，推动实现行业引领、区域带动和创新示范效应。

这位负责人介绍，示范项目申报的基本条件：一是项目属于适合采用 PPP 模式的公共服务领域，包括能源、交通运输、市政公用、水利、环境保护、农业、林业、科技、保障性安居工程、医疗、卫生、养老、教育、文化、体育等；二是纳入城市总体规划和各类专项规划，新建项目应已按规定程序做好立项、可行性论证等项目前期工作；三是合作期限原则上不低于 10 年，每个省(市)的申报数量，原则上不超过 50 个。

地方项目由各级财政部门会同本级行业部门联合组织初选，通过初选的项目由省级财政部门统一汇总。然后，财政部 PPP 工作领导小组办公室会同 PPP 中心，对申报项目进行汇总和形式审查，形成备选项目清单，作为项目评审对象。为了兼顾评审的专业性和时效性，将按照行业领域分组，组织专家进行集中封闭评审。

全国各地 PPP 招商项目 7 721 个，总投资约 8.8 万亿元。

全国 PPP 的市场“蛋糕”有多大？这组数据可以勾勒出一个大概轮廓：截至今年 3 月，财政部搭建的 PPP 综合信息平台收录各地的 PPP 招商项目 7 721 个，总投资约 8.8 万亿元，涵盖了 19 个主要发展领域。

“PPP 热了、火了，根本原因是改革释放了市场活力，打破了垄断，引进了竞争。”财政部 PPP 中心副主任焦小平表示，PPP 不仅要解决政府投资不足等问题，更是针对公共服务进行的市场化改革。2014 年到 2016 年主要是做示范项目，以保证 PPP 示范项目质量，形成可复制、可推广的实施范例。

首批 PPP 示范项目确定了天津新能源汽车公共充电设施网络等 30 个 PPP 示范项目，其中新建项目 8 个、地方融资平台公司存量项目 22 个。第二批政府和社会资本合作示范项目，确定了 206 个项目，总投资金额6 589亿元。从社会资本的取向来看，排在前面的是交通、市政和环境领域，这与当前我国城镇化进程是完全吻合的。而且，PPP 项目中基础设施比重大幅提高，绿色低碳的基础设施占到了 60%。

2014 年，湖南省成为全国首批试点省份。湖南省常务副省长陈向群介绍，截至目前，省级已先后发布三批 199 个 PPP 示范项目，总投资达3 109亿元。其中 2016 年第三批示范项目 117 个，总投资1 713亿元。前两批 82 个省级示范项目中，列入国家级示范项目的达 12 个，与社会资本签约率达到 76.8%，项目落地率达到 34%，均处于全国领先水平。

示范项目实行“能进能出”，切实推动 PPP 模式健康发展。

“在项目实施过程中，财政部将建立健全示范项目的跟踪指导、对口联系和动态调整机制，推动示范项目顺利实施。”财政部有关负责人表示，示范项目建设完成后，财政部将组织专家对前期实施情况进行验收，重点审查示范项目是否符合 PPP 模式的必备特征。验收不合格的，将不再作为示范项目推广。

此次 20 部委发布的通知也明确规定，对采用建设—移交(BT)方式的项目，通过保底承诺、回购安排等方式进行变相融资的项目，将不予受理。“即使一些项目被纳入了，如果后来发现是 BT 项目，或者是明股实债、有固定回报的情况，包括不公开透明的采购社会资本，不按照 PPP 项目程序等，也将按照规定调出 PPP 示范项目名单。”这位负责人表示。

实际上，PPP 示范项目一直实行“能进能出”的管理，首批示范项目中，青岛体育中心项目和胶州湾海底隧道一期项目、江苏省昆山市现代有轨电车项目，就因项目不具备继续采取 PPP 模式的实施条件，调出了第一批政府和社会资本合作示范项目名单。

针对当前一些 PPP 存在的融资难和资金错配等问题，财政部要求，各地要与中国 PPP 融资支持基金积极做好项目对接，推动中央和地方联动，优化 PPP 项目融资环境，降低融资成本。要坚决杜绝各种非理性担保或承诺、过高补贴或定价，避免通过固定回报承诺、明股实债等方式进行变相融资。

“PPP 作为市场化改革的关键一环，改革的牵引性非常大。”中国财政科学研究院院长刘尚希认为，PPP 属于公共治理的范畴，但在这里，公共治理采取了一种非行政运作方式，引进了市场和社会因素。PPP 可以使政府公共服务、公共产品多样化，来更好地适应人民群众的新需求。

资料来源：《人民日报》，2016 年 6 月 13 日。

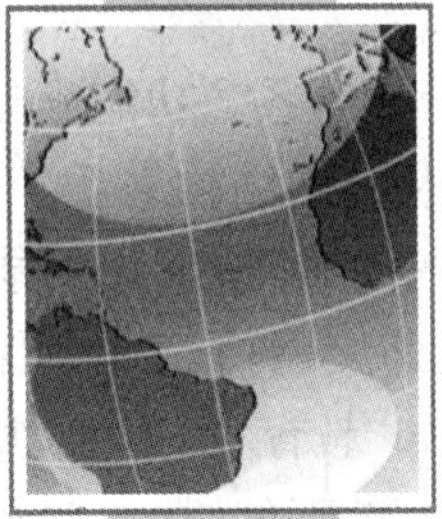

第三章 财政支出概论

章前导读

财政支出与财政收入是财政分配的两个方面：一方面是安排支出；另一方面是筹集收入。财政支出通常被称为政府支出或公共支出，财政支出是财政分配的第二阶段，是以国家为主体、以财政的事权为依据进行的一种财政资金分配活动，集中反映了国家的职能活动范围及其所造成的耗费。从财政支出的经济性质上看，它是由各级政府集中支配的那部分国民收入和一部分往年积累的社会财富按照不同用途进行的再分配。财政及时拨付经费和进行投资，是国家履行职能的重要保证。

财政支出是政府进行宏观调控的重要手段之一，可以影响社会总供求的平衡关系和经济的发展状况。就其实质而言，财政支出就是满足社会公共需要的社会资源配置活动，是国家通过财政收入将集中起来的财政资金进行有计划的分配，以满足社会公共需要和社会再生产的资金需要，从而为实现国家的各种职能服务。财政支出是政府施政行为选择的反映，是各级政府对社会提供公共产品的财力保证，体现着政府政策的意图，代表着政府活动的方向和范围，鲜明地表现出不同社会形态下国家财政的特殊性质。从满足现代国家职能需要的角度来看，财政支出的目的不外乎三点：

(1)政治目的，即维护国家机器的正常运转，保障国家法律的实施和社会秩序的安定，保障国家的安全。

(2)社会目的，即满足社会文化教育、医疗卫生、社会福利等方面的公共需要。

(3)经济目的，即利用财政支出以调节国家经济，促进国民经济的稳定与发展。

本章首先阐述按不同标准对财政支出的分类；其次探讨财政支出的规模及财政支出结构；最后分析财政支出的效益与绩效评价。

第一节　财政支出分类

一、我国现行财政支出功能分类

财政支出分类，既是财政理论问题，也是实践问题，合理的分类对于经济分析和财政管理具有重要意义。

我国改革开放以后，长期内仍沿用计划经济时期的财政收支分类，已经不能适应社会主义市场经济体制和政府职能转变的要求，不能适应财政收支结构和预算管理改革的要求，不利于财政管理和财政监督；同时，我国国民经济核算体系以及金融统计指标体系已经按国际通用标准做了调整，而财政收支分类和预算科目的调整长期滞后，形成统计指标不一致，由此带来每年调整口径和转换数据的大量工作，也不利于保证指标的准确性和可比性。因此，政府于2007年按公开透明、便于操作和参照国际经验的原则，对《政府收支分类科目》进行了全面改革。新的分类和科目体系与部门分类编码、基本支出预算、项目支出预算相配合，在财政信息管理系统的支持下，可对任何一项收支运行进行多维的定位，清晰地说明政府的每一笔钱是怎样来的，花在哪里，怎样花的，可以为统计分析、财政管理、财政监督以及宏观决策提供全面、真实又准确的经济信息。

新的《政府收支分类科目》在财政支出分类改革中设置新的支出功能分类体系。功能分类体系更为清楚地反映政府各项功能活动，这是财政收支分类改革的核心。从分类结构来看，不再按基建费、事业费等经费性质设置科目，而是根据政府管理和部门预算的要求，按支出功能设置类、款、项三级科目。类级科目是综合反映政府的职能活动，如国防、外交、科技、社会保障、环境保护等；款级科目是反映为完成政府某项活动的某一方面的工作，如"教育"类下的"普通教育"；项级科目是反映为完成某一方面工作所发生的具体事项，如"水利"款下的"抗旱""水土保持"等。

根据经调整的《2011 年政府收支分类科目》，支出功能分类科目中类级科目现行规定有 26 项，包括一般公共服务、外交、国防、公共安全、教育、科学技术、文化体育与传媒、社会保障和就业、社会保障基金支出、医疗卫生、节能环保、城乡社区事务、农林水事务、交通运输、资源勘探、电力信息等事务、商业服务业等事务、金融监管等事务、地震灾后恢复重建支出、国土资源气象等事务、住房保障支出、粮油物资管理事务、储备事务支出、预备费、国债还本付息支出、其他支出、转移性支出。

二、我国现行财政支出经济分类

新的财政收支分类还设置了支出经济分类体系。按国际货币基金组织对支出的经济分类方法，实际上是按支出产生效益的时间分类，即根据财政支出所产生收益的时间，将财政支出分为经常性支出、资本性支出和净贷款三大类。这是现代公共经济学研究财政支出的一个重要分类方法。

经常性支出是维持公共部门正常运转或保障人们基本生活所必需的支出，主要包括人员经费、公用经费及社会保障支出。这种支出的特点是，它的消耗会使社会直接受益或当期受益。比如，行政管理费包含公务员的工资、办公费、差旅费、修缮费等，这些费用的消耗就会形成为当期服务的公共物品——行政管理、社会秩序、社会安定、经济信息等。由此可见，经常性支出直接构成当期公共物品的成本，按照公平原则，当期公共物品的受益应与本期公共物品的成本相对应，如果人们消费了本期公共物品却没有支付相应的代价，就会违背公平原则。因而，在理论上讲，经常性支出的补偿方式应为税收，如果以公债方式来对经常性支出筹资，实际上就是将本期公共物品的成本递延到未来，这样就会使公共物品的受益与公共物品的付费在时间上发生差异。

资本性支出则不同。资本性支出是用于购买或生产使用年限在一年以上的耐用品所需的支出，其中有用于建筑厂房、购买机械设备、修建铁路和公路等生产性支出，也有用于建筑办公楼和购买汽车、复印机等办公用品等非生产性支出。这种支出的明显特点是，它耗费的结果将形成供一年以上长期使用的固定资产。所以，资本性支出不能全部视为当期公共物品的成本，因为它所形成的成果有一部分是在当期受益，但更多的是在以后较长的时间内受益。与此相对应，资本性支出的一部分应在当期得到补偿，而大部分应分摊到未来的使用期；如果用当年税收去补偿全部的资本性支出，就等于将未来公共物品的成本提前到本期，这样也会使公共物品的受益与公共物品的付费在时间上发生差异。也就是说，资本性支出的补偿方式有两种：一是税收，意味着本期享用的公共物品本期付出代价；二是国债，意味着未来享用的公共物品未来时期付出代价。

净贷款是一个弥补政府经营性收支不平衡的项目，包括支付政府性债券、贷款等负债的还本和付息。

我国的支出经济分类主要是全面和规范地反映政府各项支出的具体用途，对原来的支出目级科目做了扩充和完善。支出经济分类科目仅设置类、款两级，款级科目是对类级科目的细化，主要体现部门预算编制和单位财务管理等有关方面的要求，如将基建支出细化为房屋建筑物购建、大型修缮、土地资源开发等各种形态。支出经济分类的类级科目现行规定有 12 项，包括工资福利支出、办公费、对个人和家庭的补助、对企事业单位的补贴、转移性支出、赠与、债务利息支出、债务还本支出、基本建设支出、其他资本性支出、贷款转贷及产权参股、其他支出。

三、按财政支出与经济活动的关系分类

还有一种分类对于分析财政支出与经济活动的关系有重要意义，即将全部支出分为购买性支出和转移性支出。在各种名目下安排的财政支出，虽然无一例外地表现为资金从政府手中流出，但是，不同的财政支出对国民经济的影响却存在着差异。以财政支出是否与商品和服务相交换为标准，可将全部财政支出分为购买性支出和转移性支出两类。

购买性支出直接表现为政府购买商品和服务的活动，包括购买进行日常政务活动所需的或用于国家投资所需的商品和服务的支出，前者如政府各部门的事业费，后者如政府各部门的投资拨款。这些支出的目的和用途虽然有所不同，但却有一个共同点：财政一手付出了资金，一手相应地购得了商品和服务，并运用这些商品和服务实现国家的职能。也就是说，在这样一些支出安排中，政府同其他经济主体一样，从事等价交换活动，我们称此类支出为购买性支出。它所体现的是政府的市场性再分配活动。

转移性支出则与之不同，它们直接表现为资金无偿的、单方面的转移。这类支出主要有补助支出、捐赠支出和债务利息支出。这些支出的目的和用途不同，但却有一个共同点，即财政付出了资金，却无任何所得，在这里，不存在交换。我们将此类支出称为转移性支出，它所体现的是政府的非市场性再分配活动。

购买性支出与转移性支出的分类具有较强的经济分析意义：

一是购买性支出所起的作用是通过支出，使政府掌握的资金与微观经济主体提供的商品和服务相交换。在这里，政府直接以商品和服务的购买者身份出现在市场上，因而对于社会的生产和就业有直接的影响。此类支出当然也影响分配，但这种影响是间接的。转移性支出所起的作用是通过支出过程，使政府的资金转移到领受者手中，是资金使用权的转移，微观经济主体获得这笔资金以后，究竟是否用于购买商品和服务以及购买哪些商品和服务，就已脱离了政府的控制，因此此类支出直接影响收入分配，而对生产和就业的影响是间接的。

二是在安排购买性支出时，政府必须遵循等价交换原则，通过购买性支出体现出的财政活动对政府形成较强的效益约束。在安排转移性支出时，政府并没有十分明确和一以贯之的原则可以遵循，而且财政支出的效益也极难换算。由于上述原因，转移性支出的规模及其结构也在相当大的程度上只能根据政府同微观经济主体、中央政府与地方政府的谈判情况而定，显然，通过转移性支出体现出的财政活动对政府的效益约束是软的。

三是微观经济主体在同政府的购买性支出发生关系时，也须遵循等价交换原则。对于向政府提供商品和服务的企业来说，其收益的大小，取决于市场供求状况及其销售收入同生产成本的对比关系，所以对微观经济主体的预算约束是硬的。微观经济主体在同政府的转移性支

出发生关系时,并无交换发生。因而,对于可以得到政府转移性支出的微观经济主体来说,收入的高低在很大程度上并不取决于自己的能力(对于个人)和生产能力(对于企业),而取决于同政府讨价还价的能力,显然,对微观经济主体的预算约束是软的。

注意到上述区别,我们可以得到这样的认识:在财政支出总额中,购买性支出所占的比重大些,财政活动对生产和就业的直接影响就大些,通过财政所配置的资源的规模就大些;反之,转移性支出所占的比重大些,财政活动对收入分配的直接影响就大些。联系财政的职能来看,以购买性支出占较大比重的支出结构的财政活动,执行配置资源的职能较强;以转移性支出占较大比重的支出结构的财政活动,则执行收入分配的职能较强。

第二节　财政支出规模分析

一、衡量财政活动规模的指标

(一)反映财政活动规模的两个指标

财政支出规模分析是回答公共需要量的满足程度。衡量财政活动规模可以用财政收入和财政支出的绝对数指标来表示,但通常是以两个相对数指标来表示,即财政收入占 GDP(或 GNP)的比重和财政支出占 GDP(或 GNP)的比重。财政收支与企业和个人的收支在性质上是不同的,但从会计学原理上说,这几类收支并无任何差别,即:有支必有收,收支必相等。这就是说,对于任何收支主体来说,在任一时点上,无论是收入大于支出还是支出大于收入,都是不可能的。但是,在大多数国家的大多数财政年度,财政收入的量与财政支出的量是不相等的,通常的情况是后者大于前者。那么,如何理解财政支大于收或者财政收大于支的现象呢?关键在于对财政收入定义的理解。

在各种名目下支用财政资金,都要形成财政支出,对此一般不存在歧义,而对财政收入则可能有不同的理解和不同的处理方法。有些国家是将仅包括以税收为主和少量收费的经常性收入,界定为财政收入;而有的国家则把财政收入的概念扩大,将政府向国内外发行的债券取得的收入也包括在财政收入之中。

世界各国通常采用的收入概念为上述的第一种。在这种概念下,债务收入不列入财政收入,而使用债务收入所形成的支出必然列入财政支出,于是形成支大于收,表明存在财政赤字,则债务收入被视为弥补财政赤字的收入来源。

1993 年以前,我国曾采用第二种收入概念。在这种概念下,债务收入被列入财政收入,债务支出被列入财政支出,于是收支平衡,不存在财政赤字。也就是说,债务收入不被视为弥补财政赤字的收入来源,当时只将向银行透支或借款视为弥补财政赤字的来源。

我们认为,在采用第一种收入概念的情况下,作为衡量财政活动规模的指标,财政支出占 GDP 的比重比财政收入占 GDP 的比重更能反映实际情况。理由有三:

(1)财政收入占 GDP 的比重常常被人们看作衡量财政集中程度的指标,其实,论集中程度,倒是财政支出占 GDP 的比重更切近实际。因为,财政支出,无论采取何种形式,无一例外地都表现为财政对 GDP 的实际使用和支配的规模。而财政收入则只是表示财政可能使用和支配的规模,它常常并不代表实际发生的规模。

(2)财政收入反映的是财政参与 GDP 分配过程的活动,财政支出反映的则是财政在 GDP 使用过程中的活动,从社会再生产过程来看,是通过财政支出的规模和结构实现资源的配置,直接影响社会再生产的规模和结构，财政分配的全过程固然始于财政收入，但最终完成于财政支出。

(3)财政收入和财政支出都体现了财政对宏观经济运行的调控，但后者更能全面而准确地反映财政对宏观经济运行的调控能力。因为，财政的“三大职能”特别是其中的配置资源职能，更主要的是通过财政支出来实现的。

(二)反映财政支出规模及其变化的指标

上面已经说明，财政支出规模可以用绝对数指标来表示，也可以用相对数指标即财政支出占 GDP 的比重来表示，由这两个基本指标又可以衍生出反映财政支出发展变化的三个指标：

1. 财政支出增长率 $\Delta G(\%)$

财政支出增长率表示当年财政支出比上年同期财政支出增长的百分比(%)，即所谓“同比”增长率。用公式表示为：

$$\Delta G(\%)=\frac{\Delta G}{G_{n-1}}=\frac{G_n-G_{n-1}}{G_{n-1}}$$

式中：ΔG 代表当年财政支出比上年的增(减)额；G_n 代表当年财政支出；G_{n-1}代表上年财政支出。

2. 财政支出增长弹性系数 E_g

财政支出增长弹性系数是指财政支出增长率与 GDP 增长率之比。弹性(系数)大于 1，表明财政支出增长速度快于 GDP 增长速度。用公式表示为：

$$E_g=\frac{\Delta G(\%)}{\Delta GDP(\%)}$$

$$\Delta GDP(\%)=\frac{\Delta GDP}{GDP_{n-1}}=\frac{GDP_n-GDP_{n-1}}{GDP_{n-1}}$$

式中：ΔGDP(%)代表 GDP 增长率；ΔGDP 代表当年 GDP 比上年 GDP 的增长额。

3. 财政支出增长边际倾向 MGP

该指标表明财政支出增长额与 GDP 增长额之间的关系，即 GDP 每增加一个单位的同时财政支出增加多少，或财政支出增长额占 GDP 增长额的比例。用公式表示为：

$$MGP=\frac{\Delta G}{\Delta GDP}$$

二、财政支出规模增长变化的一般趋势

在资本主义经济的早期，财政支出占 GDP 的比重是比较小的，那时，遵循亚当·斯密学说，提倡经济自由化，主张“廉价政府”，政府在经济、文化、社会发展方面很少有所作为。随着资本主义基本矛盾的发展和激化，政府为了维持经济发展、克服日益频繁的经济危机，加强了对经济的干预；同时，随着人均收入的不断提高和收入差距的扩大，为了防止社会动荡，政府通过财政转移支付向广大群众和低收入阶层提供基本生活保障和社会保障，由此而导致政府财政支出的日益膨胀。另外，由于 GDP 的增长、筹措财政收入措施的加强，以及增发公债作为弥补支出的手段成为可能，也从财源方面支持了财政支出的膨胀。对于财政支出增长变化的一般趋势，许多学者做了大量的研究。

1. 瓦格纳法则

19 世纪 80 年代，德国著名财税学家阿道夫·瓦格纳对欧洲许多国家和日本、美国的公共

部门支出增长情况进行考察，认为一国工业化经济的发展与本国财政支出之间存在着一种函数关系，提出财政支出扩张论，他的研究成果被后人称为“瓦格纳法则”。瓦格纳的结论是建立在经验分析基础之上的，但瓦格纳关于公共支出增长的含义究竟是指财政支出在GDP中的份额上升，还是指它的绝对增长，这一点在当时并不清楚。按照美国财政学家马斯格雷夫(R. A. Musgrave)的解释，瓦格纳法则指的是财政支出的相对增长。于是，瓦格纳法则可以表述为：随着人均收入的提高，财政支出占GDP的比重也随之相应提高。他认为，现代工业的发展会引起社会进步的要求，社会进步必然导致国家活动的扩张。

他把导致政府支出增长的因素分为政治因素和经济因素。所谓政治因素，是指随着经济的工业化，正在扩张的市场与这些市场中的当事人之间的关系会更加复杂，市场关系的复杂化引起了对商业法律和契约的需要，并要求建立司法组织执行这些法律，这样，就需要把更多的资源用于提供治安的和法律的设施。所谓经济因素，是指工业的发展推动了都市化的进程，人口的居住将密集化，由此将产生拥挤等外部性问题，这样就需要政府进行管理与调节工作。此外，瓦格纳将教育、娱乐、文化、保健与福利服务的公共支出的增长归因于需求的收入弹性，即随着实际收入的增加，这些项目公共支出的增长将会快于GDP的增长。

2. 皮科克和威斯曼的替代—规模效应理论

皮科克和威斯曼在瓦格纳法则的基础上，研究了英国1890～1955年公共部门的发展情况，对这段时期的财政支出数据进行了经验分析，指出了导致财政支出增长的内在因素与外在因素，并认为，外在因素是说明财政支出增长超过GDP增长速度的主要原因。他们对内在因素的分析是建立在这样一种假定上：政府喜欢多支出、公民不愿意多缴税，因此，当政府决定预算支出规模时，应该密切注意公民关于赋税承受能力的反应，公民所容忍的税收水平是财政支出规模的约束条件。在正常条件下，经济发展，收入水平上升，以不变的税率所征得的税收也会上升，于是，政府支出上升会与GDP上升呈线性关系。这是内在因素作用的结果。一旦发生了外部冲突，如战争、经济大萧条或严重的自然灾害等，政府会被迫提高税率，而公众在危急时期也会接受提高了的税率。这就是所谓的“替代效应”，即在危急时期，公共支出会替代私人支出，财政支出的比重上升。但在危急时期过去以后，公共支出并不会退回到先前的水平。比如，一个国家在战争结束之后，总会欠下大量的债务，公共支出会持续保持较高水平。因此，每一次较大的经济和社会动荡，都会导致财政支出水平上一个新的台阶。这种财政支出上升的规律，称为替代—规模效应理论，又称梯度渐进增长理论。

经济发达国家自18世纪末到如今的经济发展的实践，证明了瓦格纳以及皮科克和威斯曼等人的论述符合财政支出占GDP比重发展变化的一般趋势。尽管由于各国的国情有所不同，财政支出占GDP比重的高低以及变化情况也有所不同，但却明显存在一种共同的趋势，即随着人均GDP的增长而逐步上升。同时，历史数据表明，财政支出占GDP比重的上升不可能是无止境的，当经济发展到一定程度，则呈现相对稳定的趋势，即稳定在一定的水平上，上下有所波动。

三、我国财政支出规模发展变化的特殊性

（一）我国改革开放后财政支出增长的基本特征

目前西方经济发达国家财政支出规模的发展趋势以及财政支出规模水平几乎已经定型，然而，对于中国这样经济正处于发展中而且经济体制处于转型过程的国家，财政支出规模的发展趋势以及合理的财政支出规模水平，仍有待于探索和研究。上面的分析说明，财政支出的规模，或

者说财政支出占 GDP 比重发展变化的一般趋势，是随着人均 GDP 的增长而上升，达到一定水平则相对稳定；同时，由于各国国情的不同，不同的国家以及同一个国家的不同发展阶段，这一比重的高低也是不同的。我国财政支出占 GDP 比重的发展变化有其自身的特殊性。

改革开放后，我国财政支出除了 1980、1981 两年负增长外，其余年份都是增长的，而且增长速度不算很慢，如年均增长速度“六五”时期为 10.3%、“七五”时期为 9.0%、“八五”时期为 17.2%、“九五”时期为 18.4%、“十五”时期为 16.2%，所以财政支出增长率基本上是一条波折上升的曲线，而且有的年份波折度较大。但是，财政支出占 GDP 比重的运行则是另外一种情形。1995 年以前，由于财政支出增长速度慢于 GDP 增长速度，导致财政支出占 GDP 的比重一路下滑，1986 年才停止下滑，1997 年开始回升，而且回升速度较快。因此，改革开放后，我国财政支出占 GDP 比重运行的曲线呈现先逐年下滑而后又逐年回升的特征。这种发展变化的趋势明显体现了经济体制转型时期的特征。

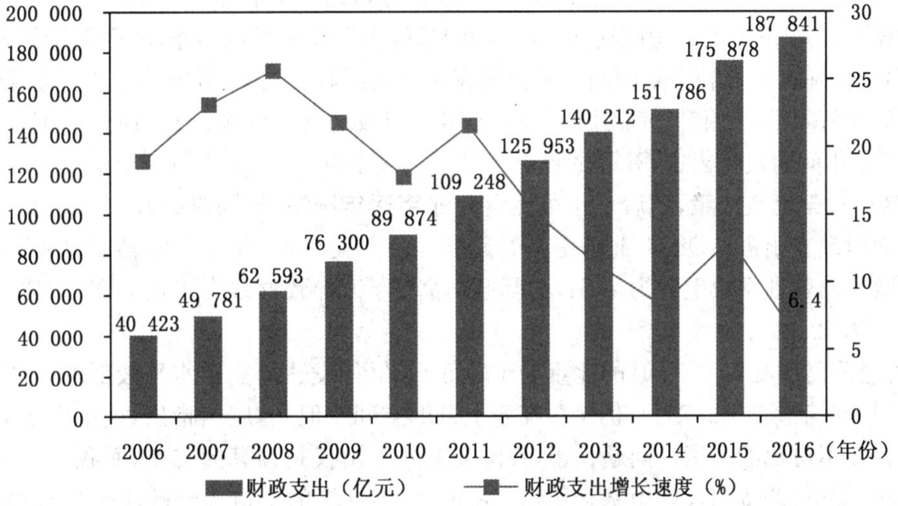

图 3－1　2006～2016 年中国财政支出及增速

(二)我国财政支出占 GDP 比重发展变化原因的分析

在经济体制改革前，我国财政支出占 GDP 的比重是比较高的，这是由当时的计划经济体制决定的。一方面，实行“低工资、高就业”政策，在 GDP 的初次分配中，个人收入所占的比重较小，同时，许多个人生活必需品由国家低价乃至无偿供给；另一方面，国有企业的利润乃至折旧基金几乎全部上缴国家，相应地，它们的固定资产和流动资金投资乃至更新改造投资，都由国家拨付。简言之，在改革前的社会主义经济中，国家扮演了一个总企业家和总家长的角色，这种角色在 GDP 分配上的体现，便是实行“统收统支”制度，既然要“统”，财政支出占 GDP 的比重就必然较高。

经济体制改革以后，这种情况发生了变化。经济体制改革首先要解决的核心问题是调动起千千万万个微观经济主体的积极性，使社会主义经济充满勃勃生机，为实现这一目标，实行放权让利政策显然是一个必要条件。所以，在改革之初，不可避免地要经历一个向国有企业放权让利和提高城乡居民收入水平的阶段，与此相对应，财政收入增长放慢了，许多项目的支出特别是预算内基本建设支出，便在财政支出账上或多或少有所缩小，有的甚至消失了，于是导致财政支出增长弹性和增长边际倾向的下降。

1978年财政支出弹性系数高达2.5,即财政支出增长速度相当于GDP增长速度的2.5倍,但自此一路下滑,甚至1980、1981两年出现负增长,1985～1995年长时间内小于1,直到1997年才恢复为1.49。财政支出增长边际倾向的变化说明了同样的情形。1978年财政支出增长边际倾向高达66,即GDP每增长100元,财政支出可增长66元,此后曾一路下滑,1985～1995年始终低于17,也就是说,GDP增加100元,财政支出只增加17元。由于财政支出增长弹性和边际倾向的下滑,财政支出占GDP的比重自然出现逐步下滑的趋势,而且我国预算内财政支出占GDP的比重下滑的速度较快,下降的幅度较大,1979～1985年17年间下降了近20个百分点,平均每年下降1个多百分点。但是,财政支出占GDP比重的逐年下滑并不符合经济发展的一般规律。

我国经济改革初期,财政支出之所以逐年下滑,是经济体制转型的必然结果,即为了改变计划经济时期政府包得过多、统得过死的局面,调整政府职能和分配格局,激发经济活力,推进经济体制改革;一旦经济体制迈上市场经济的运行轨道,随着经济体制改革的逐步到位和GDP的增长,逐年下滑趋势理应逆转,即下降的趋势会在某一时点中止,转而趋于回升。我国财政支出增长弹性系数和边际倾向以及由二者决定的财政支出占GDP的比重都是于1996年停止下降,1997年开始回升。特别是1998年实行积极的财政政策以后,回升速度较快,1998～2002年5年间财政支出占GDP的比重上升了6.6个百分点,平均每年上升1个多百分点。2003年转向稳健财政政策,随后几年虽然财政赤字逐年压缩,但同时财政收入增长率却是上升的,因而财政支出占GDP比重仍是上升趋势。特别是2009年由于骤然增加9 500亿元赤字,使财政支出弹性系数上升为2.51,边际倾向高达50,导致财政支出占GDP的比重上升的幅度较大,达22.3%。

我国当前财政支出占GDP的比重处于较低水平(如发达国家中水平较低的美国1985年为37%, 1996年降为33.7%),仍然存在着上升的空间。但是,应当指出,这里由于对比口径的差异,存在不可比的因素。问题在于,我国的财政支出仅是预算内支出,而我国还存在预算外的政府性支出,若按国际货币基金组织(IMF)标准计算的全口径财政收入进行横向比较,还应加上社会保障支出和政府性基金支出。按2010年数据计算,五项社会保障总支出为14 810.9亿元,政府性基金支出为32 582.6亿元,加上预算内财政收入83 080.3亿元,共为130 473.8亿元,占GDP32.8%,已经接近美国的水平。据《2016年中央本级政府性基金支出预算表》数据,截至2015年底,五项社会保障基金总收入4.6万亿元、总支出3.9万亿元,均比2014年底增加0.6万亿元。2015年中央本级彩票公益金共支出361.97亿元,其中327.34亿元用于补充全国社会保障基金,占总支出的90%;8亿元用于文化事业,占总支出的2.21%;7.76亿元用于教育事业,占总支出的2.14%;7.4亿元用于社会福利事业,占总支出的2%;2.88亿元用于体育事业,3.5亿元用于红十字事业,2.19亿元用于残疾人事业,1亿元用于城乡医疗救助,1亿元用于法律援助,还有0.9亿元用于其他社会公益事业。鉴于我国预算内财政支出占GDP的比重仍处于上升的趋势,还存在预算外的政府性支出,因此,应随时观测财政支出增长弹性系数和增长边际倾向的动向,有意识地及时调节财政支出占GDP比重的发展变化。

四、财政支出的影响因素以及合理规模选择的路径

(一)影响财政支出规模的宏观因素分析

为探讨财政支出的合理规模,必须从分析影响财政支出规模的宏观因素入手,参照前人的

规范性分析并结合本国财政支出发展变化的现实情况，寻求本国财政支出的最佳规模。归纳起来，经常影响财政支出规模的宏观因素有经济性因素、政治性因素和社会性因素三个方面。

1. 经济性因素

经济性因素主要指经济发展水平、经济体制以及中长期发展战略和当前经济政策等。关于经济发展水平对财政支出规模的影响，马斯格雷夫和罗斯托的分析，说明了经济不同发展阶段对财政支出规模和支出结构变化的影响。经济发展水平决定财政支出规模的明显例证，是经济发达国家高于发展中国家。我国总的情况，长期内仍是一个发展中国家，经济体制仍处于转型过程中。从经济性因素来看，经济改革之初曾导致财政收入占 GDP 比重下滑，这是财政为经济改革必须付出的成本和代价。随着经济体制改革的进展和经济稳定增长，财政收入增长加快了，但为了构建和谐社会、实现建设新农村、大力发展教育卫生事业、扩大就业和完善社会保障制度、推进产业结构优化升级、保护生态环境等任务，就要求在一段时间内仍然需要适度提高财政支出占 GDP 的比重，因而财政收入增长的可能性和财政支出规模增长的必要性，将是今后一段时间内财政运行的主要矛盾。

2. 政治性因素

政治性因素对财政支出规模的影响主要体现在三个方面：一是政局是否稳定；二是政体结构和行政效率；三是政府干预政策。

关于政局稳定问题，皮科克与威斯曼的分析已略有所述，当一国发生战争或重大自然灾害等突发性事件时，财政支出的规模必然超常规地扩大，而且事后一般难以降到原来的水平。

关于政体结构和行政效率，首先是与一国的政治体制和市场经济模式有关。一般而言，倾向于集中的单一制国家，财政支出占 GDP 的比重高一些；倾向于分权的联邦制国家，则相对低一些。北欧各国由于政府包办高福利而导致财政支出规模最高。至于行政效率则涉及政府机构的设置问题。若一国的行政机构臃肿，人浮于事，效率低下，经费开支必然增多，这是确定无疑的。

我国当前的关键，还是在于正确处理政府与市场的关系，进一步转变政府职能。这里要抓好四个环节：一是坚决实行政企分开。把政府不该管的事务交给企业、市场、社会组织和中介机构，充分发挥市场在资源配置中的基础性作用，把政府经济管理职能转换到主要为市场主体服务和创造良好发展环境上来，主要运用法律手段和经济手段管理经济。二是加快行政审批制度改革。各级政府和部门要全面贯彻实施《行政许可法》，加快投资体制改革，确立企业投资主体地位，使行政审批走向制度化、规范化和法制化。三是在加强经济调节和市场监督职能的同时，更加重视社会管理和公共服务职能。当前特别要建立和健全各种应急机制，提高应对突发事件的能力，大力推进教育、卫生、科技、文化等公共事业的发展，扩大就业，提供社会保障，建设公共设施，提高公共服务水平。四是树立以人为本的管理思想，坚持全面协调和可持续的发展观，统筹兼顾经济和社会、城市和农村、东部地区和中西部地区、人与自然的协调发展，全面提高人民的物质文化水平和健康水平。

政府的干预政策也是影响财政支出规模的重要因素。显然，政府通过法律和行政的手段对经济活动的干预与通过财政等经济手段对经济活动的干预，具有不同的资源再配置效应和收入再分配效应。比如，通过政府管制和政府法令进行经济干预，并未发生政府的资源再配置或收入再分配活动，即财政支出规模不变。不同财政手段的干预效应也是不同的，比如财政资金的全额投资可以带动社会的配套资金是无疑的，但如果采取财政贴息、财政补贴和税收支出等手段投入，则可能以少量的财政资金诱发更多的社会资金投入，并引导社会资金的使用方向，即发挥所谓“四两拨千斤”的效应。

3. 社会性因素

比如人口、就业、医疗卫生、社会救济、社会保障以及城镇化等因素，都会在很大程度上影响财政支出规模。在发展中国家，人口基数大且人口增长快，相应的义务教育、卫生保健、社会保障、失业和贫困救济、生态环境保护及城镇化等支出的增长压力便大。又比如，我国在尚未实现工业化之前人口的老龄化已经来临，农村富余劳动力的增加迫切要求加快城镇化速度，加快经济建设与生态环境保护的矛盾日益突出，国有企业改革带来大量职工下岗失业，等等，诸如此类的许多社会问题，都会对财政支出不断提出新的需求，构成扩大财政支出规模的重要因素。

（二）影响财政支出规模的微观因素分析

为了寻求合理的财政支出规模，不仅需要分析影响财政支出的宏观因素，还要分析和控制影响财政支出的微观因素。福利经济学对财政支出增长的分析主要是从微观角度进行的，它采用效用最大化的分析方法，将市场有效供给原理运用到政府公共物品的供应中，通过影响财政支出增长的变量，如公共物品的需求、公共物品的成本和价格、公共物品的质量、生产组织形式等来分析和研究财政支出规模。我国近年来财政管理中所采取的编制部门预算、政府采购制度、国库集中收付制度以及对预算外资金的“收支两条线”管理制度，都是从微观管理入手来提高财政支出效益，控制财政支出规模。

（三）政治决策程序

财政是国家（或政府）的一种经济行为，可以说财政学是名副其实的政治经济学，财政是一种与政治联系最紧密的经济问题，因而政治决策必然是确定财政支出规模的重要因素。从以上分析可知，财政支出规模是随着经济发展而逐步上升，达到一定阶段而相对稳定，但各经济发达国家相对稳定的财政支出规模却是高低不一的，同样是所谓的自由市场经济的国家，美国财政支出占 GDP 的比重只有 35％左右，而英、法两国则高达 50％左右。经济发达国家目前相对稳定的水平，主要是由几百年市场经济运行中市场与政府的磨合形成的，而各国水平的差异则是由各国具体国情的不同决定的，这个水平也就是适合该国的市场与政府之间资源配置的最佳模式。

可以说，没有一种精确的模型能够测算出某一个国家的财政支出规模的最佳水平，除了由市场运行自发形成这个主要因素外，毫无疑问地还含有政治决策的因素。至于达到相对稳定水平以后，不可能是绝对停止的，不同时期甚至每年都会存在一定幅度的波动，而这种波动则必然是由各国政府通过政治决策程序来决定。正是因为政治决策与财政支出规模之间的紧密关系，才出现了公共选择理论；而公共选择理论则是将经济分析的工具和方法应用到政治决策过程，深入研究政府决策程序和选举制度，寻求财政决策的最佳途径。

我国的特殊性在于，社会主义市场经济体制是在政府推动下由计划经济体制转换过来的，市场经济体制是在政府推动下建立和形成的，因而政治决策对我国财政支出规模的发展变化以及最终形成最佳的相对稳定水平具有决定性作用。为此，必须完善科学民主决策机制，健全重大问题集体决策机制和专家咨询制度，实行社会公示和社会听政制度，大力推进依法行政，严格按法律规定的权限和程序行使权力和履行职责，形成对行政权力的制约和监督。根据上述对影响财政支出规模的经济因素分析，可以建立财政支出的回归分析模型，回归分析的结果对确定财政支出合理规模的政治决策具有重要的参考价值。

第三节　财政支出结构分析

一、关于财政支出结构发展变化的学说

财政支出结构，简单来说，是指各类或各项财政支出占总支出的比重，也称财政支出构成。财政支出规模与财政支出结构二者是紧密联系的，许多学者在研究财政支出规模增长趋势的同时也研究财政支出结构变化的趋势。

（一）马斯格雷夫和罗斯托的经济发展阶段论

马斯格雷夫和罗斯托用经济发展阶段论来解释公共支出增长的原因。他们认为：第一，在经济发展的早期阶段，政府公共投资往往要在社会总投资中占有较高比重。因为经济发展所必需的社会基础设施（如公路、铁路、桥梁、电力、环境卫生、供水系统、通信等）以及法律、秩序和教育等供给不足，而这些基础设施等具有极大的外部效应，私人部门不愿意投资，但是，它们的提供不仅影响整个国民经济的健康发展，而且也影响着私人部门生产性投资的效益，所以，政府必须加大基础设施的投资，创造良好的生产经营和投资环境。这些公共投资对于帮助早期的经济“起飞”以至进入发展的中期来说，是必不可少的前提条件。第二，当经济发展进入中期后，社会基础设施供求趋于均衡，私人部门此时的资本积累也往往比较雄厚，政府投资只是私人部门的补充，政府投资在社会总投资中的比重会有所降低，但财政支出总规模并不一定下降，甚至有可能继续上升。其原因在于：当经济、社会发展进入中期后，市场失灵问题日益突出，并成为阻碍经济发展进入成熟期的关键因素，这就要求政府加强对经济的干预，以矫正、补充、完善市场机制的不足，政府在这方面的财政支出会有所增加。第三，随着经济发展由中期进入成熟期，人们对生活环境和质量的要求越来越高，财政支出结构会发生很大变化，即从以社会基础设施投资支出为主的支出结构，转向以教育、保健和社会福利支出为主的支出结构，从长期看，财政支出结构的这种变化趋势，引致了支出规模的不断扩大。

（二）内生增长理论

内生增长理论对财政政策在经济增长中的作用做出了新的解释。在现代经济增长理论中，新古典增长理论是最成熟也最具有代表性的理论。该理论将经济增长解释为生产要素（特别是物质资本）的积累过程，认为只要投资超过重置的原有机器（或者人口增长带来的人均资本下降），人均产出就会增加，经济就会增长。但是，资本积累存在收益递减趋势，当投资减少到只足以抵补折旧时，资本积累就会稳定下来，人均产出和经济增长则将停滞。尽管有的经济学家已经意识到，如果物质资本的载体在技术上更加先进，资本积累收益递减的趋势就会得以克服，即可实现人均产出和经济的持续增长。然而，该理论没有构建起相关的模型，仍然是将技术进步视为经济增长的一种外生因素。

从 20 世纪 80 年代开始，以罗默、卢卡斯为代表的一批学者，针对新古典模型的缺陷，提出了一种新的经济增长理论。该理论的基本思想是，劳动投入过程中包含着因教育、培训及职工再教育而形成的人力资本，物质资本积累过程中包含着因研究开发活动而形成的技术进步，生产性公共投资的增加也有助于提高物质资本的边际收益率，因此，生产要素积累的收益率不会发生递减趋势，长期增长率将大于“0”。显然，这一理论的贡献，在于将原来认为是促进经济增长的外在要素内在化，据此人们将这种理论称为内生增长理论。这一理论，对财政政策在经济增长中的作用也做出了崭新的解释。认为生产性公共资本、人力资本和研究开发活动是一个

国家长期经济增长的内在因素和内在动力，而这些因素具有明显的非竞争性、非排他性和外溢效应，具有“公共物品”的某些属性。也就是说，这些因素属于财政政策变量的范围之内，所以，财政政策对经济增长和经济结构的调整，特别是对长期经济增长和经济结构的调整，具有重要而特殊的作用。财政支出结构不是一成不变的，不是僵化的。从客观上说，它取决于一个国家所处的经济发展阶段，财政支出结构的发展变化带有一定的规律性。但从政府制定财政政策的角度看，则必须根据一定时期的发展战略和政策目标以及经济形势的发展变化，推动财政支出结构的调整和优化，而内生增长理论为调整和优化财政支出结构提供了重要思路。

二、我国财政支出结构的变化与优化财政支出结构的思路

(一)我国财政支出结构变化的历史进程

前面说的是西方国家财政支出结构变化的一般趋势，我国财政支出结构的变化也具有自身的特殊性。我国社会主义市场经济是由计划经济体制转换过来的，改革开放初期的财政支出结构仍明显显示出计划经济时期财政支出结构的特征，主要表现是，以基本建设支出为主的经济建设支出占有较大的比重，如 1978 年基本建设支出占财政支出的比重为 40.3%，经济建设费占财政支出的比重为 59.7%，因此，我国财政支出结构变化的总趋势首先是和经济体制改革及政府职能的转变相联系的，是随着经济体制改革和政府职能的转变而变化的，同时也是随着社会经济发展阶段的转变而变化的，虽然不同时期的经济形势以及政府采取的不同的政策对财政支出结构的变化有着直接的影响，但在其中只会起加速或延缓的作用，而不会改变变化的总趋势。

1. 改革开放之初，为了激发经济活力，曾导致财政收入下降，首要应对措施是压缩基本建设支出，随着财政收入的恢复和增长，基本建设支出规模也有所恢复和增长，但基本建设支出和经济建设支出占财政支出的比重仍然呈下降趋势。

2. 1992 年 10 月，党的十四大确立经济体制改革目标模式是建立社会主义市场经济，并明确“建立社会主义市场经济体制，就是要使市场在国家宏观调控下对资源配置起基础性作用”，这也就明确了财政支出结构调整变化的方向和发展趋势。国有企业要转换经营机制，建立“产权清晰、权责明确、政企分开、管理科学”的现代企业制度，政府管理经济的职能要转变为以经济手段和法律手段以及必要的行政手段为主的间接的宏观调控；相应地，财政投资则要退出一般的竞争性领域，集中于提供那些具有非排他性和非竞争性的公共物品，满足社会公共需要。

3. 2002 年召开的党的十六大明确我国已初步建立起社会主义市场经济体制的基本框架，十六届三中全会提出了“坚持以人为本，树立全面、协调、可持续的发展观，促进经济社会和人的全面发展”的科学发展观，要求统筹城乡发展、统筹区域发展、统筹经济社会发展、统筹人与自然和谐发展、统筹国内发展和对外开放。进入新世纪，我国社会经济发展进入了一个新阶段，我们既面临前所未有的发展机遇，也面对严峻的挑战。在战略机遇与矛盾凸显的时代，必须坚定不移地以经济建设为中心，把构建和谐社会摆在更加突出的地位。我国已经进入注重加强各项社会事业的发展阶段，要求优先发展教育，提高医疗卫生服务，实行积极的就业政策，完善社会保险体系；我国也已进入二元结构转化的关键阶段，要坚持以工补农的方针，加强社会主义新农村建设，推动城乡协调发展；坚持可持续发展的路线，保护生态环境，合理利用资源，推动发展方式的转变。总之，经济体制改革的不断深化和社会主义市场经济体制基本框架的初步建立，已经为财政支出结构的调整变化确立了基本目标和基本格局。按原财政支出按功能性质分类计算，经济建设费与社会文教费对比，“五五”时期至“十五”时期，前者由 59.9%

下降为29.1%，后者由14.4%上升为26.6%；按原财政主要支出项目分类计算，基本建设支出与文教、科学、卫生事业费对比，前者由35.1%下降为12.9%，后者由11.0%上升为18.0%。近年来财政收入的快速增长，为优化财政支出结构提供了较大的空间，财政支出结构发生了明显的变化，已经朝着构建和谐社会的方向迈出了重大的一步。

（二）优化财政支出结构，建立保障社会民生的长效机制

优化财政支出结构的基本依据和基本方针是全面贯彻落实科学发展观。科学发展观的第一要义是发展，核心是以人为本，基本要求是全面协调可持续，根本方法是统筹兼顾。当前和今后的中心任务是促进国民经济又好又快发展，主要途径是：提高自主创新能力，建设新型国家是国家发展战略的核心，是提高综合国力的关键；加快经济发展方式的转变，推动产业结构升级，是关系国民经济全局紧迫而重大的战略任务；统筹城乡发展，推进社会主义新农村建设，解决好农业、农村、农民问题，事关全面建设小康社会大局，必须始终作为各项工作的重中之重；加强能源资源节约和生态环境保护，增强可持续发展能力，必须把建设资源节约型、环境友好型社会放在工业化、现代化发展战略的突出地位；推动区域协调发展，优化国土开发格局；完善基本经济制度，健全现代市场体系；深化财税、金融等体制改革，完善宏观调控体系；拓展对外开放广度和深度，提高开放型经济水平。我国实行社会主义市场经济体制，而市场经济不可能自发地构建和谐社会。相对于市场机制而言，财政的功能是满足公共需要，也就是满足那些市场不能保障的具有“外部效应”的公共物品和公共服务的需要。在全面贯彻科学发展观和构建和谐社会中，财政必须坚持从那些从属于市场竞争性的投资中解脱出来，大力支持和保障诸如义务教育、公共卫生、社会保障、基础科学、治理污染以及支持“三农”等各项社会事业的发展，建立保障社会民生的长效机制。

当前，财政在全面贯彻落实科学发展观和建设小康社会中肩负着重要而又艰巨的任务，主要是：全面落实国家中长期教育改革和发展规划纲要要求，加大教育投入力度，提高教育资金使用效率；大力支持医药卫生体制改革，提高医疗服务和保障水平；加大保障性安居工程投入力度，推进公共租赁房、廉租房建设和农村危房及城市棚户区改造；支持加快建立覆盖城乡居民的社会保障体系，进一步扩大新型农村社会养老保险试点范围，并将试点地区城镇无收入居民纳入保障范围；加强农业农村基础设施建设，大力推进农田水利建设、中小河流治理、小型病险水库除险加固、山洪灾害防治等，切实改善农村生产生活条件；支持节能减排和科技创新，促进经济结构调整和发展方式转变；采取切实有效措施，大力压缩行政经费，提高行政效率。同时，也要清醒地认识到，当前我国社会事业发展相对滞后，基础比较薄弱，社会保障总体上覆盖范围较窄、标准较低，且农村人口所占比例高，地区间、城乡间基本公共服务水平差距也较大，而财政对社会民生的支持和保障，与全面落实科学发展观和构建和谐社会的要求还存在较大的差距。一方面，财政对社会民生领域的投入需要持续加大，这是财政贯彻落实科学发展观的责无旁贷的义务；另一方面，行政成本过高、一般性开支控制不严、管理水平有待提高、绩效考评刚刚起步等，制约着财政对社会民生保障的力度。为了妥善解决这种矛盾，必须采取正确的方针，处理和把握好财政支持和保障社会民生的几种关系。

一是促进经济发展与推进社会事业建设协调的关系。经济发展是社会事业建设的前提和基础，是社会事业建设的重要保证，而社会事业建设则是社会经济发展的重要组成部分，正如前面的分析指出的那样，当经济发展到一定阶段，要求加快发展与之相匹配的社会事业，社会事业发展了，会对经济的进一步发展提供内在动力和支撑，二者相辅相成，相互促进，共同发展，这是一条不可逾越的经济发展规律。经济发展与社会事业建设是互融的，而不是对立的。

一方面，内生增长理论诠释了教育、科技以及医疗卫生事业构成经济增长的内在因素，它可以克服资本积累效益递减的效应，推动经济的持续增长；另一方面，社会事业支出属于社会消费性支出，一部分将转化为个人消费，所以社会事业建设具有直接扩大内需和为扩大个人消费解除后顾之忧的功能。因此，财政既要促进国民经济又好又快发展，在此基础上不断壮大财政实力，为改善社会民生提供坚实的财力保证；同时，财政又要注重推动社会事业建设，注重改善民生，解决群众关心的突出问题，为经济发展创造和谐的社会环境，促进经济发展与社会事业二者相互促进、协调发展。

二是统筹兼顾与突出重点的关系。我们是一个发展中的大国，人口多、底子薄，仍处于并将长期处于社会主义初级阶段，目前经济发展总体水平不高而且发展很不平衡，社会事业发展相对滞后，建设社会事业需要有足够的投入，但财政承受能力毕竟有限。因此，财政既要统筹兼顾，全面支持各项社会事业加快发展，又要突出重点，从我国具体国情和发展阶段出发，充分考虑各方面的条件和财政承受能力，适当集中财力，着力支持解决人民群众最关心、最直接、最现实的利益问题，优先保障基本公共服务需要，并随着经济发展，逐步提高社会事业发展和民生保障水平。

三是财政支持和社会参与的关系。在社会主义市场经济条件下，改善民生，加快社会事业建设，既要充分发挥财政职能作用，也要积极调动社会各方面参与的积极性。教育、医疗卫生、社会保障等社会事业，具有明显的公益性质，直接关系到社会公众的利益和福祉，直接关系社会公平正义，要切实发挥财政的职能作用，不断增强各级政府提供公共产品和服务的财政保障能力，减轻群众在教育、医疗卫生、养老、住房等方面的支出负担。同时必须认识到，广大人民群众多样性、多层次和不断变化的社会需求不可能完全由政府(财政)直接提供，公益性事业发展形式不是单一的，运行机制也各异，政府不应当也不可能包办一切。对于那些可以而且能够通过市场满足的社会需求，要充分调动各类市场主体和社会组织参与的积极性，尽可能地发挥市场机制在建设社会事业中的作用。

四是增加投入和制度建设的关系。加快发展社会事业，不断改善民生，既要增加财政投入，更要加强制度建设。不增加投入，社会事业就不能加快发展。而没有相应的制度保障，增加的投入也难以有效发挥作用。要在加大财政投入力度、提高财政资金使用效益的同时，针对管理体制和运行机制中存在的不适应、不符合科学发展观的问题，着力支持改革创新，不断完善管理体制与运行机制，建立健全民生保障的长效机制，确保取得长远效果，更有力地促进社会事业的发展。

第四节　财政支出效益的分析和评价

一、财政支出效率

财政支出效率由财政资源配置效率和公共物品(包括准公共物品)的生产效率组成，这实际上是研究财政支出效率的两个方面。

(一)财政支出的配置效率

财政支出的配置效率与财政配置职能密切相关。谈到资源配置的效率问题，首先需要选定一个更为可行的效率标准。这样的效率标准就是社会净效益(或净所得)最大化标准，即当改变资源配置时，社会的所得要大于社会的所失，其差额越大越好。财政支出所取得的各种效益,包括经济效益和社会效益的总计,应当大于聚集财政收入过程中对经济所形成的代价或成本,也就是要取得效益剩余或净效益。

如前所述,在市场经济条件下,提供私人物品满足个人需要,是通过价格机制经由民间部门的资源配置实现的,而提供公共物品满足社会公共需要,只能通过特定的预算安排或政治程序经由财政的资源配置来实现,这样,资源配置的组合就在民间部门和财政部门之间进行。所以,财政支出的配置效率首先是财政支出占 GDP 的比重适度的问题,也就是政府的资源配置与市场的资源配置的恰当结合问题。参见图 3—2。

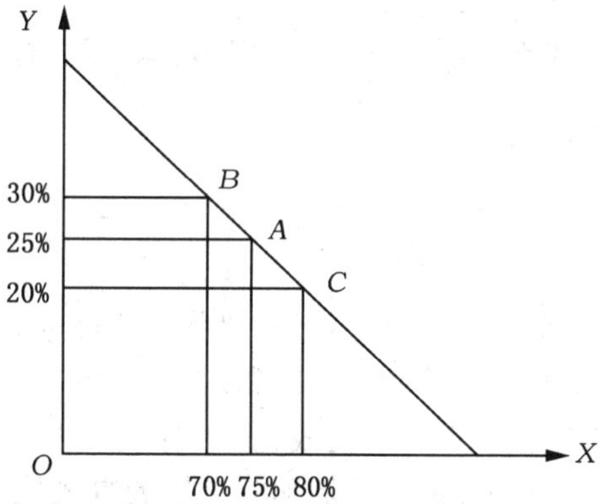

图 3—2 政府和市场在资源配置中的关系

我们用 Z 表示社会总资源,X 表示民间部门配置的资源,Y 表示财政部门配置的资源,则 $Z=X+Y$。从图 3—2 可知,资源配置存在着各种比例的组合($X/Z\%$,$Y/Z\%$),如果公众期望的配合点在 A,那么,实际的资源配置组合点又恰好落在 A 点,此时,便达成了一项社会均衡的资源配置,公众的个人需求与社会公共需求在 A 点上均可以获得满足。如果公众期望的组合点在 A 点,而实际的资源配置组合点在 B 点或 C 点,则预示着公众的期望未能实现,社会资源的配置处在非均衡点上。因此,若要财政决策符合公众意愿必须选择在 A 点的社会资源配置组合。

政府是通过提供公共物品进行资源配置,就是要把居民的消费需求集合为"社会的"(或政府的)需求,也就是说政府按照居民的意愿进行资源配置才是有效率的。这套有效率的政治制度就是"公共选择"制度。然而,现实的困难是,公众是一个集体的概念,公众的愿望并不总是一致的,每个人的选择在实际生活中存在差异,因而体现民主化和法制化的决策机制,就成为问题的关键。一般来说,为了提高公共支出的配制效率,财政部门应该做到以下几点基本要求:(1)财政支出的来源是受严格立法约束的;(2)财政支出的规模和结构都有制度的严格规定;(3)公共部门是非营利性的部门,不以追求利润而以追求社会效益最大化为目标;(4)财政资金的安排是高度透明的,财政民主不仅是政治民主的一个重要因素,而且是政治民主的集中体现;(5)公民拥有对财政支出状况的知情权,不仅政府要定期公告,而且公民有随时查询权。

(二)财政支出的生产效率

财政支出的生产效率是指,如果把政府机关和公共部门看作提供公共物品的"生产部门",那么,在资源配置既定的前提下,政府部门内部的组织管理状况决定着提供公共物品的数量和质量,从而决定财政支出的效率。政府部门内部的组织管理蕴藏着提高财政支出效率的巨大的效率潜力,诸如,精兵简政、倡廉反腐、加强审计和监督、实行国库集中收付和公共采购、事业单位的企业化管理、公共设施建设的多渠道集资等，都是提高财政支出效率的重大举措。尽管如此，对政府部门管理状况的评价，历来是一个难题，它们的潜在效率如同未知数 X 一样无法确定，所以，通常把财政支出的生产效率称为政府部门的 X 效率。

(三)社会经济的稳定和发展是财政支出效率的集中体现

事实上，社会经济的稳定和发展是财政支出效率的集中体现。在财政决策中，无论如何安排财政支出的规模和结构，无论如何兼顾公平与效率原则，也无论如何考虑财政与市场的有效结合，一旦纳入宏观经济的分析视野，它的运行结果和评价都可以与社会经济的稳定和发展联系在一起。因为，社会经济的稳定与发展态势是社会资源有效配置(其中包括财政资源配置效率)的综合结果，也是评价财政支出配置效率和生产效率的综合性指标。

二、财政支出效益的分析

(一)财政支出效益

1. 财政支出效益的含义

所谓效益，从经济学的一般意义上讲，是指人们在有目的的实践活动中“所费”和“所得”的对比关系。所费，就是活劳动和物化劳动的消耗和占用；所得，就是有目的的实践活动所取得的有用成果。所谓提高经济效益，就是“少花钱、多办事、办好事”。财政支出效益研究的是财政支出规模多大、怎样的支出结构才能使经济和社会发展得最快的问题。财政支出的规模应当适当，结构应当合理，其根本目标就是提高财政支出效益。

如前所述，财政收支过程，就是将资源集中到政府手中并由政府支配使用。由于资源是有限的，政府在集中资源时，首先应当考虑将有限的资源集中由政府支配或者交给微观经济主体支配，何者更能促进经济的发展和社会财富的增加，即何者更有效率，这就产生了一个效率的衡量问题。而财政支出效率具体表现为财政支出效益，所以衡量财政支出效率也就是分析和评价财政支出效益。不言而喻，只有当资源集中在政府手中能够发挥更大的效益时，政府占有资源才是对社会有益的。通常说，财政支出的规模应当适当，结构应当合理，要完善支出制度并加强管理，根本目标就是提高财政支出效益。从这个意义上说，提高财政支出的使用效益是财政支出管理的核心问题。

因此，财政支出效益主要从两个角度考察：(1)财政支出总量效益，即财政支出在总量上应该多大才合适，如何确定适度的财政支出规模，以促进经济更快发展。这要分析财政支出占GDP的比重。(2)财政支出结构效益，即财政支出项目间的组合效益。财政支出各项目不同的使用比例，会带来不同的效益。

2. 财政支出效益与微观经济主体支出效益的比较

从原则上说，财政支出效益与微观经济主体的支出效益是一样的，但是，由于政府处于宏观调控主体的地位，支出项目在性质上也千差万别，同微观经济主体支出的效益又存在重大差别。

首先，两者计算所费和所得的范围不同。微观经济主体只计算发生在自身范围内的直接的和有形的所费和所得；而政府除了要计算直接的和有形的所费与所得之外，还要计算长期的、间接的和无形的所费和所得。

其次，两者择优的标准不同。微观经济主体追求的是利润最大化，所选方案要能够带来尽可能大的经济效益；而政府追求的是整个社会的最大效益，不仅要考虑经济效益，还要考虑社会效益，不回避可能的、必要的局部亏损。

最后，两者效益的表现形式不同。微观经济主体支出效益的表现形式单一，即只需采用货币计算的价值形式；而政府财政支出效益的表现形式具有多样化特征，除价值形式以外，还可以通过其他如政治的、社会的、文化的等多种形式表现出来。所以，政府在提高财政支出效益过程中面临的问题更为复杂。

从全社会的角度看，资源永远是稀缺的，资源的稀缺性是财政收支研究的理论支点。所以财政对公共物品的资源配置是否达到了最优，提供成本是否最低，提供的水平和结构是否合理，是否达到社会福利最大化的目标，这是财政收支活动所追寻的永恒主题。资源稀缺性往往会表现为财政收入不能满足财政支出，财政支出又不能满足公共需要，这就要求财政支出的安排和使用必须效率优先，保证重点，照顾一般，厉行节约，提高效益。

（二）财政支出效益的内涵和范围

财政支出效益的内涵和范围包括三个层次的内容：

1. 财政支出内源性效益

内源性效益是指财政支出本身所产生的效益，包括直接效益和间接效益。直接效益是指某些财政项目直接产生的可计量的经济效益，如经济建设支出项目、支农支出项目等。间接效益指某些项目不直接产生经济效益但却存在社会效益，有些可以量化，有些难以量化，如事业性支出项目、行政性支出项目等。

内源性效益又可分为三个方面：

(1)财政支出总量效益。是指财政支出总规模所产生的效益。包括财政支出规模与国民经济发展是否匹配，如财政支出占 GDP 的比重是否存在一个最优区间的问题，在经济发展的不同阶段，这个区间的移动是否有规律性，还包括财政支出对国民生产总值的贡献率、财政支出的公共产品产出率等。对财政支出总量效益的评价，是一个较为复杂的问题，由于各国社会制度和经济体制的差异，即使同一国家不同发展时期的社会经济发展目标也不同，因而对财政支出总量的影响因素具有不确定性。

(2)财政支出结构效益。是指财政支出项目间的组合效益。支出结构是否科学合理，对财政支出的整体效益发挥至关重要，因而财政支出结构效益主要是评价各类支出占总支出的比重是否合理，以期寻求一种最优的结构模式。衡量结构效益可选择直接经济效益指标、间接经济效益指标、直接社会效益指标和间接社会效益指标，既不能一味地强调经济效益，也不能单纯地追求社会效益，寻求结构效益的平衡点尤为重要。

(3)财政支出项目效益。是指具体支出项目所产生的效益，是支出效益的细化。按照我国现行的财政支出功能分类，财政支出分为一般公共服务、教育、医疗卫生、科学技术、农林水事务、交通运输等。对于上述具体项目所产生的效益进行评价，其主要难点在于：项目之间具有不可比性，难以寻求一种共同的评价指标；项目隐含的效益有的可量化，如农林水项目，有的不可量化，如教育项目；以社会效益为主的项目的最优值难以计量，难以建立一个衡量标准体系。尽管如此，我们仍然可以根据某一类项目的特点建立具体的评价指标，得出某一类项目的支出—产出率。比如，教育支出的经济效益指标可用新增的国内生产总值与教育经费支出总数之比求得，而其社会效益可用入学率、毕业率等进行评价，等等。

2. 财政支出的部门绩效评价

部门绩效是指对使用（管理）财政支出的公共部门（如教育、文化、农业等）财政年度内的工作绩效。它包含两层含义：一是部门在财政资源的配置上是否合理并得以优化，财政资源使用是否得到相应的产出或成果，也就是对部门资源配置的总体状况进行评价；二是部门本身的工作绩效评价，如是否完成了既定的社会经济发展指标，完成预算目标的财力保证程度，部门内资金使用的效率情况，等等。公共部门对使用财政资金的状况应增强其透明度，除特殊部门外，应向社会大众公开，年度终结后应向财政部门报告部门绩效。财政部门则根据国民经济及社会发展总体目标制定公共部门绩效评价体系，分部门确定相应的评价指标，对公共部门的绩效进行评价和考核。

3. 财政支出的单位绩效评价

任何一项财政支出最终要通过公共部门分配到具体的使用单位，因而，资金使用单位既是支出链中的最终环节，又是资金使用效益的直接体现者。财政支出能否得到相应的产出，能否发挥最大的效益，最终取决于使用单位。对单位绩效的评价应着重于以下几个方面：一是对预算及相关决策的执行情况，比如执行结果与预算发生偏差，要有足够的理由说明其原因；又如在资金的使用过程中，是否始终保持与国家的财政经济政策的一致性等等。二是单位的资金管理机制是否完备，有无违反财政法规的现象。三是资金使用的最终效益(包括当期效益和周期性效益)是否得到完全体现，即对资金使用效益进行评价。四是要对同类型项目进行历史的、区域性的比较分析，建立一个最优的控制模型，也就是项目支出效益的标准模型，以此作为支出或项目评价的"标准值"。单位绩效评价工作应由其主管的公共部门实施。每年度终结后，主管部门应对所属承载公共支出单位的支出效益状况进行评价，其评价结果抄报同级财政部门，以利于财政部门对支出效益的全过程监控。

三、财政支出效益评价方法和评价体系

(一)财政支出效益评价方法

如上所述，对财政支出的效益进行评价是一项比较困难的工作，原因在于：一是效益或成本有很多是难以用市场价格或货币单位来计量，即缺乏共同性；二是效益或成本往往不是直接地体现出来，有些效益是无形的，即存在隐性；三是效益或成本往往具有长期性，甚至会影响到下一代或更长的时间；四是不同的支出项目有不同的短期、长期效益。因此，对财政支出项目的效益实施评估，应采用静态分析与动态分析结合、单项分析与综合分析结合、定性与定量结合的分析方法。

由于财政支出项目繁多，而且性质各异，对不同项目必须采取不同的评价方法。下面简略地介绍一下通常应用的三种评价方法。

1. 成本—效益分析法

所谓成本—效益分析法，是指针对政府确定的项目目标，提出若干建设性方案，详列各种方案的所有预期成本和预期效益，并把它们转换成货币单位，通过比较分析，确定该项目或方案是否可行。采用成本—效益分析法的财政支出项目，如生产性投资之类，成本易于衡量，其效益是经济的、有形的，可以用货币计量。成本—效益分析法最早产生于美国的《1936 年防洪法案》，如今，这种方法已经在许多国家的中央政府、地方政府及世界银行等国际组织得到广泛应用。

这种方法是将一定时期内项目的总成本与总效益进行对比分析，更多地用在公共支出决策程序中。它通过多个预选方案进行成本—效益分析，根据对边际社会效益和边际社会成本的对比，选择最优的支出方案。例如，政府有建造一座体育馆、建设一条公路和建设一所中学 3 个方案，由于其效果不同，投资多少也不同，因而通常认为不可比，而成本—效益分析法就试图通过项目的成本计算，由不可比转向可比，从而为决策部门提供一个量化的评估结果。这一

方法的要求是，必须将项目的收益，包括内部收益和外部收益全部量化，同时也将成本，包括内部成本和外部成本全部量化，然后再比较其效果。

该分析法是将项目的收益收入与支出成本、经营成本相对比，用净收入和收入成本率来评价项目经济效益的一种方法，适用于项目发生的收益能用货币计量的情况。

假设一个项目的寿命为 n 年，第 i 年的折现率为 r_i，第 i 年的效益和成本分别为 B_i 和 C_i，$i=0,1,2,3,\cdots,n$，则第 i 年的净收益为 B_i-C_i。那么该项目的未来净效益的现值（NPV）为：

$$NPV=\sum_{i=0}^{n}\frac{B_i-C_i}{(1+r)^i}$$

式中，B_i 为第 i 年的收益；C_i 为第 n 年的成本，r_i 为第 i 年的贴现率，n 为该项目使用年限。

根据上式计算出来的结果，我们就可以对某一项目的投资可行性做出判断：如果 $NPV>0$，该项目可行。如果 $NPV=0$，则计算内部收益率（净现值等于零的贴现率），如果内部收益率大于银行贷款利率，该项目可行。如果 $NPV<0$，该项目不可行。对于不同项目进行选择时，则比较它们的 NPV 取值大小，同等条件下选择 NPV 值高的项目。

假定某一政府项目持续 4 年，把实施的当年作为第 0 年。当年没有收益，只有成本1 000元，而且以后各年不再有成本；下一年开始有收益 350 元，而且以后每年都有这笔数额相同的收益，表 3—1 说明了 NPV 的计算程序，其中第一行是适用于各年成本和收益的贴现系数，假定社会贴现率为 5%。也就是说，第 t 年的贴现系数为 $1/(1+0.05)^t$。

表 3—1　　NPV 计算的程序和结果

项　目	第 0 年	第 1 年	第 2 年	第 3 年	总额
t 年的贴现系数（假定社会贴现率为 5%）	1	0.952	0.907	0.864	
t 年的收益（亿元）	0	350	350	350	1 050
t 年的收益乘以贴现系数（亿元）	0	333.2	317.45	302.4	953.05
t 年的成本（亿元）	1 000	0	0	0	1 000
t 年的成本乘以贴现系数（亿元）	1 000	0	0	0	1 000
NPV（亿元）					−46.95

从表 3—1 可以看出，尽管收益总额（1 050 亿元）超过成本总额（1 000 亿元），但贴现后的收益小于贴现后的成本，因此，净现值是负数（−46.95 亿元）。这表明，政府不应当实施该项目。[①]

采用成本—效益分析法进行评估时要注意两点：

（1）对折现率 r 的选择应采用社会折现率。这种折现率一般比私人企业的投资收益率要高。这是因为社会折现率是站在国家宏观经济角度，对其投资所应达到的收益率标准，不但要考虑该项投资在当代的收益，还要考虑下一代人的获益，即使不考虑下一代的因素，私营部门也往往较为短视，将投资的收益估计过低；公共支出项目往往会带来外部效应，这种外部效应

① 陈共. 财政学[M]. 中国人民大学出版社，2015.

也要纳入项目效益之中。

(2)对公共项目的投入、产出物的价格应采用影子价格。所谓影子价格是指当社会经济处于某种状态下,能够反映社会劳动消耗、资源稀缺程度和最终产品需求情况的价格。将影子价格用于公共支出项目评价中,有利于促使资源配置的优化。

成本—效益分析法可以广泛应用于成本和收益都能准确计量的项目的评价,如公共工程项目等,但其局限性也显而易见,即不能应用于成本和收益无法用货币计量的以社会效益为主的支出项目的评价。

2. 最低成本法

最低成本法,也称最低费用选择法,是指只计算每项备选项目的有形成本,并以成本最低为择优的标准。采用最低成本法的财政支出,如行政管理、国防等方面的支出,其成本易于计算,但效益难以衡量,而且通过此类支出所提供的商品或服务,不可能以任何形式进入市场交换。运用这种方法确定最优支出方案,技术上不难做到,难点在于备选方案的确定,因为所有备选方案应能无差别地实现同一个既定目标,据此再选择费用最低的方案,但要做到这一点是很困难的。

这种评价方法与成本—效益分析法的主要区别是,不用货币单位计量备选项目的社会效益,只计算项目的有形成本,并以成本最低作为择优的标准。因而,最低成本法适用于评价那些成本易于计算而效益不易计量的支出项目。

运用最低成本法来选择支出项目,其基本原理与成本—效益分析法大体相同,只是由于免去计算支出效益和无形成本的麻烦,操作程序要简化得多。首先是根据已确定的建设目标提出几种备选方案;而后分别计算各种备选方案的有形费用,如果是多年持续的支出项目,还要采取贴现法折算出"费用流"的现值;最后是按费用的高低排列顺序,供决策者选择。

最低成本法多被用于教育、卫生、文化以及政治、军事等支出项目,下面举例加以说明。假定政府为适应"三农"建设,要求今后每年要多培养 1 万名农学专业的大学生,经专家提出论证可以达到这一目标的方案有四种:方案之一,新建 4 所农学院,各校招生2 500人,这就要求兴建校舍、招聘教师和管理人员;方案之二,现有农学院扩大招生规模,这要求新建部分校舍,增聘部分教授和管理人员;方案之三,兴办广播电视大学,这就不仅要求新建校舍和新聘教授和管理人员,而且需要购置与广播电视教学有关的设备;方案之四,组织农学专业自学考试,这仅要求增加辅导、考试等一系列的工作量。我们假定四种方案都可以培养出 1 万名质量相同的农学专业大学生,但四种方案之间的成本费用肯定存在相当大的差距,显然以成本费用最低者为最优选择。这个例子是十分浅显的,它旨在说明当确定每一个支出项目特别是重大的支出项目时,不是随意的,应当认真仔细地计算这项支出的成本和效益,这是一个财政工作者应有的职责。

3. 公共定价法

公共定价是指政府相关管理部门通过一定程序和规则制定公共产品的价格和收费标准。采用公共定价法的财政支出项目,成本易于衡量,效益难以计算,但通过这类支出所提供的商品或服务,可以部分或全部地进入市场交易。从定价政策看,公共定价实际上包括两方面:一是纯公共定价,即政府直接制定自然垄断行业(如能源、通信、交通等公用事业和煤、石油、原子能、钢铁等基本品行业)的价格;二是管制定价或价格管制,即政府规定竞争性管制行业(如金融、农业、教育和医药等行业)的价格。政府通过公共定价法,能够提高整个社会资源配置的效率,使这些产品和服务得到最有效的使用,从而提高财政支出的效益。

(二)财政支出效益评价体系

1. 评价指标体系设置的基本原则

财政支出效益必须通过评价指标予以体现，科学、完整的评价指标体系是取得正确评价结果的先决条件，因而在指标体系的设计上应体现完整性、科学性及易操作性等特点。一般而言，评价指标体系的设置要遵循以下几项原则：

(1)经济性(Economy)、效率性(Efficiency)和有效性(Effectiveness)兼顾的原则，即“3E原则”。3E原则是为许多西方国家的实践所证实了的财政支出评价的有效原则，应当结合我国的实际充分借鉴这一原则，使我国的财政支出效绩评价工作一开始就有一个正确的方向和一个高的起点。

(2)针对性与兼容性相结合的原则。评价指标的设置是对财政支出管理关注重点的直接体现，为此，指标设置的选取必须具有较强的针对性，但又要注意指标选取的兼容性，也就是把握好共性与个性指标的衔接问题。

(3)定量指标与定性指标相结合和相衔接的原则。定性分析就是对财政支出效益做出判断，而定量分析则是判断的客观依据，定量分析可以使定性分析更准确、层次更分明，因此，在评价工作中应当十分重视定量分析，力求定性分析以定量分析为依据，使评价结果更加客观、合理、准确。但是，如上所说，财政支出项目执行的结果，有的不能用量化标准进行衡量，或者量化指标难以明确显示效益的状况及其程度，如公众对项目实施的满意度等，对这类支出项目不必勉强依靠定量分析，主要是通过深入调查研究做出判断。

(4)工作需要与可操作性相结合的原则。从一项评价工作开展来看，指标设置越细，评价结果越趋于合理，但由于受各种主客观因素的制约，比如有些数据无法取得，有些数据受时间限制无法完成等，因此设置具体评价指标以及选取指标的数量还要考虑现实性及可操作性。

2. 评价指标体系的设计

由于财政支出效益评价的复杂性，财政支出评价指标的设置必须遵从政府的宏观性方案以及部门既定的工作目标，一个单独的评价指标应该是与具体目标的实现相联系，而且每个工作目标通常都应该有相应的评价指标。

根据前面所讲的财政支出效益的内涵和范围，可以考虑设计支出规模、支出结构、项目及部门(单位)效益四个指标体系。在实践中，可根据具体情况建立相应的子指标体系。一般而言，可设置如下指标体系：

(1)规模效益指标体系：

$$\text{财政支出(分类别支出)占 GDP 的比重}=\frac{\text{当期财政支出(分类别支出)}}{\text{当期 GDP}}\times 100\%$$

$$\text{财政支出(分类别支出)贡献率}=\frac{\text{当期 GDP 的增加值}}{\text{当期财政支出(分类别支出)总额}}\times 100\%$$

$$\text{财政支出(分类别支出)公共物品产出率}=\frac{\text{当期公共产品总额}}{\text{当期财政支出(分类别支出)}}\times 100\%$$

(2)结构效益指标体系：

$$\text{本级财政支出占本区域比重}=\frac{\text{当期本级财政支出总额}}{\text{当期本区域财政支出总额}}\times 100\%$$

$$\text{各类支出占财政总支出比重}=\frac{\text{当期某类支出总额}}{\text{当期财政总支出}}\times 100\%$$

$$\text{各项目支出类别的比重}=\frac{\text{当期某项目支出总额}}{\text{当期类别支出总额}}\times 100\%$$

(3) 支出项目效益指标体系：

$$\frac{\text{支出项目的成本收益率}-\text{期间支出项目的经济收益}}{\text{期间项目支出总额}}\times 100\%$$

$$\frac{\text{财政资源使用成果率}-\text{财政支出项目成果}}{\text{财政项目支出总额}}\times 100\%$$

这两个指标仅提供了一种思路，在具体的指标设计中，还需综合考虑多种因素的影响，如对社会经济可持续发展能力、生态环境的保护、社会收入公平分配、区域性经济发展战略等等，针对不同支出项目设立相应的评价指标。与此同时，还要寻找出各有关支出项目的外源性制约因素，以期能提供财政支出效益最大化的模式，建立起科学的支出项目评价指标子系统。

(4)公共部门(单位)效益指标体系：

$$\text{履行职能的标准成本率}=\frac{\text{履行某项职能的实际成本}}{\text{履行某项职能的标准成本}}\times 100\%$$

$$\text{政策目标(计划)完成率}=\frac{\text{政策目标(计划)数量}}{\text{政策目标(计划)完成数量}}\times 100\%$$

对公共部门(单位)的评价是一项较为复杂的工作，无论是行政管理成本的高低还是政策目标(计划)的完成情况，其影响因素多种多样，且具有不确定性。“标准成本”的制定也只能是一个大致的情况，因而要进行准确的评价，难度是相当大的。

材料 3—1　　财政支出要少花钱办大事、办好事

财政支出不仅需要透明，也要注重绩效。只有讲求预算支出的责任和效率，才能“花尽量少的钱，办尽量多的事”。

在财政收支压力加大的当下，必须加强预算绩效管理，把有限的资金分配好、使用好、管理好，真正把“好钢”用在“刀刃”上

与往次人大常委会会议相比，参会者发现，十二届全国人大常委会第二十一次会议期间，他们拿到的参阅资料多出了一种。“财政部首次提供了一册名为《2015 年部分重点项目绩效评价报告》的材料，报告中 5 个部门委托第三方单位对部分重点项目绩效进行了评审，我认为报告做得非常好。”列席本次会议的全国人大代表刘佩琼说道。

翻开《2015 年部分重点项目绩效评价报告》，119 页的篇幅由 5 个绩效报告组成。报告涉及科研、文物保护、教育、生态、海关执法等多个领域。其中，既有文化部委托北京华盛中天咨询有限责任公司评价的故宫博物院古建筑整体保护维修项目，也有财政部委托财政部预算评审中心评价的师范生免费教育政策项目，还有海关总署委托中国财政科学研究院评价的口岸电子执法系统运行维护费项目，等等。

以故宫博物院古建筑整体保护维修项目为例，拨给故宫的 1.87 亿元财政预算到底怎么花掉了？古建筑整体保护维修项目到底是如何进行的？绩效评价报告均给予了详尽回答。据了解，评价专家采用集中评议和独立评分相结合的方法，对该项目的投入、过程、产出和效果 4 个方面进行评价，总分 100 分，其得分为 93.3 分。同时，报告还指出，建议项目单位在施工之前要做好可行性研究论证，避免工期滞后，并提示故宫各部门之间的工作协调性有待加强。

财政支出不仅需要透明，也要注重绩效。只有讲求预算支出的责任和效率，才能“花尽量少的钱，办尽量多的事”。6 月 29 日，财政部原部长楼继伟在此次会议上所作的《2015 年中央

决算的报告》中，“大力推进预算绩效管理”的部分颇引人关注。据介绍，2015 年有 157 个中央部门开展了绩效评价试点，部分重点民生政策和重大专项的绩效评价报告已提交全国人大常委会审议。

在 6 月 30 日进行的分组审议中，“绩效”也成为热词。“今年财政不容易，收入增幅减少、刚性支出增加。在这种情况下，如何优化支出结构，提高支出效率成为关键问题。此次财政部提供了重点项目绩效评价报告，很好。建议有关部门今后在这方面做更多、更细的工作，同时同步开展预算绩效评价。”全国人大常委会委员吕薇说。

“财政开支除了要保障账目准确，更要突出绩效管理。财政部所作的《2015 年部分重点项目绩效评价报告》很值得推广，要把这种经验规范化、制度化。”刘佩琼代表建议道。事实上，2015 年 1 月 1 日起正式施行的新《预算法》就首次以法律形式明确了我国一般公共预算收支中的绩效管理要求。“绩效”一词在新《预算法》中前后多次出现。在总则中“讲求绩效”首次被作为一条重要原则，和统筹兼顾、勤俭节约、量力而行、收支平衡相并列。

不少与会者还表示，建立健全预算绩效评价体系，有助于提高财政支出效益。尤其是在财政收支压力加大的当下，必须加强预算绩效管理，把有限的资金分配好、使用好、管理好，真正把“好钢”用在“刀刃”上。

资料来源：《经济日报》，2016 年 7 月 1 日。

材料 3—2　　世界银行支持中国财政支出绩效评价体系研究项目正式启动

面对财政收支压力，如何花好每一笔财政资金愈发重要。财政部预算评审中心将在世界银行的支持下研究完善中国财政支出政策绩效评价体系，为“花钱问效”提供评价工具。

来自财政部的有关官员和部分业内专家 15 日汇聚北京，宣布启动“中国财政支出政策绩效评价框架体系研究”项目，该项目是世界银行向中国提供的技术援助项目——“中国经济改革促进与能力加强项目”的一个子项目，执行单位为财政部预算评审中心，核心内容是研究提出中国财政支出政策绩效评价的框架体系，编写《财政支出政策绩效评价操作指南》，引领和规范各类绩效评价主体的评价工作。

启动会上，全国人大、财政部有关单位负责同志及财政专家就该项目研究的现实意义、当前财政支出评价现状和亟待解决的问题进行了深入研讨。大家一致认为，开展财政支出政策绩效评价研究，是加强财政管理能力建设和依法理财的现实需要，是建立现代财政制度、改进预算管理制度的重要内容，是推进预算绩效管理、财政存量资金结构调整的重要抓手，有助于提高财政管理水平，更好发挥财政的国家治理基础和重要支柱作用。

资料来源：财政部预算评审中心，2015 年 12 月 16 日。

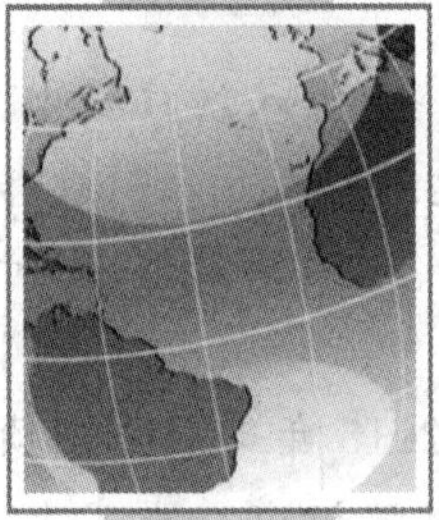

第四章 购买性支出与转移性支出

章前导读

本章系统地介绍了财政支出的相关内容，财政支出按性质可分为购买性支出和转移性支出。购买性支出是政府作为一般的市场主体，具体包括国防、行政、科教文卫等类型的支出；而转移性支出主要为投资性支出，有基础设施支出、农业支出、社会保障支出等。通过本章学习，应了解购买性支出与转移性支出的概念，掌握不同支出类别的内容，以及支出在国家财政中的不同作用。

- 财政支出（按市场原则分类）
  - 购买性支出
    - 社会消费性支出
      - 分类
        - 行政管理支出
        - 国防支出
        - 科教文卫支出
      - 特点
        - 消耗性支出
        - 满足的是纯公共需求即提供纯公共物品
    - 社会投资性支出
      - 分类
        - 基本建设支出
        - 支援农村生产支出
      - 特点
        - 生产性支出
        - 满足公共需求
  - 转移性支出
    - 社会保障支出
    - 债务支出
    - 财政补贴支出

第一节　财政购买性支出

财政购买性支出是指政府用于在市场上购买所需商品与劳务的支出。它既包括政府为了购买日常政务活动所需商品和劳务的支出，也包括财政投资性支出（即将财政资金用于国民经济各部门的一种集中性、政策性投资）。

一、政府投资

（一）政府投资的影响因素及特点

1. 政府投资的影响因素

一国社会总投资从宏观层次上可分为政府投资和私人投资，后者又包括企业投资（除国有企业外）、个人投资。这两部分在社会总投资中所占的比重取决于以下两个因素：

（1）经济体制的差异。市场经济国家，政府投资所占比重小些；计划经济国家，政府投资所占比重大些。

（2）经济发展阶段的差异。根据前述经济发展阶段理论，在经济发展初级阶段，财政投资较大；中等发展阶段，财政投资比重减少；成熟阶段，财政投资略有上升，但基本稳定在一个标准上。因此，发展中国家，像我国正处于工业化初期，政府投资所占比重要比发达国家大一些，因为市场的力量还不足以承担起全部或大部分社会投资，尤其是基础设施、基础产业、高风险产业的投资。

2. 政府投资的特点

政府投资与私人投资看重的效益、来源、领域不同。政府投资具有如下特点：

(1)公共性和基础性。政府存在的经济理由是弥补市场失灵，市场存在着配置失灵(由于公用品、外部性、自然垄断、信息的非对称和逆向选择)、分配不公和宏观经济的周期性波动，所以政府必须承担起弥补市场失灵的重任。通过配置资源、调节收入分配和稳定经济发展来完成这一职责。而公共产品的提供很大一部分是通过公共投资的形式来实现的，尤其是一些全民都能享受的基础设施、公共福利设施(医院)、基础产业，如农业、能源、国民经济的“上游”部门的投资。

(2)开放性和战略性。主要表现在两个方面：一是对高风险、高科技领域的投资，如军工、航天、电信和计算机中的尖端技术开发，国家每年都会拨巨资。二是对落后地区的投资，如西部大开发，除政策法规软环境的建设外，还增加了对西部省(区)的投入。

(3)社会效益性。在市场经济条件下，社会投资可分为三大类：①竞争性项目的投资，包括工业(不含能源)、建筑业和大部分第三产业。②基础性项目的投资，包括基础设施、基础产业和高新技术产业。③公益性项目的投资，包括国防建设投资、科教文卫设施等。在这三类投资项目中，政府一般以公益性和一部分基础性项目作为重点，而这三类投资具有明显的社会效益性。

另外，由于我们是以生产资料公有制为基础的社会主义国家，政府肩负着对为数众多的国有企业的投资，但这只是作为资产所有者、一个理性投资者身份，而不是以社会管理者身份进行的投资。因此，这类投资遵循私人投资的资金运行模式。

(二)政府财政投资规模将呈现增长态势

财政投资是财政支出的重要组成部分，也是贯彻国家宏观政策意图、促进国民经济重要产业发展的调控手段。加入世贸组织对财政支出的一个重大影响，就是必须强化政府财政投资，积极扶持国家关键性产业发展，这是关系到提高中国产业国际竞争力、促进我国经济长期稳定发展的一个重大战略问题。

中国是一个发展中国家，目前总体经济实力和技术水平都与发达国家存在较大差距，加入世贸组织对中国各个产业部门发展都是一个极大的压力和挑战。中国的纺织、服装、轻工、煤炭以及某些金属行业入世后虽然面临着新的发展机遇，在劳动力成本和产品价格上占有优势，短期内其产品规模和出口规模都会有不同程度的增长，甚至是国家重要的创汇产业。但必须看到，这些产业大多属于劳动密集型和资源密集型产业，产品多属中低档，附加值低，自创名牌不多，创新能力不足。从发展的角度看，急需利用现代技术改造我国传统优势产业，进一步提高其竞争力。比如，国际上数字电视及智能家电等核心技术的发展，对我国彩电及家电行业的影响相当大。纺织行业的后整理、印染技术上不去，产品很难上档次，我们的高档面料还是要依赖进口。类似问题，如不尽快解决，我们传统的优势也可能很快丧失，变成外国产品的加工基地。我国的基础工业和支柱产业如机械、石化、冶金等，在国民经济中占有比较重要的地位，也具有较好物质技术基础，但与国际先进水平尚有一定差距。现在我国主要机械产品中达到世界先进水平的不到5%。机械工业不强，是国内其他行业装备总体水平不高的主要原因。

我国的冶金行业，产品结构不合理，一方面线材、螺纹钢和小型材等大量过剩，另一方面冷轧薄板、冷轧硅钢片、不锈钢及一些特殊钢产品在产量和质量上远远不能满足需要，每年需要大量进口。一些非常重要的品种，如原子能反应堆用钢板、高强度可焊钢板，我国目前还不能生产，抑制了我国机械、汽车等行业的发展。此外，我国的汽车工业以及作为国民经济重要基础产业的农业，由于技术水平、生产规模、劳动生产率及其价格、产品档次等方面都存在明显的劣势，入世后更是面临着严峻的考验。

以上分析说明，从我国现实看，尽快改变我国技术落后水平，提高产业国际竞争力，是入世后我国经济发展和宏观调控面临的核心问题。而政府财政投资在这方面肩负着重要责任，不可推卸。当前的问题是财政投资状况受国家总财力的制约，投资力度不够，财政投资比重呈长期下降趋势。财政投资是一种政府投资行为，是贯彻国家产业政策的重要工具。财政投资比重过低和下降过快，会弱化国家调控经济的职能作用，不利于国民经济重点产业的发展。因此，面临加入 WTO 的新形势，必须调整现行财政支出结构，提高财政投资比重，切实强化投资力度，这是下一步国家财政支出的一个重要政策取向。

二、财政投资性支出

本部分所讲的财政投资性支出是指一般预算中的资本性投资支出。

(一)基本建设支出

在过去统收统支的体制下，基本建设投资基本上是由财政安排的。经济体制改革以后，企业留利不断增加，预算外资金和银行信贷资金大幅度增长，投资主体出现了多元化的格局，这使国家在基建投资总额中所占的比重锐减，目前大约只占 1/5。在我国，国家用于基本建设的资金就是财政的基建投资支出，其特点是规模大、内容复杂、项目繁多。为了加强对其管理和监督，有必要对这部分投资从不同角度进行科学的分类。

1. 基本建设投资的分类

(1)按投资的费用构成，分为建筑安装工程费，设备、工具、器具购置费，其他基建费用(土地征用费、青苗补偿费和搬迁费)。

(2)按基本建设规模，分为大型、中型、小型建设项目。

(3)按建设项目的性质，分为新建、改建、扩建、恢复建设。

(4)按投资的最终用途，分为对生产资料的购买和对消费资料的购买。

(5)按投资的资金来源，分为国家预算内投资——国家投资、预算外投资——建设单位自筹、银行信贷和利用外资。

2. 预算内基本建设资金的供应方式

新中国成立后的 30 多年时间里，我国财政用于基本建设的资金一直采取由各级财政部门无偿拨款的方式供应，它适应了新中国建立初期工业底子薄、财力物力有限、实行高度集中的经济体制的要求。改革开放以来，随着我国有计划商品经济和市场经济的建立与发展，建设规模不断扩大，项目也越来越多，仍靠财政拨款，很难满足各种不同需要。于是出现了争项目、争投资，忽视可行性研究，损失浪费严重的情况。

因此，国家从 1979 年开始，在部分地区和项目上试行了基本建设拨款改贷款的制度。在 5 年试点的基础上，从 1985 年起，凡是国家预算内基本建设全部实行贷款制度，后来又考虑到有些实际情况，如非生产部门无还款能力等，1986 年又重新作出决定，对预算内基本建设投资实行拨款和贷款两种资金供应体制。即对能直接形成效益的基建投资项目，以贷款的形式供应资金，而对科学研究、学校、行政事业单位本身无收入来源的部门继续实行财政拨款方式。根据我国目前专业银行的分工，由财政委托中国建设银行（简称“建行”）经办和管理基本建设拨改贷业务：财政将基建资金以低息供给建行，建行按时收回本金和利息交于财政。基本建设拨改贷在一定程度上克服了固定资产投资吃国家“大锅饭”的弊端，在提高经济效益和加强建设单位经济责任方面取得了较好的成效。但是，由于与“拨改贷”有关的配套措施尚未实行，如仍然存在“税前还贷”办法，使这一改革未能达到预期效果。

从1988年起，国家对中央基本建设投资实行基金制，就是确定基本建设投资的资金来源，由财政部转归国家计委负责分配，同时组建能源、交通、原材料等6个国家专业投资公司，负责对固定资产投资开发、经营和管理。上述“拨改贷”和“基金制”的成效都是有限的，并且都存在着不少问题。

1994年国务院撤销了6个国家专业投资公司并剥离原中国建设银行所承担的基本建设投资资金管理业务，组建了国家开发银行和国家开发投资公司，具体负责国家预算内基本建设资金的贷款和投资工作。为了管好这部分资金，财政部成立了基建司，全面收回了原建设银行代行的财政职能，开始实施基本建设支出预算的下达和资金的拨付业务，并实施财政监督管理、拨付国家开发银行资本金等业务工作。

3. 财政投融资及其特点

通过政府融资与商业银行融资相结合，既体现社会效益又体现经济效益的基础产业部门的投资，一般通过政策性银行来完成。政策性银行资金来源多元化，既有财政拨款，也向社会融资；既可以从金融机构取得资金，又可以从资本市场取得资金，如发行金融债券等。其特点是：政府融资与商业融资相结合的投资；投资方向具有特定性；政府扶持保护的基础产业部门；既具有较强的政策性和计划性，又对市场配置起补充和调节作用；资金来源多元化。

(二)支援农村生产支出

1. 对农业部门的经济分析

农业是国民经济的基础。农业是人们基本生活资料的来源，也是工业特别是轻工业的原料基地和工业品的广阔推销市场。农业还直接或间接地向国家提供收入。农业是既有自然风险、又有市场风险的弱质产业。因其效益低、抵御自然灾害的能力差，所以必须建立农业的支撑体系。农业基础设施的重点在于水利建设所支持的农工业体系，另外还包括化肥、农机、农药以及社会化服务体系——天气预报、网上信息传播等。

农产品供求有其特殊性。农产品是初级产品，需求的价格弹性和收入弹性都低；供给方面受自然力影响大，易于波动。所以，一些发达国家都通过制定农产品的floor price和ceiling price来调节农产品的供求。

2. 财政发展农业的方针：农业以自力更生为主、国家支援为辅

我国最突出的国情之一就是人口众多，粮食消费量大，农业资源相对稀缺。因此维持13亿人口的吃饭问题是中国经济的首要问题。目前，我国人口占世界人口的22.4%，耕地却只占世界总数的6.99%，而且贫穷落后的地区很多（近1/4），要使农业得到迅速发展，只靠财政拨款是不行的，还应该主要依靠农业自己的力量，依靠内部积累来发展。这是因为：农业机械化所需要的资金数量大，国家财政负担不起；农村集体经济和个体经济有可能主要依靠自己力量解决建设资金问题；有国家发展农业的方针、政策作保证。近年来国家对农业的政策是完善和发展以家庭联产承包责任制为基础的农村双层经营体制。这就是为什么要坚持农业以自力更生为主、国家支援为辅的原因。

3. 适应WTO规则的要求，强化政府对农业的投入

财政对农业的投资方向：一是加大农业和农村基础设施建设投入，包括水利设施、农业生态环境、国土整治；二是支持农业结构调整；三是完善农业社会化服务体系，搞好产前、产中、产后服务，增加气象投入，建立完善各种专门性自然灾害气象预报服务；四是根据财力可能，逐步增加不发达地区的农业发展支出，并建立起日益完善的农业救助性支出体系。

三、财政民生性支出

（一）科教文卫支出

科教文卫支出是指国家用于这些部门的经费支出。它们不同于实行独立核算的企业，没有固定的收入来源，或者虽有一部分收入，却不足以抵补日常的开支。为了保证科教文卫部门的事业发展，财政必须通过无偿拨款向这些部门提供经费。

科教文卫支出的性质表现在两个方面：一是科教文卫支出属于社会消费性支出。从内容上看仅指财政用于这些部门的经常性支出，不包括财政向这些部门拨付的基本建设支出、科技三项费用支出等。财政的这项支出大部分用于支付这些单位工作人员的工资和公用经费。所以从整体上看，它是一种社会消费性支出。二是科教文卫支出属于非生产性支出。科教文卫部门属非生产性部门，它们不生产物质产品，也不提供生产性劳务。从这个意义上讲，财政的这项支出属非生产性的。但这并不意味着它不重要，实际上科教文卫部门事业的发展与物质财富的生产有着密切关系，科教文卫事业在社会经济生活中具有重要意义：一是科学技术是第一生产力。随着经济的发展，科学技术的发展成为生产发展、劳动生产率提高的基本前提。据悉，20世纪70年代，经济发达国家的劳动生产率的提高有60％～80％是由于采用了新的科学技术带来的成果。这一点在三次产业革命中体现得尤为突出。二是教育是科学技术这种“第一生产力”的源泉和基础。没有文化教育事业的发展，就没有科学技术的现代化，就不可能有农业、工业和国防现代化。今天的经济是昨天的教育，今天的教育是未来的经济。用这句话形容教育对人类社会发展的重要性再恰当不过了。三是科教文卫事业的发展直接关系到人民的健康水平和物质文化水平的提高，是社会主义生产的最终目的。

（二）文教、科学、卫生事业支出的内容

1. 按支出的部门划分

文化事业费：图书馆、表演艺术团体、群众文化馆等部门经费。教育事业费：中小学、大中专院校、电视教育经费等；科学事业费：教委、科协、社科院及其归口管理的事业费，如科学研究经费、科普活动经费和国际学术交流经费；卫生事业费：卫生部及地方卫生部门的事业费，包括各类医院（专、普）、防疫站、妇幼保健站等的事业费；通讯广播事业费：指新华社及专业通讯社的事业费，以及电台、电视台的事业费；体育事业费：指国家体委和地方体委系统的事业费。

2. 按支出的用途划分

人员支出、对个人和家庭的补助、日常公用支出、固定资产购置和大修理。

（三）行政管理支出和国防支出

1. 行政管理支出

行政管理支出是财政用于国家各级权力机关、行政管理机关和外事机构行使职能所需要的费用支出。行政管理属非生产性支出，是社会消费基金的重要组成部分，它是保证国家行使职能的物质需要。

行政管理支出的内容决定于国家行政管理机关的结构及其职能。这项支出项目在我国包

括：(1)行政支出；(2)公安支出；(3)国家安全支出；(4)司法检察支出；(5)外交支出。按支出的最终用途来看，又可分为：(1)人员经费；(2)公用经费。

行政又分为内政和外政，我国的行政机构设置从中央到地方有五大班子：

(1)全国人民代表大会(省市级人代会)为最高权力机关、最高立法机关。

(2)国务院(省政府、市政府)是最高政府机关，包括财政部、人民银行、最高人民法院、中央各部委。

(3)政协(省市级政协)是我国的政体，是中共领导的多党合作制，政协是参政议政的，但无表决权。

(4)党的全国代表大会及下设常委会(政治局委员)—政治局—中央委员会及候补委员—中央代表大会，党的代表大会的一个常设机构为党的纪律检查委员会(中央—省市)。

材料 4—1　　资本主义国家是三权鼎立，互不干涉

1. 总统(政府部门)。以美国为例，是经过民主党和共和党在上届总统任期期满后，两党各选出一名总统候选人，这两个人在全国各地游说，争取选民信任，谁获选票多，谁就是新任总统。

2. 立法部门。在美国，议会是立法机构，它由参议院和众议院组成。参议员规定每州 2 个，美国共有 50 个州，那么就是 100 个参议员；众议员根据每个州的人口决定。一般参议员要比众议员的地位相应高一些。经两院讨论通过的都是具有法律效应的文件。谁要违反，谁就要受到法律的制裁。参众两院都有自己的议长，如果总统和两个议长不是一派的，工作起来就会很麻烦。

3. 司法。相当于我国最高人民法院和检察院，是具体执行法律的部门。谁犯法由它来逮捕和传讯。

根据行政管理费既是必需的又是非生产性的特点，应该按照“保障供给”和“厉行节约”的原则，管好用好这些费用。目前，我国机构臃肿、人员过多，财政支出负担沉重，支出过大的问题十分严重。据统计，各省设置的党政机关平均达 70 多个，有的省多达 100 多个。新中国成立初期，全国“吃皇粮”的党政机关和公款人员只有 400 万人，如今有4 000万人。政府部门数比“世界冠军”苏联只少 1 个。每个部门内又按产品和实物设置了很多司、局、处室，同时各部门的职能又相互交叉，真可谓“你中有我，我中有你”。据调查，有一个县只有一个小煤矿，也设置了一个煤管局。由此必然带来行政管理支出过大、增长过快。1990 年我国行政费比 1978 年增长 5.9 倍，同期财政支出只增长 2.11 倍。从相对数看，行政管理支出占财政支出的比例，由 1978 年的 4.4%，上升到 1990 年的 9.7%，1998 年机构改革之前为 12%。解决这一问题的关键是精简机构、压缩编制。这有待于政治体制和经济体制改革的深化，转化政府职能，解决权力过分集中的问题。

1998 年机构改革，我国由原来的 40 个部委简化为 29 个，而美国为 17 个、英国为 19 个、法国为 18 个。

2. 国防支出

国防支出是财政用于国防建设、国防科研事业、军队正规化建设和民兵建设方面的费用支出。这项支出是一项消费性很大的非生产性支出，要受到国力、财力的制约，但它对防御外来侵略、保卫国家领土和主权完整具有重要意义。因此这项支出是非常必要而且是必须保证的。

合理安排国防费用的规模是个很重要的问题，但这很难制定出一个明确的标准，只能从影响国防费用规模的因素上作些分析。

(1)受国际局势变化的影响。国际局势紧张,战争危险增大,费用支出就大。比如,1950～1953 年的抗美援朝时期,1979 年的对越自卫反击战时期,国防费用就大。

(2)受国家财力制约。和平时期,国防建设要以经济建设为基础,适当控制开支。

另外,要处理好军工生产和民用生产的关系,实行平战结合、军民结合,充分发挥国防工业的技术优势,提高我国国防费用的效益。

第二节　财政转移性支出

在此章节,我们更多地关注转移性支出中的社会保障支出部分。转移性支出是政府单方面把一部分收入的所有权,无偿地转移出去而发生的支出。它包含着以下的基本含义:首先,转移性支出代表着收入从经济的某个部分、集团和个人,经由政府的手,转移到另一部分、集团和个人手中,因而直接影响社会成员的收入再分配,是实现社会公平目标的政策工具。其次,由于转移性支出发生的同时并不立即形成对商品与劳务的需求,它是通过转移性支出接受者的购买行为,才转化为实际的购买力,形成实际的需求。因此,转移性支出不直接构成社会总需求,它对社会总需求的影响是间接的,进而间接影响生产和就业。本章讨论转移性支出的重要组成部分——社会保障支出、财政补贴。

所谓"社会保障",是指政府向丧失劳动能力、失去就业机会、收入未能达到应有的水平,以及由于其他原因而面临困难的公民给予货币或实物形式的帮助,以保障社会成员能维持最基本的生活水平的活动。社会保障是社会发展的客观需要。因为社会发展不仅要求一个不断增长的经济增长率,而且还要求有一个安定的社会环境,以保障经济的正常运转。虽然保持社会环境的安定有许多工作要做,但其中很重要的一个方面,就是对由于各种客观原因而在生活上陷入困难的社会成员,满足他们最基本的生存权与发展权,从而缓解社会矛盾,避免社会动乱。正是在这个意义上,我们说社会保障是社会发展不可或缺的组成部分,是社会发展的"安全网"和"稳定器"。在市场经济下,社会保障尤其重要。

一、社会保障的基本特征

社会保障作为一种经济保障形式,具有如下基本特征:

(一)社会性

社会保障的实施主体是政府,目的是满足全体社会成员的基本生活需要,因此社会保障的范围覆盖整个社会,任何一个社会成员都不应该被排斥或遗漏在社会保障之外。

(二)强制性

虽然社会保障为全体社会成员提供,但是每个人从社会保障中所获得的收益与支付并不相同,甚至有很大差别。这样,通过成本效益分析之后,有些社会成员就有可能选择不参与社会保障,这显然不利于社会整体利益。因此,任何一个国家都是以立法的形式来保证社会保障参与的强制性。我国《宪法》就明确规定:中华人民共和国公民在年老、疾病或丧失劳动能力的情况下,有从国家和社会获得物质帮助的权利;国家发展公民享受这些权利所需要的社会保险、社会救济和医疗卫生事业。法律规定范围内的单位及职工,都必须参加社会保障,按规定缴纳保险费,违反者必须负法律责任。

（三）互济性

在现实生活中，不同的人所面临的风险程度是不同的，有的人风险大，有的人风险小，这就决定了每个人在社会保障中的权利与义务是不完全对等的。而社会保障参与的强制性，使得利益从风险小的人向风险大的人转移，其实质是通过社会保障把个人风险分散给全社会。正是在这个意义上我们说社会保障具有互济性。

（四）福利性

社会保障的目的是保障社会成员最基本的生活，从性质上说，它属于社会公益事业，目的是造福社会，而非出于营利的目的。因此，社会保障决不能商业化。这是社会保障区别于商业保险的一个重要特征。因此，社会保障基金必须专款专用，不能挪用。

二、社会保障模式

社会保障一般有四种模式：

（一）福利型社会保障模式

这种模式是以全民性和普遍性的保障原则为核心，全体居民和公民不论其有无收入和是否就业，都可享有国家制定的各项福利保障政策。由于全民都享有受保障的权利，因此这种模式下的社会保障资金来源于国家的税收。西欧、北欧的一些国家实行这种模式，如英国、瑞典、法国、丹麦、比利时等国家。

（二）社会保险型模式

这种模式以社会保险为核心，社会保障费用由雇员、雇主和国家三方负担，主要以雇员和雇主承担为主，社会保障的给付与雇员的收入和社会保险缴费相联系。德国、美国、日本、奥地利等国家采用这种社会保障模式。

（三）强制储蓄型模式

这种模式以强制储蓄为核心，政府强制雇主、雇员为雇员储蓄社会保障费用，以满足雇员个人各种社会保障项目的支付需要。新加坡、智利以及东南亚的马来西亚、印度尼西亚等国家实行这种模式。

（四）国家型保障模式

这种模式以“国家统包”为核心，由政府对福利进行直接分配，社会保障事务由国家统一办理，社会保障费由国家和企业负担，职工个人不必缴纳社会保障费用。它主要是根据马克思的社会总产品要在个人分配之前扣除社会保障费用的理论确立的模式。东欧的波兰、保加利亚、南斯拉夫、匈牙利等国，以及亚洲的中国、朝鲜，美洲的古巴等国家都曾经或现在仍在采取这种模式。

我国在计划经济时期实行的是国家型保障模式，从改革开放开始否定这一社会保障制度。国家在 20 世纪 80 年代就进行了社会保障制度的改革，逐步实现由“国家统包”到“多方负担”，由“企业保障”到“社会互济”，由“平均主义”到“效率优先，兼顾公平”的转变。90 年代加快了改革的步伐，十四大报告中第一次明确地把深化社会保障制度改革作为经济体制改革的重要环节。十四届三中全会进一步明确了建立新型社会保障制度的目标和原则。目前，我国已初步建立起新型社会保障制度的基本框架，城镇企业职工的基本养老保险和基本医疗保险的“社会统筹和个人账户”相结合，基本适应了我国的制度模式。

三、社会保障的内容

国际劳工组织 1952 年制定的《社会保障（最低标准）公约》，规定了现代社会保障主要包括医疗补助、疾病补助、失业补助、老年补助、工伤补助、家庭补助和遗属补助等九项内容。该公约还规定，一个国家只要实行了三种补助(其中至少包括失业、工伤、老年、疾病和遗属等最主要补助中的一种)，就可以认为已建立了社会保障制度。由于社会保障活动是各国在各自特定的环境下自行展开的，因此世界各国所实施的社会保障的内容存在很大差异。但综合起来，比较不同国家的社会保障制度，它们大体包括社会保险、社会救济、社会福利和社会抚恤。其中社会保险在社会保障中处于核心地位，社会救济是最低层次的社会保障，社会福利是社会保障的最高纲领，社会抚恤起着安定特定阶层生活的功能。

(一)社会保险

所谓社会保险，是指以立法形式，由国家、集体和个人共同筹集资金，以确保社会公民在遇到生、老、病、死、伤、残、失业等风险时，获得基本生活需要和健康保障的一种社会保障制度。

社会保险作为社会保障的核心内容，一般包括如下内容：

1. 社会养老保险

它是指由政府以立法形式确定的，劳动者在年老失去劳动能力或退出就业领域时享有的退休养老的权利，除了企业和劳动者在就业时缴纳的税或费外，还可依靠政府和社会提供的帮助，以维持基本生活水平的一项社会保险制度。社会养老保险在社会保险中占据核心位置。老有所养是每个劳动者的天然权利，是养老保险的出发点和归宿。自1889年德国颁布世界上第一个《养老保障法》之后，其他国家纷纷效仿，向社会养老的模式过渡。

2. 社会失业保险

它是由政府以立法形式确定的，劳动者在失业时所享有的权利，除企业和劳动者在就业时缴纳的税或费外，还可依靠政府和社会提供的帮助，以维持基本生活水平的一项社会保险制度。社会失业保险也是社会保险的主要内容之一。失业是市场经济中存在的必然现象，即使是在充分就业的条件下，也会存在摩擦性失业与结构性失业。失业既然是市场产生的必然结果，因失业而暂时陷入生活困难的劳动者就不可能从市场中得到救助，这就需要政府和社会的帮助，才能使他们免除因失业而造成的贫困。

3. 社会医疗保险

它是由政府以立法形式确定的，劳动者所享有的疾病预防和治疗的权利，它也是以企业和劳动者缴税或费，以及政府的补助为经费来源的一种社会保险制度。

4. 工伤保险

它是由政府以立法形式确定的，在劳动者因工作而负伤、致残、死亡时，给劳动者本人及其供养的直系亲属提供物质帮助的一种社会保险制度。

5. 女工生育险

它是由政府以立法形式确定的，女工在生育期间中断劳动或工作时给予其帮助的一种社会保险制度。

(二)社会福利

它是指由政府出资兴办的、以低费或免费形式向一部分需要特殊照顾的社会成员提供货币或实物帮助和服务的一种社会保障制度。它主要包括国家、企业或集体兴办的福利院、敬老院、疗养院、儿童福利院、福利企业等，其目的是使那些无生活来源的孤老残幼能得到基本的生活待遇。

为保障特殊困难社会成员的生活权利，国家颁布了《中华人民共和国老年人权益保障法》《中华人民共和国残疾人保障法》《农村五保供养工作条例》等法律法规。规定对城市孤寡老人、符合供养条件的残疾人和孤儿实行集中供养；对农村孤寡老人、符合供养条件的残疾人和孤儿，实行集中供养与分散供养相结合的供养方式；集中供养一般通过举办社会福利院、敬老院、疗养院、儿童福利院等福利机构进行；对于残疾人，通过政府的优惠政策来兴办多种形式的社会福利企业，帮助适合参加劳动的残疾人获得就业机会。

（三）社会救济

它是指政府对收入在贫困线以下的公民，和因自然灾害遭受损失或发生其他不幸事故，而暂时生活处于困难中的公民提供的货币或实物帮助。社会救济是一种公民应享受的基本权利，也是国家和社会必须认真履行的最起码的社会保障职责，其目标是克服贫困。从性质上讲，社会救济又包括济贫与救灾两种，其财力主要依靠财政拨款，同时鼓励社会捐款和公民互助。现实生活中的贫困现象基本上有以下几种：自然灾害造成的贫困；失业造成的贫困；个人的生理原因造成的贫困。与此相对应的救济项目一般包括自然灾害救济、失业救济、孤寡病残救济和城乡困难户救济。

我国政府给予城市居民最低生活保障的资金由地方政府列入财政预算。地方政府根据当地的生活水平来确定最低生活标准。低于最低生活标准的家庭可以提出申请，通过收入调查后，即可享受最低生活保障待遇。

（四）社会抚恤

它是指对国家和社会有功劳的特殊社会群体给予补助和褒奖的一种制度，主要包括牺牲病故抚恤、定期定量生活补助、残废抚恤、残废人员免费医疗、烈军属疾病减免待遇等。其资金来源主要是政府预算拨款。为了确保优抚对象的权益，国家颁布了《革命烈士褒扬条例》《军人抚恤优待条例》《城镇退役士兵安置条例》等法规，规定对牺牲军人家属、残疾军人、老复员军人等重点优抚对象，实行定期定量补助；对义务兵家属普遍发放优待金；对残疾军人等重点优抚对象实行医疗费用减免；城镇退役士兵可以享受一次性就业安置费，对自谋职业的安置对象发放一次性经济补助。

四、社会保障支出的资金来源

所谓“社会保障基金”，是政府按照有关法律或制度的规定建立的、用于社会保障的专项基金。从内容上看它主要由社会保证基金和社会保险基金两部分组成。社会保证基金主要用于社会救济、社会福利和社会抚恤，社会保险基金则主要用于社会保险的各种项目。综观世界各国的社会保障，其筹资渠道主要有：

1. 政府预算安排的社会保障支出

从使用项目上来看，政府安排的这部分社会保障支出主要用于社会救济、社会福利和社会抚恤，同时社会保险基金也部分来源于政府安排的社会保障支出。社会保障的社会性，决定了政府预算安排的社会保障支出是社会保障资金的最主要来源。

2. 向劳动者所在单位及劳动者个人征收的社会保障税（费）

劳动者个人及劳动者所在单位承担社会保障费，是当今社会保障制度的一个普遍特征。目前在 170 个建立了社会保障制度的国家中，有一半以上向劳动者所在单位及劳动者个人开征社会保障税（费）。

3. 社会保障基金的投资收入

社会保障基金，特别是社会保险基金具有储备的性质，一定时期的社会保障基金在满足了即期的社会保障需求之后的结余，就形成了社会保障储备基金。为了保证社会保障基金的保值增值，就需要把这部分储备基金进行投资，形成的收益用于补充社会保障基金。

4. 社会捐助

即福利救助性质的社会团体和宗教组织，出于对社会弱势群体的同情和关爱，自愿地为某种社会保障项目募集的慈善捐款。由于社会捐助是自愿的而非强制的，因此，这部分基金来源具有非连续性和非稳定性的特征，只能成为社会保障基金的辅助来源。

五、社会保障资金的筹集模式

筹集社会保障基金，就是为了安排各种社会保障支出。如何使社会保障基金的筹集与支付相适应，一般有三种模式：

(一)完全基金制

这是一种以纵向平衡原则为依据，要求在劳动者整个就业或投保期间，或者在一个相当长的计划期内，采取储蓄方式积累筹集社会保障基金的制度。其基本方法是：在对未来时期社会保障支出的需要进行预测的基础上，确定一个可以保证在相当长的时期内收支平衡的总平均收费率，采取先提后用的办法。投保人在职时，按此收费率将一部分劳动收入交给一个基金；接受保障时，该基金再以投资所得兑现保障承诺。完全基金制模式的特点是：使投保人在职时积累资金，退休后按月领取保险金，支付水平与本人在职时的工资和缴费水平直接相关，可以激发投保人缴费的积极性，从而实现自我保障。但这种方式要求有稳定的经济环境和较高的基金管理水平，从而保证基金的保值和增值，兑现保障承诺。否则基金的保值和增值的风险较大。这种方式不具有代际的再分配功能。目前，世界上有斐济、加纳等 18 个经济发展水平差别大、社会化程度低、经济总量规模较小的国家采用完全基金制。

(二)现收现付制

这是一种以横向平衡原则为依据，以同一时期正在工作的所有人的缴费来支付现在保险收益人的开支的制度。现收现付制的特点是：完全依靠当前的收入去支付现在的支出，以支定收，基金没有结余，从而避免了完全基金制下基金遭受通货膨胀而贬值的风险，也能够对基金进行有效的管理。由于现收现付制是下一代人养上一代人，因此具有代际的收入再分配功能。但这种模式在人口年龄结构年轻、保障范围较窄、支付标准较低的情况下，尚可正常运行；在经济不景气、人口出现老龄化、支付范围和标准不断提高的情况下，就会出现缴费比例过高、当代负担沉重、资金筹集困难等问题。目前大部分国家实行的是现收现付制，如美国、德国、日本等。

(三)部分基金制

这是现收现付制和完全积累制两种模式的结合。当年筹集的基金，一部分采取现收现付制满足当前支付的需要，另一部分采取积累式以满足未来支付的需要。与其他两种方式相比，部分基金制既保持了现收现付制下的代之间的收入再分配功能，又能通过部分资金积累，降低现收现付制下当代人的负担与完全基金制下货币贬值的风险和资金保值增值的压力。

几十年来，我国的社会保障制度一直采用现收现付制。中共十四届三中全会明确提出，要建立一个企业职工社会养老保险统筹和个人账户相结合的制度，其基本思想是逐步建立职工的个人账户，将企业与个人缴费的大部分积累于个人账户，以试图缓解现收现付制与人口老龄化的矛盾，同时促使职工承担一定的社会保障成本。然而，由于记入个人账户的资金同时被用做社会保障支出，个人账户上的资金只是账面上的，因此，中国当前实行的社会保障模式实质上仍然是现收现付制，基金制徒有其名而已。这一模式已受到我国人口老龄化的挑战。根据中国社会科学院的一项研究表明，如果一直沿用现收现付制，到2030年，养老金支出与工资总额的比重将达41.8%。这无疑会使社会保障制度无法平稳运行，而且将影响社会经济的可持续发展。

六、中国社会保障制度与改革

新中国成立前，我国尚没有完整的社会保障制度。从20世纪50年代初期开始，我国逐步建立起城市居民的社会保险制度、农村的“五保”（吃住穿医葬）制度、农村合作医疗制度、社会优抚制度等，并兴办了城乡社会福利救济事业，开展自然灾害救济工作，从而建立起项目比较齐全的社会保障制度，形成了我国的社会保障体系。

1951年首次通过并于1953年修改增订的《中华人民共和国劳动保险条例》，对国有企业职工及其直系亲属的退休、医疗、伤残、死亡、生育、疗养等的劳动保险和社会福利做了规定。规定企业职工的劳动保险和社会福利由企业负担，企业每月按照工资总额的3%提取和交纳保险金，其中30%上交上级工会，统筹举办集体保险事业和作为调剂基金使用；70%存于各单位工会的账户上，用于职工应得的各项保险待遇；如有剩余，按月上交地方总工会，不足，则由地方总工会予以调剂。1955年12月，国务院颁发了《国家机关退休人员处理暂行办法》、《国家机关工作人员退职处理暂行办法》和《国家机关工作人员实行公费医疗预防措施的指示》，实施范围为全国各级人民政府、党派、团体及所属事业单位的工作人员，保障内容基本和《中华人民共和国劳动保险条例》一致，基金由国家财政拨付。至此，中国城市中以社会保险为主要内容的社会保障制度基本确立。

从总体上说，1978年以前，中国的社会保险实际为劳动保险，保险的对象是全民所有制企业和事业单位的职工及干部，不包括城镇集体所有制企业单位和事业单位的职工和干部，也不包括广大农民，具有“企业保险”的特点，即全民所有制企业单位的职工和干部的社会保险不是由社会统筹来支付而是由企业支付。这是与当时的计划经济体制相适应的。在计划经济体制下，社会实质上是一个大企业，财政实质上是这个大企业的总财务，企业的收与支实质上不过是这个总财务活动的组成部分。在这种背景下，由企业财务按政府统一制定的规定直接在企业内进行社会保险基金的提取和使用，并不违背社会保险的“社会”性。

除此之外，社会优抚、社会救济和社会福利作为保障制度的其他三方面内容，也受到政府的一向重视。

中华人民共和国中央人民政府内务部于1950年开始颁布了《革命烈士家属、革命军人家属优待暂行条例》《革命残废军人优待抚恤暂行条例》《革命军人牺牲、病故褒恤暂行条例》《革命工作人员伤亡褒恤暂行条例》等五个优抚暂行条例；1955年国务院做出了《关于安置复员转业军人工作的决议》；1956年经国务院批准，在农村对优抚对象实行优待工分的制度，奠定了中国优抚保险制度的基本格局。

社会救济也一直是政府部门的一项重要工作。社会救济在自力更生原则下，动员与组织人民实行劳动互助、生产自救、群众互助，辅之以政府的救济支出，对城市或农村无依无靠、无生活来源的孤老残幼和无固定职业、无固定收入、生活有困难的居民实施定期救济和临时救济。

虽然20世纪60年代初，我国开始在城市街道兴建社会福利院（如养老院、残疾人习艺所、精神病院等）和福利工厂，但我国社会福利的很大一部分内容包含在劳动保障制度之中，称之为职工福利。除此之外，社会福利主要是以社会救济为主的救济性福利政策和措施，没有形成一种独立的制度，所以称之为“社会救济福利”。

我国从20世纪50年代初期开始形成和建立起的这套社会保障制度，随着改革开放的不断推进，日益显示出与改革趋势的矛盾性，改革势在必行。1986年至今，中国社会保障制度经历了从自下而上到自上而下、从自发到自觉、从单项到全面综合改革的历程。中国社会保障制度改革的历程大体可分为三个阶段：第一阶段(1986～1993年)是为国企改革配套服务，原体系在延续，新机制在生长；第二阶段(1993～1997年)将社保明确为市场经济体系的五大支柱之一，新旧政策并存，但此消彼长，改革有明显的效率取向；第三阶段(1998年至今)则将社保作为一项基本的社会制度加以建设，两个确保、三条保障线成为重中之重。

七、财政补贴的种类

所谓“财政补贴”，是国家根据一定时期政治经济形势的客观需要，向特定的产业、部门、地区、企事业单位、居民个人或事项提供的无偿补助。国家的财政补贴，不论预算会计的处理如何，即不管是以红字冲减财政收入，还是以安排财政支出的方式提供，都具有将已取得的部分财政收入无偿转移给补贴接受者的实质。因此，财政补贴具有转移性支出的性质，在理论分析中有时被看成是一种负的税收。财政补贴作为转移性支出的一种形式，通过补贴对象、比例、时间的确定，改变着社会成员的收入。因此，从经济影响上看，财政补贴直接影响的是国民收入分配。

(一)财政补贴的特征

财政补贴作为一种特殊的财政分配形式，与其他的分配形式相比具有如下特征：

1. 政策性

财政补贴都是根据一定时期特定的国家政策而安排的支出，凡国家政策规定要补贴的产业、部门、地区、企事业单位、居民个人或事项，财政才给予补贴，没有政策规定的，则不予补贴。

2. 可控性

由于财政补贴都是根据一定时期特定的国家政策而安排的支出，因此，国家可以通过政策的调整，灵活地掌握补贴对象、补贴数量、补贴方式、补贴环节等内容。从这个意义上讲，财政补贴是国家可以直接控制的经济手段。

3. 时效性

国家政策的时效性，决定了财政补贴的时效性。由于国家政策会随着政治经济形势的变化而不断地相应调整，因此，伴随着该政策出台的财政补贴，也需要做相应的调整。

4. 特定性

财政补贴只对特定的产业、部门、地区、企事业单位、居民个人或事项给予补贴，除指定的事项外，均不给予补贴。

(二)财政补贴的分类

我国目前的财政补贴，其内容相当复杂，可以从不同的角度对其进行分类。如从财政补贴的环节来划分，可分为生产环节补贴、流通环节补贴、消费环节补贴。按财政补贴的对象来划分，可分为企业补贴与个人补贴。按补贴的经济性质，可分为生产补贴和生活补贴。按补贴的透明度来划分，可分为明补(将全部的补贴都纳入预算进行管理，财政补贴作为预算的支出项目，按照正常的支出程序，直接支付给受补贴者)和暗补(补贴支出不纳入预算管理，财政补贴不构成预算支出项目，受补贴者也不直接获得补贴收入，只是从减少上缴和节约支出上受益)。按补贴的发放形式，可分为实物补贴与货币补贴。按补贴的隶属关系，可分为中央财政补贴和地方财政补贴。而按照国家预算来划分，财政补贴又可分为以下几类：

1. 财政的价格补贴支出

它是指由财政向企业和居民支付的与价格政策有关的补贴，它是财政补贴的主要内容，是国家自觉运用价值规律调节经济，促进经济发展的重要举措。1985 年以前，我国的价格补贴采取冲减财政收入的暗补形式，1985 年之后才采用列入财政预算支出的明补形式。目前列入国家预算支出的价格补贴支出包括以下内容：(1)粮食加价款；(2)政府粮油差价补贴；(3)粮食风险基金；(4)政府储备粮油利息费用补贴；(5)粮食政策性财务挂账消化款；(6)进口粮食改代理补贴；(7)政府储备粮油差价补贴；(8)地方粮油价外补贴；(9)棉花发展补贴款；(10)棉花调拨奖励款；(11)政府储备棉花利息费用补贴；(12)政府储备糖费用补贴；(13)副食品风险基金；(14)平抑市场肉食品价格补贴；(15)平抑市场蔬菜价格补贴；(16)农用生产资料价格补贴；(17)工矿产品价格补贴；(18)政策性银行利差补贴；(19)其他价格补贴；等等。

2. 财政的企业亏损补贴支出

财政的企业亏损补贴支出又称国有企业计划亏损补贴，它是财政向由于按国家计划生产经营而出现亏损的企业提供的补贴。它采取冲减财政收入的暗补形式进行拨付。企业的亏损补贴分为政策性亏损补贴和经营性亏损补贴。所谓"政策性亏损补贴"，是指国家财政由于贯彻国家政策，对某些产品实行低价政策而造成的企业亏损的补贴。所谓"经营性亏损补贴"，是指国家财政对国有企业因经营管理不善造成的亏损给予的补贴。原则上，财政只对政策性亏损予以补贴，对经营性亏损不予补贴。但是由于我国目前市场经济体制尚未建成，国有企业的生产经营活动仍受政府行为的干预，从而企业的亏损就难以分清哪些是政策性的，哪些是经营性的，造成政策性的亏损严重掩盖经营性的亏损。

3. 财政的贴息支出

这是财政对使用某些规定用途的银行贷款或财政周转金的企业，就其支付的贷款利息提供的补贴。财政贴息范围主要有：促进企业联合；发展优质名牌产品；沿海城市和重点城市引进先进技术和设备，改造现有企业的项目；十二大类节能机电产品制造和推广，以及技术改造后产品性能提高、社会效益增大，而企业不受益或少受益的项目。

(三)财政补贴的效应

财政补贴的效应是指财政对经济的影响，这种影响有正、负两个方面。下面我们就分别从这两个方面加以阐述。

1. 财政补贴的正效应

财政补贴具有弥补市场失效、提高资源配置效率的正效应。

资源配置是经济学永恒的课题。在市场经济条件下，资源配置是通过市场来进行的，更确切地说是通过市场价格来引导资源配置的。市场能够有效配置资源的领域，我们称之为市场有效领域；市场不能有效配置资源的领域，我们称之为市场失效的领域。在市场失效的领域，价格不能有效地引导资源配置达到帕累托最优。为此，就需要对这一不合理的价格进行校正。财政补贴作为政府可控的一个政策工具，其很重要的一个功能，就是校正不合理的价格，实现资源的有效配置。

财政补贴的起因，都直接或间接地与价格有关，是补充或配合着价格手段在发挥着调节作用。财政补贴发挥作用的领域，是具有正外溢性的产品。外溢性是市场价格中不包含的由第三方承受的成本与收益。如果市场价格中不包含由第三方承受的成本，则为负的外溢性；反之，如果市场价格中不包含由第三方承受的收益，则为正的外溢性。当有外溢性时，市场价格并不能反映产品的所有社会收益与社会成本。外溢性可以由生产行为产生,也可由消费行为产生。

2. 财政补贴的负效应

除了正效应之外,财政补贴也具有负效应。它主要表现为财政补贴改变了市场的真实比价,从而降低了资源配置的效率。

(四)我国财政补贴的改革

在市场失效的领域,通过财政补贴,可以对不合理的价格进行校正,从而提高资源配置效率。但在市场有效的领域,价格本身可以有效地引导资源配置达到帕累托最优,此时如果使用财政补贴,无异于画蛇添足,会改变市场的真实比价,进而降低资源配置效率。正如征税会产生税收的超额负担一样,财政补贴也会产生补贴的超额负担——政府的补贴支出超过补贴受益人实际得到的部分。

财政补贴同其他财政分配形式相比,具有很强的政策性、时效性。随着经济体制改革的不断深化,我国现行的财政补贴制度已经不能适应当前经济发展的需要,财政补贴的改革势在必行。

1. 完善相关法律体系

为此,应当进一步做好补贴法的立、改、废工作,逐步完善我国财政补贴的法律法规体系。根据我国目前的社会经济发展状况和经济体制改革的进程,全面审查现行的补贴法律、法规、规章等规范性文件或政策措施,对那些失去政策性、时效性、已无补贴必要的项目,以及WTO补贴和反补贴规则中禁止性的补贴项目,在改革中应坚决予以取消;对于那些确有必要存在的项目,要客观地分析,确定其补贴的标准和数量,严格加以控制。用公开、透明、规范的程序,将废、改、立的结果及时公布,提高我国补贴法律法规的统一性、公开性和透明度。

2. 充分利用WTO的优惠待遇

充分利用WTO的有关规定和对发展中国家的特殊优惠待遇,将能够推动产业进步和增加出口。取消禁止性补贴的同时,为了支持出口,应完善出口退税机制,做到应退尽退;合理利用一些可诉补贴,掌握好补贴的范围和"度",在提高受补贴企业产品国际竞争力的同时,避免造成对我国出口产品的起诉;用足用好不可诉补贴,重点增加对落后地区的补贴、研究开发的补贴和环境保护方面的补贴,实现我国经济均衡、可持续发展。

3. 调整补贴环节,改革补贴方式,提高补贴效益

为此,应当从以下几个方面着手:

一是调整我国现有的粮食补贴政策。我国粮食补贴方式改革试点工作于2002年起在部分粮食主产省率先启动。为提高补贴效率,切实保护粮农利益,稳定粮食生产,应完善并推广粮食直接补贴方式,实行由"暗补"改为"明补",从经营环节补贴转为生产环节补贴,将补贴直接发放给农民。同时还应加大对农业基础设施建设的补贴,并由财政每年安排一定的专项资金用于支持新产品的培育和优质农产品的引进,调整和优化农业结构,增强农业发展后劲。

二是调整对国有企业的财政补贴政策。随着市场经济的发展、国有企业改革的深入以及企业破产制度的推行,国家与企业的关系将进一步理顺,大部分企业亏损补贴可取消。对于一些特殊行业,如水、电、城市交通、环境保护等行业的国有企业,国家进行补贴时也必须明确划分政策性亏损和经营性亏损。对于企业经营性亏损坚决不能给予补贴,而企业政策性亏损补贴的范围,则应从国有企业扩大到其他经济成分的企业,只要符合国家政策,因政策影响导致的亏损就应给予补贴。

加大对产业和企业的研究开发补贴。我国政府对企业的研究开发补贴，无论是从补贴数额上看，还是从所占国内生产总值的比重上看，都低于世界平均水平，存在很大的提升空间。可以将用于弥补企业亏损的补贴，用于企业技术改造、产品开发和人员培训方面，以促进产业升级和科技创新，提高企业的国际竞争力。

财政的对外援助支出，也是财政的重要支出之一。对外援助支出是根据对外援助协议对受援国进行一般物资和成套设备项目等方面的长期贷款和无偿援助。这类支出在不直接形成对国内人力物力的需求时，具有转移性支出的性质。在现代世界中，各国间的政治经济往来、国家对外交流的开展，对于加快本国经济的发展、维护世界和平，都具有重要意义。这样，如同接受外援一样，国家很自然地要对外提供或大或小的援助。不过，我国作为发展中国家，对外援助的能力有限，在外援上应量力而行，同时也应注意对外援助的方式与效果。

财政的债务利息支出，是指财政在偿还国内公债和国外借款时的付息支出。随着国家重新运用公债手段去取得财政收入，相应地也就产生了公债的利息偿还问题。我国目前财政的债务利息支出内容主要有：(1)国内债务付息支出；(2)国外债务付息支出。

债务的还本支出包括：(1)国内债务的还本支出；(2)国外债务的还本支出。其中国内债务的还本支出包括：国库券还本支出、向国家银行借款还本支出、其他国内借款还本支出；国外债务的还本支出包括：向外国政府借款还本支出、向国际组织借款还本支出、其他国外借款还本支出、地方向国外借款还本支出。

为了加快不发达地区经济和文化事业的发展而发生的支出包括：(1)财政扶贫资金支出；(2)边境建设事业补助费支出；(3)民族工作经费支出。

除了以上几类主要的财政支出外，我国财政目前还发生着许多零碎的、规模相对较小的支出，但都反映着国家履行职能的具体方面，并且许多都具有重大作用和公共支出的性质。因此，不论它们的性质是转移性的还是购买性的，这里都简单加以介绍。

在国家预算的“其他支出”科目中，主要包括以下支出的内容：(1)兵役征集费；(2)支前费；(3)人民防空经费；(4)补助村民委员会支出；(5)国家赔偿费用支出；(6)引进人才专项费用；(7)住房改革支出；(8)宣传文化发展专项资金；(9)出版企业发展专项资金；(10)政府特殊津贴；(11)抗震加固补助经费；(12)债券发行费用支出；(13)简易建筑费；(14)航标事业发展支出；(15)中小企业发展专项资金；等等。

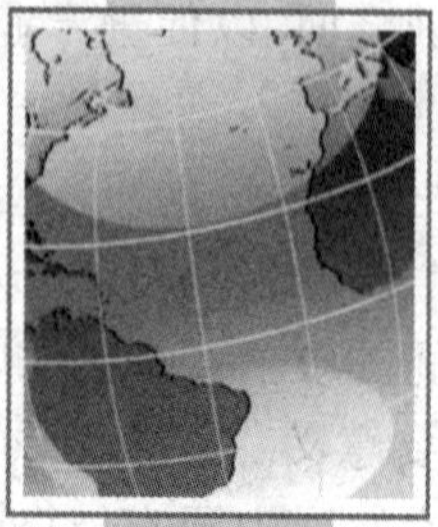

第五章 财政收入概论

章前导读

营业税改征增值税试点是继2009年全面实施增值税转型之后，货物劳务税收制度的又一次重大改革。为建立健全有利于科学发展的税收制度，促进经济结构调整，支持现代服务业发展，国务院决定自2012年1月1日起，率先在上海市实施交通运输业和部分现代服务业营业税改征增值税试点。此后，试点地区和行业范围逐步扩大。根据2016年《政府工作报告》提出的要求，以及国务院常务会议审议通过的试点方案，自2016年5月1日起，全面推开营业税改征增值税试点，将试点范围扩大到建筑业、房地产业、金融业、生活服务业，并将所有企业新增不动产所含增值税纳入抵扣范围。2016年5月至11月，新增四大行业1 069万户纳税人成功完成税制转换，累计减税1 105亿元，税负下降14.7%；2016年1至11月份营改增整体减税已达到4 699亿元，全年预计减税超过5 000亿元。

税收收入是财政收入的主要组成部分，财政收入是一个地方经济发展状况的缩影，是政府为履行其职能所筹集的一切货币资金的总和。那么，财政收入除了税收收入以外，还有其他哪些收入呢？本章将探讨财政收入的构成、财政收入的规模和结构以及影响财政收入规模的一系列因素等。

第一节 财政收入分类

一、财政收入的含义

财政收入，是指政府为了履行其职能、提供公共物品与服务、实施各项公共政策的需要而筹集的一切资金的总和。财政收入表现为政府部门在一定时期内（一般为一个财政年度，即每年的1月1日至12月31日）所取得的货币收入的总和。财政收入是衡量一国政府财力的重要指标，政府在社会经济活动中提供公共物品和服务的范围与数量，在很大程度上取决于财政收入的充裕状况。财政收入是财政支出的前提，在一般情况下，财政收入的数量决定着财政支出的规模，收入多才能支出多。因此，只有在发展生产的基础上，积极聚集资金，才能为更多的财政支出创造前提。

我国的新《预算法》确定可以编制四种预算，因此就有四大类财政收入，即一般公共预算收入、政府性基金预算收入、国有资本经营预算收入、社会保险基金预算收入。广义上来讲，财政收入是以上四种财政收入的总和；狭义上来讲，财政收入仅指一般公共预算收入。

我国财政收入主要是按照收入的不同形态进行分类的。《2017年政府收支分类科目》中的附录《政府收支分类科目汇总表》中列出的收入科目有：税收收入、社会保险基金收入、非税收入、贷款转贷回收本金收入、债务收入、转移性收入。

二、财政收入的形式

(一)税收收入

税收是国家凭借其政治权力,依据法定标准,从单位和个人无偿取得的一种财政收入的形式。税收是国家财政收入的主要来源,我国 2015 年共实现国家税收收入124 892亿元,财政收入152 217亿元,2015 年实现的税收收入占财政收入的 82.05%;我国 2016 年共实现国家税收收入130 354亿元,财政收入159 552亿元,2016 年实现的税收收入占财政收入的 81.7%。西方各主要国家的税收,一般都占财政收入的 80%以上。税收具有强制性、无偿性和固定性三大特征。除组织收入的职能外,税收对经济社会运行和资源配置都具有重要的调节作用。

税收收入科目中列举的是我国目前开征的所有税种的收入,包括增值税、消费税、营业税、企业所得税、个人所得税、资源税、城市维护建设税、房产税、印花税、城镇土地使用税、土地增值税、车船税、船舶吨税、车辆购置税、关税、耕地占用税、契税、烟叶税的收入以及其他税收收入。

(二)社会保险基金收入

社会保险是由政府举办的主要由企业和职工缴费筹资的社会保障计划,其缴费收入是政府重要的财政收入。社会保险基金收入是一种强制性的专款专用的财政收入形式,其收入须专项用于政府社会保险计划的开支。

社会保险基金收入科目中列举的项目有:企业职工基本养老保险收入、失业保险基金收入、城镇职工基本医疗保险基金收入、工伤保险基金收入、生育保险基金收入、新型农村合作医疗基金收入、城镇居民基本医疗保险基金收入、城乡居民基本养老保险基金收入、机关事业单位基本养老保险基金收入、城乡居民基本医疗保险基金收入以及其他社会保险基金收入。

(三)非税收入

非税收入是指除税收以外,由各级政府、国家机关、事业单位、代行政府职能的社会团体及其他组织依法利用政府权力、政府信誉、国家资源、国有资产或提供特定公共服务、准公共服务取得的财政性资金,是政府财政收入的重要组成部分。

非税收入科目中列举的项目有:政府性基金收入(国家通过向社会征收以及出让土地、发行彩票等方式取得的收入)、专项收入(根据特定需要由国务院批准或者经国务院授权由财政部批准,设置、征集和纳入预算管理、有专门用途的收入,包括排污费收入、水资源费收入、教育费附加收入、矿产资源补偿费收入等)、行政事业性收费(国家机关、事业单位、代行政府职能的社会团体及其他组织根据法律、行政法规、地方性法规等有关规定,依照国务院规定程序批准,在向公民、法人提供特定服务的过程中,按照成本补偿和非营利原则向特定服务对象收取的费用)、罚没收入(指法律、法规和规章授权的执行处罚的部门依法对当事人实施处罚取得的罚没款以及没收物品的折价收入)、国有资本经营收入(包括国有企业利润收入、股利股息收入、产权转让收入、清算收入等)、国有资源(资产)有偿使用收入(包括海域使用金收入、场地和矿区使用费收入、特种矿产品出售收入、出租车经营权有偿出让和转让收入等使用国有资源或资产的行为产生的收入)、其他收入(包括主管部门集中收入、免税商品特许经营费收入、基本建设收入、差别电价收入、债务管理收入等)。

(四)贷款转贷回收本金收入

贷款转贷回收本金收入是指国内外贷款回收本金的收入及国内外转贷回收本金的收入。又可以分为以下四个具体的项目:(1)国内贷款回收本金收入。反映收回的技改贷款及其他财政贷款本金收入等。(2)国外贷款回收本金收入。反映收回的我国政府向外国政府贷款、国际组织贷款以及其他国外贷款的本金收入。国外贷款回收本金收入分设外国政府贷款回收本金收入、国际组织贷款回收本金收入、其他国外贷款回收本金收入三项。(3)国内转贷回收本金收入。反映收回的政府部门向外国政府、国际金融机构借款转贷给其他地方政府、相关部门和企业的款项。(4)国外转贷回收本金收入。反映收回的中央政府部门向外国政府、国际金融机构借款转贷给国外有关机构和企业的款项。

(五)债务收入

债务收入是指国家通过借贷的方式,从国内外取得的收入。即以政府的名义,通过信用手段获得的收入。通常包括国内债务收入和国外债务收入。国内债务收入是指国家通过在国内借款或发行的各种政府债券所获得的收入;国外债务收入是指国家向外国政府或金融机构组织的借款收入、在国外发行的债券收入,以及各种官方或非官方的借款收入。

(六)转移性收入

转移性收入,一般指的是不同财政级别间的财政资金拨付以及不同性质资金之间的调拨收入。它不同于前述章节中的转移性支出。转移性收入包括各种税收返还收入、一般性转移支付收入、专项转移支付收入、上解收入(下级财政上交给本级财政的收入)、调入资金等等。

三、财政收入的结构分析

财政收入的结构阐述的是财政收入的构成、各类财政收入占财政总收入的比重以及各个构成因素之间的相互关系,反映的是财政收入的来源。

(一)财政收入的形式结构

财政收入的形式结构是按取得收入的形式来分析财政收入的结构及其变化趋势。也即探讨财政收入中的税收收入、社会保险基金收入、非税收入、贷款转贷回收本金收入、债务收入、转移性收入等各自在财政总收入中所占比重的大小及对财政总收入的贡献程度。

我国的财政收入形式结构是 30 多年来经济体制改革和财政体制改革的反映和结果。计划经济体制下,由于国家的社会管理者身份和国有资产管理者的身份没有清晰地界定,财政收入的构成主要是国有企业上缴的利润和税收;改革开放以来,随着市场经济体制的建立,税收成为国家组织财政收入的主要手段,同时还要成为调节经济的杠杆,例如个人所得税的调节居民收入分配的作用,体现为收入多者多纳税,收入少者少纳税。

表 5—1 显示的是 2000~2015 年全国税收收入和全国财政收入的情况。

表 5—1　　2000~2015 年全国税收收入和全国财政收入　　单位:亿元

年份	全国税收收入	全国财政收入	税收收入占财政收入的比重(%)
2000	12 581.51	13 395.23	93.93
2001	15 301.38	16 386.04	93.38
2002	17 636.45	18 903.64	93.3
2003	20 017.31	21 715.25	92.18
2004	24 165.68	26 396.47	91.55
2005	28 778.54	31 649.29	90.93
2006	34 804.35	38 760.2	89.79

续表

年份	全国税收收入	全国财政收入	税收收入占财政收入的比重(%)
2007	45 621.97	51 321.78	88.89
2008	54 223.79	61 330.35	88.41
2009	59 521.59	68 518.3	86.87
2010	73 210.79	83 101.51	88.1
2011	89 738.39	103 874.43	86.39
2012	100 614.28	117 253.52	85.81
2013	110 530.7	129 209.64	85.54
2014	119 175.31	140 370.03	84.9
2015	124 922.2	152 269.23	82.04

资料来源:国家统计局。

从表 5—1 可以看出,自 2000 年以来,税收收入总额快速增长,税收收入占财政收入的比重也处于 80%以上。分析税收收入在财政收入中所占的比重,有助于更好地理解财政收入的形式结构。

再来看 2007～2015 年全国非税收入的数据,见表 5—2。

表 5—2　　2007～2015 年全国非税收入情况　　单位:亿元

年份	全国非税收入	全国财政收入	非税收入占财政收入的比重(%)
2007	5 699.81	51 321.78	11.11
2008	7 106.56	61 330.35	11.59
2009	8 996.71	68 518.3	13.13
2010	9 890.72	83 101.51	11.90
2011	14 136.04	103 874.43	13.61
2012	16 639.24	117 253.52	14.19
2013	18 678.94	129 209.64	14.46
2014	21 194.72	140 370.03	15.10
2015	27 347.03	152 269.23	17.96

资料来源:国家统计局。

从表 5—2 可以看出,非税收入呈现逐年递增趋势,并且全国非税收入占全国财政收入的比重在逐年提高。

(二)财政收入的部门结构

财政收入与产业结构具有密切的联系。财政收入的部门结构分析的目的,是研究国民经济各部门在提供财政收入中的贡献及其贡献程度,进而根据各部门的特点,合理组织财政收入。根据国际惯例,产业结构由第一、第二和第三产业所组成。第一产业主要为农业,第二产业主要为工业和建筑业,第三产业为以商业、服务业为代表的其他行业。

在我国,农业对财政收入的直接贡献率并不是很高,早在 2006 年,鉴于农民税收负担过重的情况，我国在全国范围内取消了农业税。

长期以来，我国工业部门所创造的财政收入成为国家财政收入的主要来源。在税收收入中，商品税是支撑我国税收收入的主体税种，而商品税的缴纳源泉是工业和建筑业等部门。1985 年以前，财政收入的 60%以上来自工业部门，随着税制改革的进行，该比重出现了下降，但仍可占到 40%左右。需要指出的是，改革开放以来，作为第二产业的一个组成部分，建筑业在我国发展势头迅猛，国家财政来自建筑业的收入增长幅度较大。

以商业、服务业为代表的第三产业在现代经济中呈现相当快的增长态势，因此，第三产业在国民经济中的地位不断提高，这已成为世界各国共同的发展趋势。在发达国家，第三产业对 GDP 的贡献率达到 60%以上。与此同时，在我国，第三产业对财政收入的贡献也越来越大。2014 年，我国第一产业对 GDP 的贡献率为 4.7%，第二产业对 GDP 的贡献率为 47.8%，第三产业对 GDP 的贡献率达到了 47.5%；而在 2015 年，我国第一产业对 GDP 的贡献率为 4.6%，第二产业对 GDP 的贡献率为 41.7%，第三产业对 GDP 的贡献率达到了 53.7%。

对财政收入的部门结构进行分析研究，有助于及时发现财政收入对某种产业的依赖情况，进而调整产业结构，维持财政收入的稳定。

（三）财政收入的地区结构

财政收入的地区结构是指财政收入在中央和地方之间以及各地区之间的分布情况。

财政在中央和地方之间的分配情况称为中央财政收入和地方财政收入，表 5－3 反映了我国 2006～2015 年来的中央财政收入和地方财政收入情况。

表 5－3　　2006～2015 年我国中央财政收入和地方财政收入情况　　单位：亿元

年　份	全国财政收入	中央财政收入	地方财政收入
2006	38 760.2	20 456.62	18 303.58
2007	51 321.78	27 749.16	23 572.62
2008	61 330.35	32 680.56	28 649.79
2009	68 518.3	35 915.71	32 602.59
2010	83 101.51	42 488.47	40 613.04
2011	103 874.43	51 327.32	52 547.11
2012	117 253.52	56 175.23	61 078.29
2013	129 209.64	60 198.48	69 011.16
2014	140 370.03	64 493.45	75 876.58
2015	152 269.23	69 267.19	83 002.04

从表 5－3 的数据可以看出，自 2007 年以来，中央财政收入的增长速度慢于地方财政收入的增长速度。

财政在各地区之间的分布情况体现为省级财政收入、市级财政收入和县级财政收入等。主要特征为：经济发达地区的财政收入情况好于欠发达地区的财政收入。对于有些边远地区，地方政府的财政收入还需要上级财政给予一定的补助。对财政收入的地区结构进行分析，有利于国家具体掌握各地方经济发展状况，实现各地区优势互补、协调发展。

第二节　财政收入规模分析

财政收入规模是一个国家经济实力的反映，是政府实施各项公共政策、提供公共产品和服务的前提保障，财政收入的规模直接制约着财政支出的规模。在探讨财政规模时，既不能简单地强调财政收入规模的最大化，因为财政收入规模过大，会导致企业和居民个人负担过重，不利于经济主体的生产；也不能简单地强调财政收入规模的最小化，财政收入规模过小，会制约政府职能的发挥。保持适度的财政收入规模水平，才符合社会经济发展的客观要求。

一、衡量财政收入规模的指标

财政收入规模，是指一定时期内（通常为一年）国家所能筹集到的财政收入的绝对量或相对量。

财政收入规模的绝对量，是指一定时期内国家所能筹集到的财政收入的具体数量。通常用年度财政总收入来衡量。从静态的角度考察，财政收入的绝对量反映了一个国家或一个地区在一定时期内的经济发展水平和财力水平；从动态的角度考察，即把财政收入规模的绝对量连续起来分析，可以看出财政收入规模随着经济发展、经济体制改革以及政府职能变化而增减变化的情况和趋势，进而可以为分析市场机制与政府财政机制在调控经济、调节资源配置和收入分配等方面提供思路和依据。

财政收入规模的相对量，是指一定时期内财政收入与有关经济和社会指标的比率。通常用财政收入占国民生产总值 GNP 或国内生产总值 GDP 的比重来衡量。财政收入的相对量反映了财政收入和宏观经济运行及国民收入分配的相互关联、相互制约的关系。

研究财政收入的规模，不仅要研究其绝对量，更要研究其相对量。如果脱离国民经济和社会发展的相关指标去研究和确定财政收入的规模，就割裂了经济体系的运行与财政收入的内在联系，也就不能真实、客观、准确地确定财政收入规模。

二、我国财政收入规模情况分析

表 5—4 截取了我国 1978～1995 年以及 2000～2015 来的财政收入的绝对规模和相对规模的数据。

表 5—4　　**我国财政收入增长及占 GDP 比重变化趋势**　　单位：亿元

年份	财政收入规模	GDP	财政收入占 GDP 的比重(%)
1978	1 132.26	3 678.7	30.78
1980	1 159.93	4 587.6	25.28
1985	2 004.82	9 098.9	22.03
1990	2 937.1	18 872.9	15.56
1995	6 242.2	61 339.9	10.18
2000	13 395.23	100 280.1	13.36
2005	31 649.29	187 318.9	16.90
2006	38 760.2	219 438.5	17.66

续表

年份	财政收入规模	GDP	财政收入占 GDP 的比重(%)
2007	51 321.78	270 232.3	19
2008	61 330.35	319 515.5	19.19
2009	68 518.3	349 081.4	19.63
2010	83 101.51	413 030.3	20.12
2011	103 874.43	489 300.6	21.23
2012	117 253.52	540 367.4	21.70
2013	129 209.64	595 244.4	21.71
2014	140 370.03	643 974	21.80
2015	152 269.23	689 052	22.10

数据来源:国家统计局数据中心。

由表 5－4 可以看出,我国财政收入占 GDP 的比重从 1978～1995 年处于下降趋势,1995～2015 年,财政收入占 GDP 的比重一直处于上升的趋势。为了更清晰地了解这一变动趋势,可以看图 5－1 的趋势图。

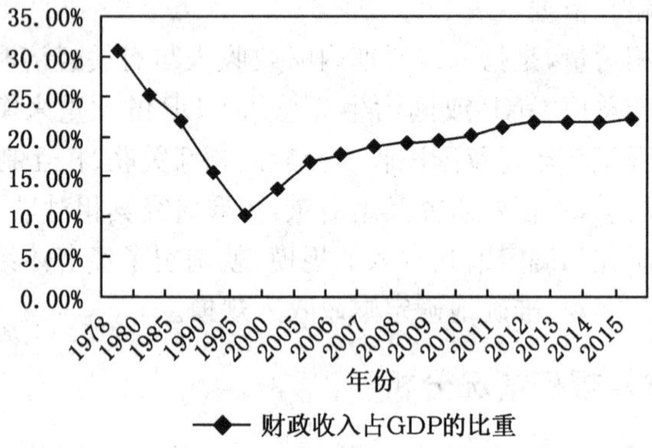

图 5－1 1978～2015 年财政收入相对规模变化趋势图

从表 5－4 和图 5－1 可以看出,我国财政收入随着经济的不断增长而增长,单纯地谈财政收入本身,每年的增长速度都不同,但增长速度不算慢。从财政收入占 GDP 的比重来看,1995 年是一个转折年份,从 1996 年开始不断上升并逐渐表现为快速回升的趋势。

以上现象存在着具体的历史原因。1978 年是我国经济体制转型的一年,是我国由计划经济体制过渡到市场经济体制的年份,从这一年开始,国家表现为实行扩张性的财政政策,对企业纷纷减税让利,这种扩张性的财政政策带来了财政收入占 GDP 比重的下降,但是却推动了经济改革和经济增长。

我国从 1995 年过后财政收入占 GDP 的比重出现稳步上升趋势也是有原因的,并且主要原因是来自以税收为主的财政收入的快速增长。1994 年我国实施了工商税制改革和分税制改革,其中工商税制改革的具体内容是:全面改革流转税,以实行规范化的增值税为核心,相应设置消费税、营业税,建立新的流转税课税体系,对外资企业停止征收原工商统一税,实行新的流转税制；对内资企业实行统一的企业所得税，取消原来分别设置的国有企业所得税、国有企业调节税、集体企业所得税和私营企业所得税，同时，国有企业不再执行企业承包上缴所得税的包干制；统一个人所得税。取消原个人收入调节税和城乡个体工商业户所得税，对个人收入和个体工商户的生产经营所得统一实行修订后的《个人所得税法》；调整、撤并和开征其他一些税种，如：调整资源税、城市维护建设税和城镇土地使用税；取消集市交易税、牲畜交易税、烧油特别税、奖金税和工资调节税，开征土地增值税、证券交易印花税，盐税并入资源税，特别消费税并入消费税。此次工商税制改革规范了税收分配关系，促成了税收全面而快速的健康增长。1994年我国分税制改革是我国税收制度历史上里程碑式的改革，其基本内容是按照中央与地方政府的事权划分，合理确定各级财政的支出范围；根据事权与财权相结合的原则，将税种统一划分为中央税、地方税和中央地方共享税，并建立中央税收和地方税收体系，分设中央、地方两套税务机构分别管理，科学核定地方收支数额。经过1994年的税制改革，我国税收收入大幅度增长，保证了中央和地方财政收入的稳步增长，为国民经济和社会发展提供了有力的资金保证。

1994年的工商税制改革和分税制改革，为税收收入的快速增长奠定了基础，进一步规范了中央政府与地方政府之间的财政分配关系，在这个基础上，也有效地调动了中央与地方两级组织财政收入的积极性；而我国在"九五"期间实行以增发国债为主要措施的积极财政政策对财政收入和财政支出的增长起了加速作用，这种加速作用，直接体现在增发国债本身直接增加了财政收入，财政收入的增加带动了财政支出的增加，同时也带动了银行贷款和地方、部门资金用于生产性支出，为经济持续增长培育了自主性增长动力；税收征收管理水平的提高也为税收快速增长提供了经济基础。

三、影响财政收入规模变化的主要经济因素

(一)经济发展水平和生产技术水平

影响财政收入规模变化的因素很多，包括经济、社会、政治以及人文条件等各方面的因素，但是，从根本上说，没有经济的发展就没有财政收入的增长，财政收入的来源是国民经济的发展。因此，在本部分，我们将探讨影响财政收入规模变化的经济因素。

GDP的大小是衡量经济总量是否增长的一大指标。综观我国1978～2015年的GDP的数据以及财政收入规模的数据(如表5—5所示)，可以看到在此期间我国财政收入规模增长的方向与GDP的增长是同一方向。

表5—5　　1978～2015年我国财政收入规模与国内生产总值

年　份	财政收入规模(亿元)	GDP(亿元)
1978	1 132.26	3 678.7
1980	1 159.93	4 587.6
1985	2 004.82	9 098.9
1990	2 937.1	18 872.9
1995	6 242.2	61 339.9
2000	13 395.23	100 280.1
2005	31 649.29	187 318.9

续表

年　份	财政收入规模(亿元)	GDP(亿元)
2006	38 760.2	219 438.5
2007	51 321.78	270 232.3
2008	61 330.35	319 515.5
2009	68 518.3	349 081.4
2010	83 101.51	413 030.3
2011	103 874.43	489 300.6
2012	117 253.52	540 367.4
2013	129 209.64	595 244.4
2014	140 370.03	643 974
2015	152 269.23	689 052

一个国家的经济发展水平反映在一个国家社会产品的丰富程度和经济效益的高低。经济发展水平高,国内生产总值(GDP)就多,一般而言,该国的财政收入总额就较大。当然,一个国家的财政收入规模还受其他各种主客观因素的影响,但有一点必须明确,就是经济发展水平对财政收入的影响表现为基础性的制约作用。

生产技术水平也是影响财政收入规模的重要因素。一般而言,一定的生产技术水平总是对应着一定的经济发展水平,一个国家生产技术水平越高,则对应着较高的经济发展水平;一个国家生产技术水平较低,则对应着较低的经济发展水平。因此,对生产技术水平制约财政收入规模的分析,事实上是对经济发展水平制约财政收入规模研究的深化。技术进步对财政收入规模的制约可从两个方面来分析:一是技术进步往往以生产速度加快、生产质量提高为结果,技术进步速度较快,GDP的增长也较快,财政收入的增长就有了充分的财源;二是技术进步导致经济效益提高,产品附加值所占的比例扩大。由于财政收入主要来自产品附加值,所以技术进步对财政收入的影响更为直接和明显。因此,促进技术进步、提高经济效益,是增加财政收入的首要有效途径。

(二)价格水平

财政收入体现为一定量的货币收入,它是在一定的价格水平下计算出来的,是按照一定时点的现行价格计算出来的,所以,由于价格变动而导致的财政收入的增减变动是一个不容忽视的因素。如果单纯由于价格的上涨而导致的财政收入规模的增加,不构成财政收入的真实增加,称为财政收入的"虚增"。也就是说,如果财政收入的增长率低于价格水平的增长率,那么实际财政收入是下降的,只是体现为名义财政收入的增加。

再来看税收制度的设置如何影响财政收入的名义增长率和实际增长率。如果一个国家的税收制度是定额税制,即不管价格水平如何、人们的收入水平如何,税收数额都体现为一个不变的数额,在这种情况下,税收收入的增长率要低于物价上涨率,因此,即便最后财政收入有所增长,那只是名义增长,实际并未增长;如果是以累进所得税为主体的税制,纳税人适用的税率会随着名义收入增长而提高,会随着名义收入的下降而降低档次,此时的实际财政收入可能增长。如果一国实行的是以比例税率的流转税为主体的税制,这就意味着税收收入的增长率等同于物价上涨率，财政收入只有名义增长，而不会有实际增长。

小讨论：截取我国近年来的居民消费物价指数增长率指标和财政收入增长率指标数据，分析两者的变化趋势情况。

(三)财政分配政策

一国政府的分配体制和分配政策也会制约财政收入规模水平。强调效率优先、兼顾公平原则的国家存在通过分配进行经济调节的情况。在不同的国家(即使经济发展水平是相同的)和一个国家的不同时期，财政收入规模也是不同的。分配体制和政治体制的集权与分权关系有直接的联系，比如，英、法两国的政治体制倾向于集权，政府财政支出的责任较重，而财政支出的规模必须依靠财政收入的规模来支撑，因此这类国家的财政收入规模较高；瑞典等北欧国家社会福利范围较大，社会福利较好，高福利也必须和高财政收入相配套，因此这类国家的财政收入规模也会较高；美国等实施联邦体制的国家，政治体制倾向于分权，由政府拨付的社会福利费水平较低，因此会影响到财政收入的构成和财政收入的规模。

第三节 非税收入

非税收入是指除税收以外，由各级政府、国家机关、事业单位、代行政府职能的社会团体及其他组织依法利用政府权力、政府信誉、国家资源、国有资产或提供特定公共服务、准公共服务取得的财政性资金，是政府财政收入的重要组成部分。

在最新的《2017年政府收支分类科目》中列有7项非税收入：政府性基金收入、专项收入、行政事业性收费收入、罚没收入、国有资本经营收入、国有资源(资产)有偿使用收入、其他收入。在以上非税收入各个项目中，政府性基金收入项目和国有资本经营收入项目是另编独立的预算，即没有纳入一般公共预算。在这里需要指出的是，政府预算是按照一定的法律程序编制和执行的政府年度财政收支计划，是政府组织和规范财政分配活动的重要工具，它是对年度政府财政收支的规模和结构进行的预计和测算。其具体形式是按一定的标准将政府预算年度的财政收支分门别类地列入各种计划表格，通过这些表格可以反映一定时期政府财政收入的具体来源和支出方向。在现代社会，它还是政府调节经济的重要杠杆。一般公共预算是对以税收为主体的财政收入，安排用于保障和改善民生、推动经济社会发展、维护国家安全、维持国家机构正常运转等方面的收支预算。也就是说，我国的非税收入按管理方式不同也分为一般公共预算内和一般公共预算外两部分，那么在非税收入的7个项目中，只有单独编制预算的政府性基金收入和国有资本经营收入项目纳入一般公共预算外管理，其他的5个项目均纳入一般公共预算内管理。

下面来看我国近几年来的非税收入情况，如表5－6所示：

表5－6　　2010～2015年我国非税收入情况　　单位：亿元

年份	国家非税收入	国家财政收入	国家非税收入占国家财政收入的比重(%)
2010	9 890.72	83 101.51	11.9
2011	14 136.04	103 874.43	13.6
2012	16 639.24	117 253.52	14.2
2013	18 678.94	129 209.64	14.5

续表

年份	国家非税收入	国家财政收入	国家非税收入占国家财政收入的比重(%)
2014	21 194.72	140 370.03	15.1
2015	27 347.03	152 269.23	18

资料来源:国家统计局数据中心。

从以上数据中我们可以看到,近年来非税收入占财政收入比重呈现明显提高趋势。2000年非税收入占财政收入比重仅为6%,2015年上升至18%,提高约12个百分点,其中2010～2015年非税收入比重提高6.1个百分点。这表明,在当前财政收入增长总体趋缓的形势下,非税收入对财政收入的重要性进一步增强,特别是对地方财政的重要性更大。以2015年为例,2015年中央财政收入为69 267.19亿元,2015年地方财政收入为83 002.04亿元;2015年中央非税收入为7 006.92亿元,2015年地方非税收入为20 340.11亿元。在2015年地方财政收入中,地方非税收入占地方财政收入的比重为24.5%;2015年中央财政收入中,中央非税收入占中央财政收入的比重为10.1%,地方财政收入中的非税收入比重显著高于中央财政收入中的非税收入比重。在当前税收增长乏力的情况下,应防止出现以非税收入的非正常快速增长来弥补税收增长不足的现象,防止各类"收费"加重企业税外负担。

一、政府性基金收入

政府性基金收入是国家通过向社会征收以及出让土地、发行彩票等方式取得的收入,并专项用于支持特定基础设施建设和社会事业发展而支出的一种基金。按照收入归属划分,政府性基金收入分为中央收入、地方收入以及中央与地方共享收入。2013年起,纳入政府性基金预算管理的财政资金共45项,属于中央收入的包括铁路建设基金、民航发展基金、旅游发展基金、农田水利建设基金、大中型水库移民后期扶持基金、三峡水库库区基金、中央特别国债经营基金财务收入、贸促会收费、长江口航道维护收入、核电站乏燃料处理处置基金、可再生能源电价附加、船舶油污损害赔偿基金、铁路资产变现收入、电力改革预留资产变现收入、无线电频率占用费、废弃电器电子产品处理处置基金16项;属于地方收入的包括山西省煤炭可持续发展基金、海南省高等级公路车辆通行附加费、转让政府还贷道路收费权收入、散装水泥专项资金、新型墙体材料专项基金、地方教育附加、新菜地开发建设基金、育林基金、残疾人就业保障金、城市公用事业附加、国有土地使用权出让收入、国有土地收益基金、农业土地开发资金、城市基础设施配套费、小型水库移民扶助基金、车辆通行费16项;属于中央地方共享收入的包括农网还贷资金、港口建设费、文化事业建设费、国家电影事业发展专项资金、新增建设用地土地有偿使用费、森林植被恢复费、水利建设基金、南水北调工程基金、大中型水库库区基金、彩票公益金、国家重大水利工程建设基金、船舶港务费、其他政府性基金收入共13项。

政府性基金的管理方式,是在一般预算之外编制政府性基金收支预算,构成政府预算体系的重要组成部分。政府性基金收支预算的管理原则是"以收定支、专款专用、结余结转使用"。基金支出根据基金收入情况安排,自求平衡,不编制赤字预算。当年基金预算收入不足的,可使用以前年度结余资金安排支出;当年基金预算收入超出预算支出的,结余资金结转下年继续安排使用。各项基金按规定用途安排,不得调剂使用。

值得注意的是,在政府性基金收入中,土地出让收入构成了主体。土地出让收入是市县人民政府依据《土地管理法》《城市房地产管理法》等有关法律法规和国家有关政策规定,以土地所有者身份出让国有土地使用权所取得的收入，主要是以招标、拍卖、挂牌和协议方式出让土地取得的收入，也包括向改变土地使用条件的土地使用者依法收取的收入、划拨土地时依法收取的拆迁安置等成本性的收入、依法出租土地的租金收入等。2007年，国家对土地出让收入管理制度进行了改革，将全部土地出让收入缴入地方国库，纳入地方政府性基金预算，实行“收支两条线”管理，与一般预算分开核算，专款专用。按现行政策规定，土地出让收入缴入国库后，市县财政部门先分别按规定比例计提国有土地收益基金和农业土地开发资金，缴纳新增建设用地土地有偿使用费，余下的部分统称为国有土地使用权出让金。我国现行的土地制度是土地国有制和集体所有制，私人不得买卖，政府可以有偿转让国有土地使用权。土地出让收入是政府转让土地使用权所取得的收入，土地出让收入纳入国库，构成财政收入的一项重要内容。政府首先将土地提供给房地产开发商，房地产开发商再通过政府的土地拍卖形式进行公开竞拍。但是，目前由于我国存在着对土地的需求旺盛导致土地的价格一步步趋高的现象，这是由土地市场的需求和供给共同决定的，一方面土地需求过旺，另一方面土地资源有限。

二、专项收入

专项收入，是指根据特定需要由国务院批准或者经国务院授权由财政部批准，设置、征集和纳入预算管理、有专门用途的收入。《2017年政府收支分类科目》中载明的专项收入包括排污费收入、水资源费收入、教育费附加收入、铀产品出售收入、三峡库区移民专项收入、场外核应急准备收入、地方教育附加收入、文化事业建设费收入、残疾人就业保障金收入、教育资金收入、农田水利建设资金收入、育林基金收入、森林植被恢复费、水利建设专项收入、其他专项收入等。

三、行政事业性收费收入

行政事业性收费是指国家机关、司法机关和法律、法规授权的机构，依据国家法律、法规和省以上财政部门的规定行使其管理职能，向公民、法人和其他组织收取的费用。

政府行政事业性收费和税收有着共同之处，都是为了获得公共物品和公共服务而付出的代价。政府收费实际上是为了回收提供公共物品和服务的全部或部分成本，一般情况下，收费不能够完全弥补全部公共物品和服务的成本，因为政府在给公共物品和服务进行定价时不能像企业那样追求利润最大化原则。

然而，税收和行政事业性收费又存在着本质上的区别，主要表现在四个方面：一是税收与政府提供的商品和服务没有直接联系，税收收入一般不规定特定用途，由政府统筹安排使用，而收费与政府提供的特定商品和服务有直接联系，专项收入、专项使用。二是税收是作为政府一般的筹资手段，而收费往往是作为部门和地方特定用途的筹资手段。三是税收收入是政府的主要收入，必须纳入预算内统筹使用，而收费则可以有所不同，全国性收费一般纳入预算内，部门性收费或地方性收费可以作为预算外收入，按预算程序管理，形成政府性基金或由部门和地方自收自支。四是一般而言，税收的法治性和规范性强，有利于立法监督和行政管理，而收费的法治性和规范性相对较差，容易诱发滥收费现象，因而法治性不强的发展中国家应避免收费项目过多，并力求加强管理。

在有些项目上，政府采取收费的形式是有其具体原因的。第一，收费有利于矫正负的外部性。还是以一个化工厂为例来说明。对化工厂的排污行为征收一定的费用，并且此费用可以定得比较高，甚至比化工厂的利润还要高，此时，收费就成了一种制约排污行为的经济手段。

第二,收费有利于提高公共物品的配置效率。使用费遵循的是受益原则,谁受益谁支付。例如作为公共物品的高速公路或者车辆过桥费,谁通过高速公路谁付费,谁通过桥梁谁付费,至少要支付相当于成本水平的使用费,这样做,有利于避免公共物品的过度需求,能够提高公共物品的配置效率。

关于收费和税收的抉择方面,可以根据政策目标和效率原则进行选择。比如:如果高速公路使用费不是在全国统一征收,即有的公路收取使用费,有的公路不收取使用费,就会产生车主选择不收费的公路,甚至绕道而行,在这种情况下,则选择征收燃油税更有效率;如果财政收入奉行受益原则,即谁受益谁支付的原则,则选择使用费更为公平;如果奉行支付能力原则,则选择燃油税更为公平;如果为了防止诱发滥收费现象,则采取税收形式更为恰当。

四、罚没收入

罚没收入是罚款与没收收入的统称,是指法律、法规和规章授权的执行处罚的部门依法对当事人实施处罚取得的罚没款以及没收物品的折价收入。罚没收入是对违章、违规行为实施的一种经济处罚,罚没收入比税收具有更明显的强制性和无偿性,是财政收入的一种特殊形式,与税收相比,罚没收入缺乏固定性,具有定向性、一次性的特征,对取得财政收入缺乏稳定可靠的保证。

五、国有资本经营收入

国有资本经营收入是指各级人民政府及其部门和机构履行出资人职责的企业(即一级企业)上交的国有资本收益,主要包括:国有独资企业按规定上交国家的利润;国有控股、参股企业国有股权(股份)获得的股利、股息;企业国有产权(含国有股份)转让收入;国有独资企业清算收入(扣除清算费用),以及国有控股、参股企业国有股权(股份)分享的公司清算收入(扣除清算费用);其他收入。

六、国有资源(资产)有偿使用收入

国有资源(资产)有偿使用收入是指有偿转让国有资源(资产)使用权而取得的收入。《2017 年政府收支分类科目》中列明的国有资源(资产)有偿使用收入中的具体项目有:海域使用金收入、场地和矿区使用费收入、特种矿产品出售收入、专项储备物资销售收入、利息收入(国库券利息收入、有价证券利息收入和其他利息收入)、非经营性国有资产收入、出租车经营权有偿出让和转让收入、无居民海岛使用金收入、转让政府还贷道路收费权收入、石油特别收益金专项收入、动用国家储备物资上缴财政收入、铁路资产变现收入、电力改革预留资产变现收入、矿产资源专项收入、排污权出让收入、航班时刻拍卖和使用费收入、农村集体经营性建设用地土地增值收益调节金收入、其他国有资源(资产)有偿使用收入。

七、其他收入

这里的其他收入是指除上述六项科目以外的其他非税收入项目。主要包括:捐赠收入、政府住房基金收入(反映按《住房公积金管理条例》等规定收取的政府住房基金收入)、政府主管部门从下属单位集中的收入、免税商品特许经营费收入、基本建设收入、差别电价收入、债务管理收入等。

材料 5—1　2015 年我国土地出让收支情况

2015 年，我国供给侧结构性改革加快推进，固定资产投资特别是房地产投资增速大幅回落，经济增速放缓，土地市场需求不足，全国土地出让收支规模出现“双降”。

一、2015 年全国土地出让收入情况

2015 年，全国缴入国库的土地出让收入33 657.73亿元，同比下降 21.6%。其中，招拍挂和协议出让价款29 820.20亿元，下降 22.4%；补缴的土地价款1 455.18亿元，下降 23.0%；划拨土地收入1 103.57亿元，增长 17.8%；出租土地等其他收入1 278.78亿元，下降 24.4%。当年，从土地出让收益中计提的教育资金、农田水利建设资金分别为 436.69 亿元和 423.51 亿元，同比下降 33.4%和 35.6%。

（一）土地出让收入呈现的主要特征

1. 前三季度持续下降，第四季度止跌回升

具体来看，前三季度分别下降 34.6%、37.9%、26.0%，第 4 季度止跌回升，增长 9.5%，原因是从一季度开始，面对“三期叠加”的局面，积极财政政策注重加力增效，稳健货币政策注重松紧适度，中央和地方陆续出台稳定房地产发展政策，促使下半年房地产市场需求逐步释放，商品房销售面积增速由负转正，带动第 4 季度用地需求回暖。

2. 个别地区逆势上扬，大多数省份降幅明显

分区域看，东部地区 18 797.99 亿元，下降 23.6%，占 55.8%；中部地区8 672.40亿元，下降 17.3%，占 25.8%；西部地区 6 187.34亿元，下降 21.2%，占 18.4%。分地区看，除深圳(36.9%)、西藏(1.8%)、厦门(1.2%)、甘肃(0.2%)4 个地区同比增长外，其他 32 个地区均出现不同程度下降。其中，大连(—56.4%)、宁波(—54.1%)、内蒙古(—51.8%)，3 个地区降幅超过 50%。深圳市土地出让收入增长较快，主要是该市经济增长强劲，房地产市场交易火爆，土地资源相对稀缺，地价持续偏高所致。

（二）土地出让收入减少的主要原因

1. 土地市场需求不足

随着我国经济进入新常态，受经济增速放缓等因素影响，土地市场需求呈现不足状态。2015 年，全国国有建设用地实际供应量为 53.36 万公顷，同比下降 12.5%。其中，工矿仓储用地供应 12.48 万公顷，下降 15.2%；房地产用地供应 11.98 万公顷，下降 20.9%；基础设施等其他用地供应 28.90 万公顷，下降 7.1%。

2. 用地结构发生变化

配合供给侧结构性改革，2015 年国家在国有建设用地供应上实施差别化供地政策。分类型看，工矿仓储用地、房地产用地和基础设施等其他用地分别占土地供应总量的 23.4%、22.4%和 54.2%，三类用地占比分别较上年下降 0.8 个、2.4 个和提升 3.2 个百分点。由于基础设施用地价格较低，而房地产用地和工矿仓储用地价格较高，因此，当年用地类型结构的改变对于土地出让收入减收影响较大。分区域看，东、中、西部地区用地分别占供地总量的 33.5%、27.3%和 39.2%，与上年相比分别减少 0.6 个、1.0 个和提升 1.6 个百分点，由于东、中部地价高于西部，因此，地区间用地结构的改变也对土地出让收入减收产生了一定影响。

3. 出让面积继续萎缩

在房地产高库存压力下，房地产开发企业对购置土地更加谨慎。2015 年，全国土地出让面积 22.14 万公顷，同比下降 18.6%，与上年相比下滑 3.1 个百分点。其中，商服用地和住宅

用地分别下降 24.7%和 19.1%。全年土地出让合同成交价款 2.98 万亿元,同比下降 10.6%。

4. 地价增幅逐步趋缓

2015 年 4 季度末,全国 105 个主要监测城市综合、商业、住宅和工业地价分别为3 633元/平方米、6 729元/平方米、5 484元/平方米和 760 元/平方米,同比分别增长 3.16%、2.70%、3.92%和 2.38%,较一季度分别下降 0.09 个、0.52 个、提升 0.94 个和下降 1.24 个百分点。

二、2015 年全国土地出让支出情况

受土地出让收入下降的影响,2015 年,全国土地出让支出 33 727.78 亿元,同比下降 18.5%。由于土地出让收入实行全额"收支两条线"管理,包含了须依法支付的征地拆迁等成本补偿性费用,因此,土地出让收入并不完全由政府支配,只有扣除成本补偿性费用后的土地出让收益,才是政府可用的财力。根据这个特性,土地出让支出可区分为成本性支出和非成本性支出(即土地出让收益安排的支出)两大部分。2015 年,全国土地出让支出主要呈现以下特征:

(一)成本性支出占支出总额的比重略有下降

2015 年全国土地出让支出中,用于征地拆迁补偿、补助被征地农民、土地出让前期开发等成本性支出26 844.59亿元,同比下降 20.7%,占支出总额的 79.6%,占比下降 2.2 个百分点;用于城市建设、农业农村、保障性安居工程等非成本性支出6 883.19亿元,同比下降 8.6%,占支出总额的 20.4%,占比提升 2.2 个百分点。

(二)征地拆迁补偿和补助被征地农民支出占比有所提升

在成本性支出中,用于征地拆迁补偿和补助被征地农民支出 17 935.82 亿元,占 66.8%,占比提升 1.7 个百分点;用于土地开发支出6 533.90亿元,占 24.3%,占比下降 3.0 个百分点;用于支付破产或改制企业职工安置费等其他支出2 374.87亿元,占 8.9%,占比提升 1.3 个百分点。用于征地拆迁补偿和补助被征地农民支出占比提升,主要是当年征用的新增建设用地面积同比增长 28.0%。

(三)土地出让收益注重向农业农村和保障性安居工程倾斜

在非成本性支出中,用于农业农村支出2 528.17亿元,占 36.7%,占比提升 1.1 个百分点(其中,教育支出 436.69 亿元,增长 16.2%);用于保障性安居工程支出 823.49 亿元,占 12.0%,占比提升 1.7 个百分点(其中,棚户区改造支出 308.54 亿元,增长 66.5%);用于城市建设支出3 531.53亿元,占 51.3%,占比下降 2.8 个百分点。上述支出结构的变化,体现了土地出让收益向农业农村和保障性安居工程倾斜的政策导向。

当前,土地出让收支管理还存在一些问题,主要包括:土地违法案件未得到彻底遏制,大多数违法用地未缴纳土地出让收入,造成土地出让收入流失;土地市场化配置比例偏低,工业用地和基础设施等其他用地存在粗放利用现象,导致土地价值难以完全实现;一些地方仍存在减免或变相减免土地出让收入、通过空转等方式虚增土地出让收入和违规安排支出等问题,违规现象时有发生。下一步,应加大对违法用地的打击力度,依法征收土地出让收入,避免土地出让收入流失。同时,扩大国有建设用地有偿使用范围,完善工业用地供应方式,建立有效调节工业用地和居住用地合理比价机制。此外,应进一步落实土地出让收支管理政策,盘活土地出让收支存量资金,提高资金使用效益,加大对土地供应及收支管理的审计监督力度,建立健全土地供应及收支信息公开制度,自觉接受社会监督。

资料来源:财政部—综合信息。

探讨:(1)我国土地出让金收入划为哪一项财政收入的范畴?

(2)比较 2015 年全国土地出让金收入和 2015 年全国财政收入。

材料 5—2　　北京已率先制定交通拥堵费征收方案

北京、上海、广州……中国“堵城”在快速增加,未来,汽车可能不是你想开就能开的,首先得看看自己的腰包。争议多年的交通拥堵费政策出台在即,北京已率先制定方案。

数据显示,目前北京机动车保有量超过 560 万辆,年排放污染物 70 万吨。据 2014 年北京的 PM2.5 来源解析显示,机动车排放占比约 1/3,为 PM2.5 本地来源最大头。

2013 年 9 月,北京市印发《北京市 2013—2017 年清洁空气行动计划》,将治理重点直指机动车排放。该文件强调,根据国家大气污染防治行动计划的要求,研究城市低排放区交通拥堵费征收方案,推广使用智能化车辆电子收费识别系统,引导降低中心城区车辆使用强度。不过,此后有关征收拥堵费的消息渐渐沉寂。

2015 年,北京征收拥堵费的话题再引各界关注。

北京市“十三五”规划建议明确,实施更有力度的差别化停车收费政策,适时出台拥堵收费政策及其他管理措施,切实降低机动车使用强度和中心城区交通流量。

会否引起其他城市效仿?

按照高德地图发布的《2015 年度中国主要城市交通分析报告》,2015 年度中国“堵城”排行榜中的前 10 位分别为:北京、济南、哈尔滨、杭州、大连、广州、上海、深圳、青岛、重庆。单从下班开车的艰辛程度上看,广州在 18 点后的晚高峰时段的拥堵程度“冠绝全国”。

实际上,早在 2013 年 4 月,广州市政府采购网挂出的一家监理公司斥资 110 万元对“交通拥堵费储备研究”进行招标事宜。

据了解,在国外,新加坡、伦敦等已经征收拥堵费。

北京确定拥堵费的费率可以参照新加坡、伦敦的经验,一般考虑的是用车成本占人均可支配收入的比重,国际上有一个通行的指标,人均交通成本占人均可支配收入的比重如果超过 8%,很多人就会觉得承受不起。

官方数据显示,2015 年,北京市居民人均可支配收入达到48 458元。以此来推算的话,北京用车成本的费用分水岭在每年4 000元左右。这个费用不包括购车、折旧成本,主要指油耗、过路费、停车费、拥堵费等,北京可以参考这个定拥堵费的收费标准。不过,部分有车族的可支配收入可能会高于平均水平,他们可承受的能力相对高一些。

资料来源:腾讯网—行业新闻—每日经济新闻,2016 年 5 月 27 日。

探讨:通过收费来控制市场行为是否可行?

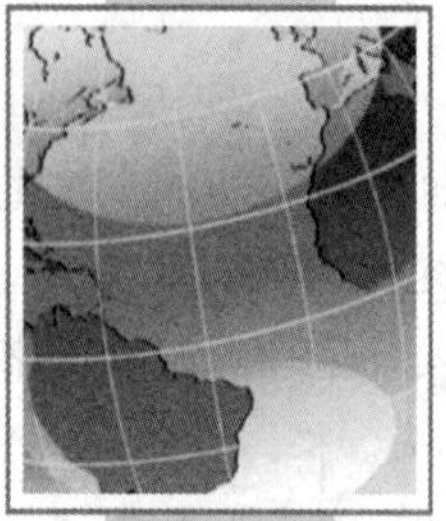

第六章 税收原理

章前导读

税收已经存在几千年了，我们每天都跟它打交道。曾有学者称："税收是文明的代价，深刻地说明了征税过程中政府与纳税人之间的关系，也表明了税收在现代文明中的重要地位。"

以往我们比较关心税收收入增加多少，关注经济发展能够贡献多少税收，而西方国家学者则注意到税收如同一把双刃剑，一方面，它可以增加财政收入，帮助政府提供更多的公共产品；另一方面，它又会加重企业和居民的经济负担。所以，就需要研究政府征税对经济和社会有哪些影响、最好的税制结构是什么、怎样利用税收调控经济。美国在 2013 年 5 月 6 日参议院表决通过《市场公平法案》，允许各州政府要求美国境内的网络零售商在本州的居民网购时向其征收消费税，但最终并没有获得众议院的通过。其间不少企业和消费者担心征税将影响企业利润和网购生活，同时也引起我国网购一族和电商企业的关注。2014 年 4 月 8 日，我国跨境电子商务零售商进口税收新政实施，大家都在计算怎样购买更省钱。房地产税收政策调整也影响大家的生活，今年来我国对新房购买、二手房交易征收契税、土地增值税等政策多次调整，对房地产发展、开发商、希望改善住房条件的居民、打算投资房产的居民的切身利益影响较大，说明税收作为调节企业和居民行为的作用明显。我们要维护自己的利益，就得了解税收的基本知识，关注税收政策，学会趋利避害。通过本章学习，我们将了解税收的含义和特征、职能、存在的必要性，掌握税收原则、税收负担及转嫁、税收效率与公平等的基本理论和知识。

第一节 税收的基本属性

一、税收的基本属性

(一)马克思主义关于税收的定义

税收是人们非常熟悉的古老的经济范畴，从它的产生到今天，经历了不同的社会形态，有几千年的历史。奴隶制社会、封建制社会及资本主义社会都存在税收，社会主义社会也存在税收。马克思把税收界定为："赋税是政府机器的经济基础，而不是其他任何东西。"[①]"国家存在的经济体现就是捐税。"[②]列宁也认为，所谓赋税，就是国家不付任何报酬而向居民取得东西。根据马克思主义学说，可以对税收作如下界定：其一，税收是与国家的存在直接联系的，是政府机器赖以存在并实现其职能的物质基础，也就是政府保证社会公共需要的物质基础；其二，税收是一个分配范畴，是国家参与并调节国民收入分配的一种手段，是国家财政收入的主要形式；其三，国家在征税过程中形成一种特殊的分配关系，即以国家为主体的分配关系，因而税收

① 《马克思恩格斯全集》，第 19 卷，人民出版社 1958 年版，第 32 页。
② 《马克思恩格斯全集》，第 4 卷，人民出版社 1958 年版，第 342 页。

的性质取决于社会经济制度的性质和国家的性质。马克思主义认为税收总是与国家紧密联系在一起的，无论是作为财政收入的形式参与社会产品分配的手段，还是作为特定分配关系的体现，都是如此。但这并不意味着国家是税收产生和发展的决定因素。国家公共权力不过是为税收的产生提供社会条件，而决定税收产生的根本原因仍必须从经济上去寻找，也就是生产力的发展以及私有制的产生。其实，说明公共权力是税收产生的社会条件的同时，已经说明了税收产生的经济原因。因为没有生产力的一定发展，没有剩余产品，就没有私有制，也就没有阶级和国家。事实上，只有出现剩余产品，才有税收的源泉。按马克思主义的理解，税收是在一定经济条件和社会条件下产生的，当然也会在一定的经济条件和社会条件下消亡，但是，当税收产生和发展的经济条件和社会条件尚未消失之前，税收是不可能退出历史舞台的。当前，社会主义的税收不是削弱以至于取消的问题，而是要掌握社会主义税收的性质、特征及其规律性，制定科学的税收制度，从而强化税收的作用。

(二)现代经济学关于税收的学说

税收是西方经济学中一个最为敏感的问题，对税收的定义，虽表述各异，但一般认为，其理论依据主要源于17世纪英国著名哲学家托马斯·霍布斯的“利益交换说”。他认为“人们为公共事业缴纳的税款，无非是为了换取和平而付出的代价”，“间接税和直接税就是为不受外敌入侵，人们以自己的劳动向拿起武器监视敌人的人们提供的报酬”[①]，因此，他把税收解释为人们享受政府提供公共事业服务而付出的代价，是商品交换法则引入公共经济活动的结果，把税收看作政府与公民之间的一种利益交换关系，强调的是政府与公民之间的权利与义务的对等关系。后来，经过洛克、休谟、边沁以及亚当·斯密等人提出的社会契约说、利益原则和支付能力原则，“利益交换说”得到了不断的发展，并对欧美各国的税收制度和税收实践产生了重大影响，直至今天，对于公民纳税意识的强化、税款使用效率的提高等仍具有现实意义。但是，自从20世纪30年代以来，经济学界则逐渐从经济运行的角度提出了一些新的税收学说，认为国家征税除了为公共物品的供给筹措经费之外，还发挥调节经济的功能，如矫正外部效应、协调收入分配、刺激有效需求、优化产业结构等，总之，更侧重于从弥补市场失灵和调节宏观经济的角度来阐明税收存在的客观性和必要性。

二、税收的“三性”

税收的“三性”是指税收的强制性、无偿性和固定性。“三性”是税收区别于其他财政收入的形式特征，不同时具备“三性”的财政收入就不称其为税收。

(一)强制性

税收的强制性，指的是征税凭借国家政治权力，通常颁布法令实施，任何单位和个人都不得违抗。在对社会产品的分配过程中，存在着两种权力：所有者权力和国家政治权力。前者依据对生产资料和劳动力的所有权取得收入，后者凭借政治权力占有收入。国家运用税收参与这种分配，就意味着政治权力凌驾于所有权之上，而这种分配之所以能够实现，正是因为它依据的是政治权力，而且依法征收，任何形式的抗税行为都构成违法行为。税收的强制性是税收作为一种财政范畴的前提条件，也是国家满足社会公共需要的必要保证。恩格斯曾经指出：“纳税原则本质上是纯共产主义的原则，因为一切国家的征税的权利都是从所谓国家所有制而来的。的确，或者是私有制神圣不可侵犯，这样就没有什么国家所有制，而国家也就无权征税；

① 霍布斯：《利维坦》，商务印书馆1936年版。

或者是国家有这种权力，这样私有制就不是神圣不可侵犯的，国家所有制就高于私有制，而国家也就成了真正的主人。”①根据我们的理解，这段话的意思是说，在征税过程中国家所有制是高于一切的，征税是以社会产品最初归属于不同所有者为前提，又是以否定不同所有者对社会产品占有的不可侵犯性为条件。也说明，征税中的强制性不是绝对的，当企业和个人明了征税的目的并增强纳税观念以后，强制性则可能转化为自愿性；同时，强制性是以国家法律为依据的，政府依法征税，公民依法纳税，公民具有监督政府执行税法和税收使用情况的权力。我国人民自古以来就有“皇粮国税”的观念，社会主义制度则为实现这种可能性提供了制度前提。

（二）无偿性

税收的无偿性，指的是国家征税以后，税款即为国家所有，既不需要偿还，也不需要对纳税人付出任何代价。税收的这种无偿性，同国家债务所具有的偿还性是不同的。但也必须指出，税收无偿性与税收强制性一样，也不是绝对的。因为针对具体的纳税人来说，纳税后并未获得任何报酬，从这个意义上说，税收是不具有偿还性或返还性的。但若从财政活动的整体来考察，税收的无偿性与财政支出的无偿性是并存的，这里又反映出有偿性的一面。特别是在社会主义条件下，税收具有马克思所说的“从一个处于私人地位的生产者身上扣除的一切，又会直接或间接地用来为处于社会成员地位的这个生产者谋福利”②的性质，即通常所说的“取之于民，用之于民”。不过，每个纳税人和他从税收使用中享受到的利益并不是对称的。税收无偿性的特征是与其他财政收入形式相比较而得出的，就这个意义上讲，税收无偿性的概括是准确的、科学的，也是有理论意义和实际意义的。

（三）固定性

税收的固定性，指的是征税前就以法律的形式规定了征税对象以及统一的比例或数额，并只能按预定的标准征税。一般来说，纳税人只要取得了税法规定的应税收入，发生了应该纳税的行为，拥有了应税财产，就必须按规定标准纳税，不得违反。同样，政府也只能按预定标准征税，不得随意更改。当然，对税收的固定性也不能绝对化，以为标准一定，永不更改，事实不可能是这样。随着社会经济条件的变化，课税标准的改动是必然的，因为只有如此，才能使税收制度更为合理和科学。所以，税收的固定性实质上是指征税有一定的标准，而这个标准又具有相对的稳定性。

税收的“三性”可集中概括为税收的权威性。维护和强化税收的权威性，是我国当前税收征管中的一个重要课题。随着我国改革开放政策的实施，税收的作用在广度和深度上不断扩大，税收工作在经济生活中的地位日益提高，税收制度经过一系列改革已步入新的轨道，税收作为一个经济范畴和经济运行机制中不可缺少的经济手段已开始深入人心，为社会各阶层所熟悉和关注。但是，当前税收作用的潜在能量在建设小康社会和构建和谐社会中还没有充分发挥出来。这一事实在现实生活中有种种表现，诸如：依法治税和依法纳税的观念淡漠，擅自减免、偷漏税甚至抗税等现象仍然存在；税务机构和税务人员缺乏应有的威慑力量，殴打和辱骂税管人员的行为时有发生；税务人员内部也存在弄权渎职和贪赃枉法的不正之风；税收制度还不够完善，税收在社会主义市场经济中的调节作用仍不能正常发挥；等等。以上种种现象说明，从理论上阐明税收在社会主义市场经济中的地位和作用，指明税收的“三性”，加强税收规范化和法制化，仍是当前征管工作的一项重要任务，而集中到一点，就是必须维护和强化税收

① 《马克思恩格斯全集》，第 2 卷，人民出版社 1958 年版，第 615 页。
② 《马克思恩格斯全集》，第 19 卷，人民出版社 1958 年版，第 20 页。

的权威性。从根本上说，税收的权威性源于国家政权的权威性。马克思曾指出："废除捐税的背后就是废除国家。"①从这个意义上讲，无视税收的权威，就是无视国家法律的权威，就是无视国家政权的权威。

三、税收的职能

（一）筹集财政收入

税收收入是政府筹集公共产品资金来源的主要渠道，是政府取得财政收入最稳定、最可靠的形式。因为政府取得税收收入不需要出售商品，也不需要直接偿还，尽管成立征税机构需要花费一定成本，但相对于税收收入来说是值得的。这是税收最主要的职能。

（二）调控经济

税收是国家调控宏观经济的重要杠杆，原因是税收具有经济效应，包括收入效应、替代效应。税收的收入效应是指征税减少了纳税人可自由支配的收入，改变了纳税人的相对所得状况，影响纳税人对劳动、储蓄和投资等所做的进一步反应，会改变经济的效率与状况。税收的替代效应是指当某种税影响相对价格或相对效益时，人们就选择某种消费或活动来代替另一种消费或活动。国家可以利用税收政策，调节产业结构、产品结构，鼓励或限制某些产业或产品的生产和发展。如对高新技术产业，安置就业和再就业的企业，节约能源、利用"三废"的项目，直接为农业生产和农民生活服务的产业等，给予低税率或减税、免税的优惠政策，就可以促进这些行业、企业和项目的发展；而对于那些不符合国家产业政策，或污染严重、能耗高的产业，不予减税、免税，而是通过提高税率等政策措施予以调节或限制，就可以抑制其发展。

税收效应一个最明显的例子是 1747 年英国开征的窗户税。政府开征这一税种的目的是取得财政收入，但大家为了不缴税，就纷纷将自家的窗户堵起来。这样一来，政府的初衷没有达到，财政收入没有增加，相反，居民因为将窗户封堵而影响了舒适度，生活质量也下降了。

（三）调节收入分配

经济体制改革以来，随着收入分配政策的调整，居民的收入差距逐渐拉大。解决收入分配存在的问题需要多管齐下，综合治理。税收作为重要的调节手段，通过政策的调整和征管力度的加大，可以起到有效调节收入分配的作用。比如，我国通过提高个人所得税"工资薪金所得"的费用扣除标准，可以惠及广大中低收入群体。同时，通过对年所得超过 12 万元的个人实行自行申报等，加强对高收入群体的税收监管。这些都能在一定程度上加大对高收入者的税收调节力度，缩小各阶层收入分配差距。国家征收来的税款，或用之于公众，或用之于老弱病残及失业等人群的社会保障，可以达到促进社会公平的目的。

案例讨论 6—1　　**政府为什么征税？**

新西兰政府从 2004 年起对牛、羊、鹿等家畜排放的废气征税，旨在控制温室气体的排放，被称为"打嗝儿税""屁税""污物税"，税款专项用于牲畜气体排放及减少温室气体排放的研究。据称，新西兰家畜排放的温室气体占该国温室气体排放总量的 55%，这一指标在发达国家名列前茅。环保人士赞同此举，但农场主坚决反对。

我们大多数人没有养过牛、羊、鹿，但生活中处处有税收的影子。有人通俗地计算了一顿饭中包含的税收：如果两口子早餐吃包子（6 元）和豆浆（4 元），其中的税收是：

---

① 《马克思恩格斯全集》，第 19 卷，人民出版社 1958 年版，第 80 页。

包子的税收=6×17%增值税×(1+7%城市维护建设税+3%教育费附加)
=1.122(元)

豆浆的税收=4×17%增值税×(1+7%城市维护建设税+3%教育费附加)
=0.748(元)

要是购买进口汽车,需要缴纳关税、增值税、消费税。

最终销售价=到岸价+关税+进口环节增值税+消费税+进口商利润+零售环节增值税

从价计征关税的计算公式为:

应纳税额=完税价格×关税税率

从量计征关税的计算公式为:

应纳税额=货物数量×单位关税税额

计征进口环节增值税的计算公式为:

应纳税额=(完税价格+实征关税税额+实征消费税税额)×增值税税率

从价计征进口环节消费税的计算公式为:

应纳税额=[(完税价格+实征关税税额)/(1-消费税税率)]×消费税税率

汽车的关税税率为25%,增值税税率为17%,消费税税率按排气量从1%~40%不等。

我们以德国进口的4.4L排量的宝马X6为例,如果到岸价格为50万元,关税大约为12.5万元,进口环节增值税为17.7万元,消费税为41.6万元,这时这辆车的身价已经涨到121.8万元。为什么新款路虎揽胜行政版进口车的价格为100万~300多万元,跟税收大有关系。

讨论:

1. 你觉得我们的生活中没有税收会怎样?站在个人角度与政府角度考虑会有什么不同?

2. 你希望承担更多的税收,同时又得到更多的公共服务;还是少缴税,得到更少的公共服务?请说说自己的理由。

第二节 税收术语及税收分类

税收的构成要素是各种税收具有的共同的基本要素的总称。首先,税收构成要素既包括实体性的,也包括程序性的;其次,税收构成要素是所有完善的税收都共同具备的,仅为某一单项税种所单独具有而非普遍性的内容,不构成税收要素,如扣缴义务人。

一、税收术语

税收的构成要素一般包括总则、纳税义务人、征税对象、税目、税率、纳税环节、纳税期限、纳税地点、减税免税、罚则、附则等项目。

(一)总则

主要包括立法依据、立法目的、适用原则等。

(二)纳税义务人

纳税人又称纳税主体,是税收规定的直接负有纳税义务的单位和个人。任何一个税种首先要解决的就是国家对谁征税的问题,如我国个人所得税、增值税、消费税、营业税、资源税以及印花税等暂行条例的第一条,规定的都是该税种的纳税义务人。

纳税人有两种基本形式:自然人和法人。自然人和法人是两个相对称的法律概念。自然人是基于自然规律而出生的,有民事权利和义务的主体,包括本国公民,也包括外国人和无国籍人。法人是自然人的对称,根据《民法通则》第三十六条规定,法人是基于法律规定享有权利能力和行为能力,具有独立的财产和经费,依法独立承担民事责任的社会组织。我国的法人主要有四种:机关法人、事业法人、企业法人和社团法人。

税收中规定的纳税人有自然人和法人两种最基本的形式,按照不同的目的和标准,还可以对自然人和法人进行多种详细的分类,这些分类对国家制定区别对待的税收政策,发挥税收的经济调节作用,具有重要的意义。如自然人可划分为居民纳税人和非居民纳税人,个体经营者和其他个人等;法人可划分为居民企业和非居民企业,还可按企业的不同所有制性质来进行分类等。

与纳税人紧密联系的两个概念是代扣代缴义务人和代收代缴义务人。前者是指虽不承担纳税义务,但依照有关规定,在向纳税人支付收入、结算货款、收取费用时有义务代扣代缴其应纳税款的单位和个人。如出版社代扣作者稿酬所得的个人所得税等。如果代扣代缴义务人按规定履行了代扣代缴义务,税务机关将支付一定的手续费。反之,未按规定代扣代缴税款,造成应纳税款流失或将已扣缴的税款私自截留挪用、不按时缴入国库,一经税务机关发现,将要承担相应的法律责任。代收代缴义务人是指虽不承担纳税义务,但依照有关规定,在向纳税人收取商品或劳务收入时,有义务代收代缴其应纳税款的单位和个人。如消费税条例规定,委托加工的应税消费品,由受托方在向委托方交货时代收代缴委托方应该缴纳的消费税。

(三)征税对象

征税对象又叫课税对象、征税客体,指税收规定对什么征税,是征纳税双方权利义务共同指向的客体或标的物,是区别一种税与另一种税的重要标志。如消费税的征税对象是消费税条例所列举的应税消费品,房产税的征税对象是房屋等。征税对象是税收最基本的要素,因为它体现着征税的最基本界限,决定着某一种税的基本征税范围,同时,征税对象也决定了各个不同税种的名称。如消费税、土地增值税、个人所得税等,这些税种因征税对象不同,性质不同,税的名称也就不同。征税对象按其性质的不同,通常可划分为流转额、所得额、财产、资源、特定行为五大类,通常也因此将税收分为相应的五大类,即流转税(或称商品税和劳务税)、所得税、财产税、资源税和特定行为税。

与课税对象相关的两个基本概念:税目和税基。税目本身也是一个重要的税收要素。而税基又称计税依据,是据以计算征税对象应纳税款的直接数量依据,它解决对征税对象课税的计算问题,是对课税对象的量的规定。如企业所得税应纳税额的基本计算方法是应纳税所得额乘以适用税率,其中,应纳税所得额是据以计算所得税应纳税额的数量基础,为所得税的税基。计税依据按照计量单位的性质划分,有两种基本形态:价值形态和物理形态。价值形态包括应纳税所得额、销售收入、营业收入等,物理形态包括面积、体积、容积、重量等。以价值形态作为税基,又称从价计征,即按征税对象的货币价值计算,如生产销售化妆品应纳消费税税额是由化妆品的销售收入乘以适用税率计算产生,其税基为销售收入,属于从价计征的方法。另一种是从量计征,即直接按征税对象的自然单位计算,如城镇土地使用税应纳税额是由占用土地面积乘以每单位面积应纳税额计算产生,其税基为占用土地的面积,属于从量计征的方法。

(四)税目

税目是在税收中对征税对象分类规定的具体的征税项目,反映具体的征税范围,是对课税对象质的界定。设置税目的目的首先是明确具体的征税范围,凡列入税目的即为应税项目,未列入税目的,则不属于应税项目。其次,划分税目也是贯彻国家税收调节政策的需要,国家可根据不同项目的利润水平以及国家经济政策等为依据制定高低不同的税率,以体现不同的税收政策。并非所有税种都需规定税目,有些税种不分课税对象的具体项目,一律按照课税对象的应税数额采用同一税率计征税款,因此一般无须设置税目,如企业所得税。有些税种具体课税对象比较复杂,需要规定税目,如消费税、营业税等,一般都规定有不同的税目。

(五)税率

税率是对征税对象的征收比例或征收额度。税率是计算税额的尺度,也是衡量税负轻重与否的重要标志。我国现行的税率主要有:

1. 比例税率

即对同一征税对象,不论其数额大小,统一规定相同的征收比例。我国的增值税、营业税、城市维护建设税、企业所得税等采用的是比例税率。比例税率在适用中又可分为三种具体形式:

(1)单一比例税率。是指对同一征税对象的所有纳税人都适用同一比例税率。

(2)差别比例税率。是指对同一征税对象的不同纳税人适用不同的比例征税。我国现行税收又分别按产品、行业和地区的不同将差别比例税率划分为以下三种类型:一是产品差别比例税率,即对不同产品分别适用不同的比例税率,同一产品采用同一比例税率,如消费税、关税等;二是行业差别比例税率,即对不同行业分别适用不同的比例税率,同一行业采用同一比例税率,如营业税等;三是地区差别比例税率,即区分不同的地区分别适用不同的比例税率,同一地区采用同一比例税率,如我国城市维护建设税等。

(3)幅度比例税率。是指对同一征税对象,税收只规定最低税率和最高税率,各地区在该幅度内确定具体的适用税率。

比例税率有计算简单、税负透明度高、有利于保证财政收入、有利于纳税人公平竞争、不妨碍商品流转额或非商品营业额扩大等优点,符合税收效率原则。但比例税率不能针对不同的收入水平实施不同的税收负担,在调节纳税人的收入水平方面不易体现税收的公平原则。

2. 超额累进税率

累进税率是指按征税对象数额的大小划分为若干等级,不同等级的课税数额分别适用不同的税率,课税数额越大,适用税率越高。累进税率一般在所得课税中使用,可以充分体现对纳税人收入多的多征、收入少的少征、无收入的不征的税收原则,从而有效地调节纳税人的收入,正确处理税收负担的纵向公平问题。

(1)全额累进税率。是把征税对象的数额划分为若干等级,对每个等级分别规定相应税率,当税基超过某个级距时,课税对象的全部数额都按提高后级距的相应税率征税。全额累进税率计算方法简便,但税收负担不合理,特别是在划分级距的临界点附近,税负呈跳跃式递增,甚至会出现税额增加超过课税对象数额增加的不合理现象,不利于鼓励纳税人增加收入。

(2)超额累进税率。是指把征税对象按数额的大小分成若干等级,每一等级规定一个税率,税率依次提高,但每一纳税人的征税对象则依所属等级同时适用几个税率分别计算,将计算结果相加后得出应纳税款。

(3)与比例税率相比,全额累进税率与超额累进税率都相对要公平一些,但二者的不同体现在:第一,全额累进税率计算更简单。第二,全额累进税率的累进速度更快。第三,在所得额级距的临界点处,全额累进税率会出现税额增长超过所得额增长的不合理情况,这样会影响纳税人的行为判断,比如,在一定情况下选择休闲而不选择劳动,扭曲资源配置。而超额累进税率就不存在这个问题,因此现行税制中很少采用全额累进税率。

例 6－1 当某人的纳税所得额分别为 1 500 元、1 501 元、4 500 元、4 501 元时,在全额累进税率和超额累进税率下，根据表6—1来计算应纳税额。

表6—1　　课税级次、对象级距和税率

级次	课税对象级距	税　率
1	1 500元以下(含)	3%
2	1 500～4 500元(含)	10%
3	4 500～9 000元(含)	20%

解析：①当应纳税所得额为1 500元时，

全额累进税率下应纳税额＝1 500×3%＝45(元)

超额累进税率下应纳税额＝1 500×3%＝45(元)

②当应纳税所得额为1 501元时，

全额累进税率下应纳税额＝1 500×10%＝150.1(元)

超额累进税率下应纳税额＝1 500×3%＋1×10%＝45.1(元)

③当应纳税所得额为4 500元时，

全额累进税率下应纳税额＝4 500×10%＝450(元)

超额累进税率下应纳税额＝1 500×3%＋(4 500－1 500)×10%＝345(元)

④当应纳税所得额为4 501元时，

全额累进税率下应纳税额＝4 501×20%＝900.2(元)

超额累进税率下应纳税额＝1 500×3%＋(4 500－1 500)×10%＋(4 501－4 500)×20%
＝345.2(元)

从上面的计算可以发现，超额累进税率下应纳税额比较公平，但计算过程复杂，在税率档次较多时，按照逐次累加的方法计算应纳税额比较麻烦。为了扬长避短，在实际操作中引入速算扣除数。速算扣除数，即为在级距和税率不变的条件下，按照全额累进税率计算的应纳税额与按照超额累进税率计算的应纳税额的差额。速算扣除数列入税率表，可以简化超额累进税率的计算。

因此，在超额累进税率条件下，采用速算扣除数计算超额累进税率的所得税时的计税公式为：

应纳税额＝应纳税额所得额×适用税率－速算扣除数

速算扣除数的计算公式为：

本级速算扣除数＝上一级最高所得额×(本级税率－上一级税率)＋上一级速算扣除数

用上述公式求得的速算扣除数，可用直接计算法求证其正确性。以个人所得税工资、薪金所得适用的七级超额累进税率验证如下：

①用上述公式计算：

1 500×(10%－3%)＋0＝105(元)

②用直接计算法计算：

速算扣除数＝全额累进税率的应纳税额－超额累进税率的应纳税额
＝105.1－45.1
＝60(元)

3. 定额税率

即按征税对象确定的计算单位，直接规定一个固定的税额。目前采用定额税率的有资源税、城镇土地使用税、车船税等。

4. 超率累进税率

即以征税对象数额的相对率划分若干级距，分别规定相应的差别税率，相对率每超过一个级距的，对超过的部分就按高一级的税率计算征税。目前采用这种税率的是土地增值税。

(六)纳税环节

主要指税收规定的征税对象在从生产到消费的流转过程中应当缴纳税款的环节。如流转税在生产和流通环节纳税、所得税在分配环节纳税等。纳税环节有广义和狭义之分。广义的纳税环节指全部课税对象在再生产中的分布情况。如资源税分布在资源生产环节，商品税分布在生产或流通环节，所得税分布在分配环节等。狭义的纳税环节特指应税商品在流转过程中应纳税的环节。商品从生产到消费要经历诸多流转环节，各环节都存在销售额，都可能成为纳税环节。但考虑到税收对经济的影响、财政收入的需要以及税收征管的能力等因素，国家常常对在商品流转过程中所征税种规定不同的纳税环节。按照某种税征税环节的多少，可以将税种划分为一次课征制或多次课征制。合理选择纳税环节，对加强税收征管、有效控制税源、保证国家财政收入的及时、稳定、可靠，方便纳税人生产经营活动和财务核算，灵活机动地发挥税收调节经济的作用，具有十分重要的理论和实践意义。

(七)纳税期限

纳税期限是指税收规定的关于税款缴纳时间方面的限定。税收关于纳税期限的规定有三个概念：一是纳税义务发生时间。纳税义务发生时间，是指应税行为发生的时间。如《增值税暂行条例》规定采取预收货款方式销售货物的，其纳税义务发生时间为货物发出的当天。二是纳税期限。纳税人每次发生纳税义务后，不可能马上去缴纳税款。税收规定了每种税的纳税期限，即每隔固定时间汇总一次纳税义务的时间。如《增值税暂行条例》规定，增值税的具体纳税期限分别为 1 日、3 日、5 日、10 日、15 日、1 个月或者 1 个季度。纳税人的具体纳税期限，由主管税务机关根据纳税人应纳税额的大小分别核定；不能按照固定期限纳税的，可以按次纳税。三是缴库期限，即税收规定的纳税期满后，纳税人将应纳税款缴入国库的期限。如《增值税暂行条例》规定，纳税人以 1 个月或者 1 个季度为 1 个纳税期的，自期满之日起 15 日内申报纳税；以 1 日、3 日、5 日、10 日或者 15 日为 1 个纳税期的，自期满之日起 5 日内预缴税款，于次月 1 日起 15 日内申报纳税并结清上月应纳税款。

(八)纳税地点

主要是指根据各个税种纳税对象的纳税环节和有利于对税款的源泉控制而规定的纳税人(包括代征、代扣、代缴义务人)的具体纳税地点。

(九)减税免税

主要是对某些纳税人和征税对象采取减少征税或者免予征税的特殊规定。

(十)罚则

主要是指对纳税人违反税收的行为采取的处罚措施。

(十一)附则

附则一般都规定与该法紧密相关的内容，比如该法的解释权、生效时间等。

二、税收分类

(一)以征税对象为标准,税收划分为商品和劳务课税、所得课税和财产课税等

现代国家的税制一般都由多个税种组成,各税种既互相区别又密切相关,依照一定的标准将各税种分别归类,是研究和建设税制的重要前提。税收分类的标准和方法很多,但根据课税对象的性质所进行的分类,始终是各国常用的主要的分类方法,也是最能反映现代税制结构的分类方法。按照课税对象的性质可将各税种分为所得课税、商品课税和财产课税三大类。所得课税,是指以纳税人的净所得(纯收益或纯收入)为课税对象的税种,一般包括个人所得税、企业所得税等,在西方国家,社会保障税、资本利得税等一般也划入此类。商品课税,包括所有以商品为课税对象的税种,有增值税、消费税、关税等。财产课税,是指以各类动产和不动产为课税对象的税收,有财产税、遗产税、赠与税等。必须说明,由于各个国家的税制千差万别,税种设计方式各异,因而同样采用此种分类方法,结果也不完全相同,如我国税种一般分为所得课税、商品课税、资源课税、行为课税和财产课税五大类。

(二)以税收负担能否转嫁为标准,税收划分为直接税和间接税

将税收划分为直接税和间接税的做法由来已久。早在18世纪,许多学者就把税源稳定可以持久课征的税种称为直接税,而对偶然课征难以稳定的税种称为间接税。后来,又有人将对财产的课征和对所得的课征称为直接税。到了现代社会,直接税和间接税的划分方法随着税收理论的发展而进一步完善,并最终以税负能否转嫁为标准,即凡是税负能够转嫁的税种,归属于间接税,凡是税负不能转嫁的税种,归属于直接税。一般认为,所得课税和财产课税属于直接税,商品课税属于间接税。税收分类标准的这一变化,使将税种分为直接税和间接税这种划分方法,由过去仅是对税制的简单描述上升为一种经济分析理论,对税收理论的发展有重要的促进作用。但也必须指出,这种分类方法也有非科学的一面,主要问题是,税负能否转嫁不仅取决于税收的性质和特点,而且取决于客观的经济条件,有些税种看起来似乎可以转嫁,但在一定经济条件下却未必可以转嫁出去,税负转嫁总是有条件的,仅仅凭借理论预期断定哪些税可以转嫁,哪些税不能转嫁,并依此分别称之为直接税或间接税,当然是不尽科学的。

(三)以计税依据的度量方法为标准,税收划分为从量税和从价税

国家征税时必须按一定标准将课税对象予以度量。而度量的方法有两种:一是按课税对象的数量、重量、容量或体积计算;二是按课税对象的价格计算。采用前一种计税方法的税种称为从量税,采用后一种计税方法的税种称为从价税。从量税的税额随课税对象数量的变化而变化,计算简便,但税负水平是固定的,是不尽合理的,因而只有少数税种采用这种计税方法,如我国的资源税、车船使用税等。比较而言,从价税更适应商品经济的要求,同时也有利于贯彻国家税收政策,因而大部分税种都采用这一计税方法。

(四)以税额与征税对象价格之间的关系为标准,税收划分为价内税和价外税

凡税金构成价格组成部分的,称为价内税;凡税金作为价格之外附加的,称为价外税。与之相适应,价内税的计税依据称为含税价格,价外税的计税依据称为不含税价格。一般认为,价外税比价内税更容易转嫁,价内税课征的侧重点为厂家或生产者,价外税课征的侧重点是消费者。西方国家的消费税大都采用价外税方式。我国1994年税制改革的增值税,在零售以前各环节采取价外税,在零售环节采取价内税。

(五)以管理和使用权限为标准,税收划分为中央税、地方税与中央和地方共享税

从理论上讲,税收的存在依据是国家的政治权力,因而任何税种都隶属于国家,也就是隶属于中央政府。把税收划分为中央税和地方税,并不意味着中央与地方具有同等的征税权力,而是由国家在政治和经济上实行分级管理体制所决定的。中央税和地方税的划分方法因国家政体和管理体制的不同而有所不同。有些国家的地方政府(州、省、县等)拥有税收立法权,可以自行设立税种,这类税种显然就是地方税;而中央政府开征的税种就是中央税。中央税与地方税的隶属关系是十分明确的。有些国家的税种是由中央政府统一设立的,但根据财政管理上的需要,特别是为了调动地方的积极性,划出一部分税种给地方,其管理和使用权限也相应下放给地方,从而形成另外一种类型的地方税。此外,有的国家还设立共享税,这类税收收入由中央和地方按一定比例分成。我国长期实行统一领导、分级管理的预算体制,中央税、地方税的概念早已有之,但由于绝大部分税收收入和立法权集中于中央,地方税有其名而无其实。1994 年税制改革以后,明确了中央税、地方税和共享税,其中中央税有消费税、中央企业所得税、关税等,共享税有增值税、资源税、对证券交易征收的印花税等,地方税则是除此以外的其他所有税种。这一改革,无疑是适应我国社会主义市场经济要求的,是我国税制的历史性进步。当然,当时税种划分的某些做法是出于收入划分的需要,随着经济改革的深化,对税种的划分及某些税种分享比例做必要的调整是不可避免的。

第三节 税负的转嫁与归宿

一、税负转嫁与归宿概述

(一)税负转嫁与归宿的含义

有人说,吸烟和喝酒的人对国家贡献大,因为烟、酒税高利大,吸烟喝酒等于向国家纳税。这种说法事实上就是在说明税负转嫁问题。有税收知识的人都知道,烟酒税是对生产者和销售者课征的,但生产者与销售者通过一定的方式可以将他们负担的税收转移给消费者,即吸烟和喝酒的人,这就是税负转嫁现象。概括地说,税负转嫁是指商品交换过程中,纳税人通过提高销售价格或压低购进价格的方法,将税负转移给购买者或供应者的一种经济现象。税负转嫁机制的特征,一是税负转嫁是和价格的升降直接联系的,而且价格的升降是由税负转移引起的;二是税负转嫁是各经济主体之间税负的再分配,也就是经济利益的再分配,税负转嫁的结果必然导致纳税人与负税人的不一致;三是税负转嫁是纳税人的一般行为倾向,是纳税人的主动行为,因为课税是对纳税人的经济利益的侵犯,在利益机制的驱动下,纳税人必然千方百计地将税负转移给他人,以维护和增加自身的利益。[①] 与税负转嫁密切相关的一个概念是税收归宿。税收归宿一般指处于转嫁中的税负的最终落脚点。税负转嫁往往不是一次性的,如同一笔税款,厂家转嫁给批发商,批发商转嫁给零售商,零售商再转嫁给消费者,从而形成一个经济过程;但税负转嫁也并不是无穷尽的,总存在一个不可能再转嫁而要自己负担税款的阶层,如消费者,这一阶层即为税收归宿。税收归宿是一种理论抽象,如果分析具体的企业、个人之间的税负转嫁过程,它等同于负税人。与税负转嫁相联系的另一个范畴是逃税。逃税指个人或企业以不合法的方式逃避纳税义务,包括偷税、漏税和抗税等。逃税与税负转嫁不同,税负转嫁只会导致税收归宿的变化,引致纳税人与负税人的不一致,税收并未减少或损失。但逃税的结果是无人承担纳税义务,即无负税人,必然造成税收的减少或损失。逃税是一种不正常的

---

① 郭庆旺,赵志耘. 财政学[M]. 北京:中国人民大学出版社,2002.

违法行为。典型的税负转嫁，在社会主义社会主要存在于商品课税中，本书只限于商品课税转嫁问题的讨论。

(二)税负转嫁方式

税负转嫁的基本方式有两种，即前转和后转，还存在其他一些转嫁方式。

1. 前转方式

前转又称顺转，指纳税人通过抬高销售价格将税负转嫁给购买者。在商品经济条件下，很多税种都与商品或商品价格密切相关，大量的税收以价内税或价外税的方式课征。作为从事特定经营活动的纳税人，往往可以抬高已税商品的价格并把这类商品销售出去，从而把该商品所负税收转移给下一个环节的经营者或消费者。如果加价的额度等于税款，则商品售出后即实现了充分的转嫁。如果加价额度大于税款，则不仅实现了税负转嫁，纳税人还可以得到额外的利润，谓之超额转嫁。如果加价的额度小于税款，则纳税人自身仍要负担部分税收，称为不完全转嫁。

2. 后转方式

后转又称逆转，指在纳税人无法实现前转时，通过压低进货的价格以转嫁税负的方式，如对汽车销售商的课税，如无法提高售价只好压低汽车进货价格，将税款全部或部分地转嫁给汽车制造者，则为后转。后转往往是通过厂商和销售商以谈判的方式解决的。

3. 其他转嫁方式。

现实生活中经常会有前转和后转并用的方式，这样的方式称为散转或混转，即纳税人采取将税收负担部分地转嫁给商品购买者和商品销售者。如果纳税人既不前转负担，也不后转负担，而是通过提高自身经济效益补偿其纳税损失，使税收负担在生产发展中自行消化掉，广义上说这也被认为是一种转嫁方式，称为消转。但是，严格来说，消转没有将纳税人与负税人分离，并不能称为一种税负转嫁的方式。

后转的方式中，有一种特殊形式叫做税收资本化，是纳税人在购买不动产或有价证券等资本品时，将以后长期持有该资本品期间内的应纳税款，在买价中预先扣除，以后虽然名义上是买方在按期缴纳税款，但实际上是由卖方负担。税收资本化亦称税收折入资本。有了税收资本化，土地税和土地价格的关系经常表现为土地税增加，地价下降；土地税减少，地价上升。可见，税收资本化是将累计应缴纳税款作一次性的转移，实质上这不过是税负后转的一种特殊形式。

二、税负转嫁的影响因素

在利益机制的驱动下，纳税人要千方百计地转嫁税负，以维护自身的经济利益。但纳税人要达成转嫁税收的目的，会受到一些条件的制约，这些条件的基本逻辑关系大致可以这样描述：税负能否转嫁首先取决于税种的性质，间接税的性质，尤其是商品与劳务税性质的税收，才可能转嫁；在此基础上，还要看商品与劳务的定价方式，自由定价方式是税负转嫁的条件；在价格可以自由变动的情况下，税负转嫁还要受其他诸多因素的制约，如供求弹性的大小、征税范围的广度等。

(一)税种的性质

税收分为直接税和间接税。直接税的税负一般不易转嫁，而间接税的税负极易转嫁。一般认为，商品与劳务税类是典型的间接税，而所得税类是典型的直接税，原因是前者与交易价格关系密切，征税环节处于或接近交易环节，而后者却不具备该条件，只能降低收入水平和消费水平。对各类企业课征的法人所得税尽管存在转嫁的渠道，如提高本公司商品的售价、降低或延迟增长雇员的工资、增加劳动强度、降低股息和红利等，但这些渠道并不通畅，或者会受到企业雇员和股东的反对，或者受制于社会供求关系，实现起来较难。

其他税收种类，诸如财产税类、资源税类等，其中的某些税种具有商品与劳务税的性质，征税环节处于或接近交易环节，容易转嫁；而某些税种更侧重于所得税的特点，远离交易环节，不易转嫁。比如，财产税中的某些税种，可以通过抬高交易价格或压低交易价格，向买方或者卖方转嫁税负；而还有一些财产税，如国外的遗产税、我国的车辆购置税等，税收直接在财产的某个处置环节征税，无法找到恰当的交易环节转嫁税负。

（二）定价方式

税收如果属于可以转嫁的间接税，还要看商品与劳务的价格是否能够自由定价。商品与劳务的定价方式有市场定价和计划定价两类。如果商品与劳务的价格能够根据购买者或供给者的需要，自由地加价或压价，那么税负就有可能被转嫁出去，市场定价就是这样的自由定价方式，是供给方根据自身的成本费用与市场供求关系来决定价格的。如果商品或劳务的价格不能自由变动，纳税人虽有转嫁的动机，却不存在转嫁的条件，税负转嫁也就不可能变为现实。计划定价是政府主导的定价方式，一旦价格确定，就难以调整，因此企业无法自主决定税负的转嫁。

（三）供求弹性

在自由定价的前提下，税负是否能够顺利转嫁，还要受其他因素的影响，其中之一是商品与劳务的供求弹性。供求弹性代表着交易主体规避负担与风险的能力，越是弹性大，意味着这种能力越强。一般来说，供给弹性较大的商品，销售方可灵活调整供给数量，最终使其在所期望的价格水平上销售出去，因而，所纳税款完全可以作为价格的一个构成部分转嫁给购买方。而供给弹性较小的商品，销售方调整供给数量的可行性较小，从而难以控制价格水平，税负转嫁难以转嫁给购买方；同时，如购买方也是纳税人，容易利用供给方弹性小的劣势，将自己的税负通过压低采购价格的方式转嫁给销售方。同理，需求弹性较小的商品，其价格最终决定于卖方，可以顺利地实现税负向下游的转嫁；但需求弹性较大的商品，买方可以通过调整购买数量影响价格，税负向下游转嫁比较困难；同时，下游的买方如果也是纳税人，还很容易将自己的税负通过压低采购价格的方式转嫁给卖方。如果把供给和需求结合起来考虑，税负总是趋向于转嫁给弹性小的一方，即供给弹性大于需求弹性时，税负容易转嫁给购买方；供给弹性小于需求弹性时，税负容易转嫁给销售方。在极特殊的情况下，供给弹性等于需求弹性，则往往由购买方和销售方共同负担税款，税负转嫁只能部分实现。

（四）征税范围的广度

在自由定价的前提下，税负是否能够顺利转嫁，另一影响因素是税种征税范围的广度。税负转嫁必然引起价格的升高，若另外有商品和劳务可以替代加价的同类，购买者往往会转而代之，从而使税负转嫁失效。但是如果一种税收征税范围很广，甚至波及同类商品与劳务的全部，则购买者无法找到价格中不含该种税收负担的替代品，只好承受税负转嫁的损失。因此，征税范围越宽广，税收负担越容易转嫁给购买方；征税范围越狭窄，税收负担越不容易转嫁给购买方。

（五）市场结构

在自由定价的前提下，税负是否能够顺利转嫁，还有一个影响因素是市场结构。市场结构一般有完全竞争、不完全竞争、寡头垄断和完全垄断四种。完全竞争市场结构下，单个厂商无力控制行业价格，因而税负难以向前转嫁，只有通过行业体系和供应方市场体系的长期演变才能实现转嫁。不完全竞争市场结构下，各个厂家可利用其产品差异性对价格做出适当的调整，借以把税负部分地向前转嫁给消费者。寡头垄断市场结构下，寡头垄断的价格波动大，并且互相勾结达成价格协议和默契，极易在新增税负时自动共同提价，形成税负转嫁。完全垄断市场结构下，垄断企业独霸市场，如果其提供的商品需求弹性偏小，就可以随意提价，向购买方转嫁税负。上述分析仅局限于对前转的分析，实际上，扩大至对后转的分析，依然同理。市场上的采购主体也有从分散竞争到完全垄断的市场结构的几种具体形式，越是趋于垄断，就越容易通过压低进价将税负转嫁给供应商。

(六)市场价值判断

市场结构的上述分析说明，一般地，垄断性商品要比竞争性商品更易税负转嫁。但在实际决策时，垄断企业不得不在两方面有所顾忌：第一，税负转嫁引起的价格变动会否引起垄断格局的改变，给竞争者以机会，通过价格优势成功进入市场，进而打破垄断；第二，税负转嫁引起的加价会否引起需求量的缩减，从而影响利润目标。上述两方面都会影响垄断者对未来市场的价值判断。此时，经营者必然比较税负转嫁的所得与所失，若后者大于前者，则经营者宁愿减少一部分税负转嫁的程度。这类情况在竞争性商品中有所表现，在垄断性商品中更为常见。

除了以上影响因素之外，实际上还有很多经济因素会对经营者的税负转嫁决策产生影响，比如成本变动规律、计税依据的不同、计价方式的不同、税负的轻重等等。重要的是，我们应当通过选择性的分析，了解税负转嫁受到市场运行中的诸多因素的影响，解读税负转嫁并不简单。

第四节　税收的效率与公平

一、税收的效率与公平的关系

(一)征税必须考虑效率的要求

征税不仅应是公平的，而且应是有效率的。这里的效率包括两层意义：一是指征税过程本身的效率，即较少的征收费用、便利的征收方法等；二是指征税对经济运行效率的影响，宗旨是征税必须有利于促进经济效率的提高，也就是有效地发挥税收的经济调节功能。征税过程本身必须有效率。必须以尽可能少的征收费用获得尽可能多的税收收入，征收费用与税收收入的比值越小越好。通过征税促进经济效率的提高是更高层次的税收效率。

税收作为一种重要的再分配工具，可以在促进资源配置合理化、刺激经济增长等方面发挥作用，但也可能扭曲资源配置格局，阻碍经济发展。如果税收起的是前一种作用，就是有效率的；如果税收的作用属于后一种，就是无效率的。税收是否有效率必须结合经济运行本身的效率考察。假如经济运行本身已经是高效率的，税收活动就应以不干扰经济运转为有效率；假如经济运行是低效率乃至无效率的，税收效率则体现在它对经济运转的影响和干预上。对长时期的、全面的经济运行过程的考察结果表明，经济运行本身具有极限效率的情况极为少见，在市场经济国家，总是存在所谓市场失灵的问题，在计划经济国家，也会有计划失误和生产者积极性不高的情况，因而税收干预总是大有可为的。就我国的情况而言，随着经济体制改革的深入，税收的经济杠杆作用越来越受到重视，它在调节生产、流通和消费等方面的功能日益强化，并在实践中促进了经济效率的提高。党的关于经济体制改革的决定已明确指出，充分运用税收等经济手段调节宏观和微观经济，是我国经济体制改革的重要内容，说明我国政府把提高税收效率置于十分重要的地位。

(二)税收应以公平为本

在现代经济学看来，任何经济活动的目标，都是追求公平与效率以及二者的最佳结合，税收也是如此。公平合理是税收的基本原则和税制建设的目标，从古到今，横贯东西方国家税收的实践表明，税收公平与否往往是检验税制和税收政策好坏的标准。一般地理解，税收公平包括普遍征税和平等征税两个方面。所谓普遍征税，通常指征税遍及税收管辖权之内的所有法人和自然人，换言之，所有具备纳税能力的人都应毫无例外地纳税。这一税收公平准则最初是针对特权阶级如皇室、贵族在税收上享有的不合理豁免权确立的，后来演化为对所有人一视同仁征税，排除各类区别对待措施等更为全面的公平税收思想。当然，征税的普遍性也不是绝对的，国家出于政治、经济、国际交往等方面的考虑，给予某些特殊的纳税人以免税照顾，并不违背这一原则，而只能被认为是对这一原则的灵活运用。如对外交使节的税收豁免待遇几乎是一种国际惯例。所谓平等征税，通常指国家征税的比例或数额与纳税人的负担能力相称。具体有两个方面的含义：一是纳税能力相同的人同等纳税，即所谓“横向公平”；二是纳税能力不同的人不同等纳税，即所谓“纵向公平”。必须说明，上面所提到的纳税能力，一般是以所得为代表，所以“横向公平”的含义就是对所得相同的人同等课税，“纵向公平”的含义就是对所得不同的人不同等课税，简言之，就是所得多者多征，所得少者少征，无所得者不征。这里的征多征少，往往通过累进税、差别比例税、减征免征、加成征收等办法来实现。税收公平不仅是一个财政问题，更是一个社会问题和经济问题。因为税收作为国家参与和干预国民收入分配和再分配的手段，与社会经济生活各个领域密切相关，对社会生活和经济运行发挥着巨大的影响。因而对税收公平的判断还必须从社会经济角度来考察。不同社会和不同国家的社会公平观和经济观是不同的，税收公平是以该社会的社会公平观和经济公平观为基础和前提的。在任何社会和一个国家内部，税收政策必须及时协调税收公平与社会经济公平之间可能出现的矛盾。例如，当经济活动所决定的分配已经是公平的了，税收分配就应以不干扰这一分配格局为公平；当经济活动决定的分配被证明是不公平的，则公平的税收就应以矫正这一分配格局为目标。有时会出现这样的情况，从财政税收的角度看是公平的，但从社会和经济的角度看却是不公平的，这时必须通过调整税制以适应经济和社会公平的要求，而不是相反。

(三)税收公平与效率的两难选择

税收的公平与效率是密切相关的，从总体上讲，税收的公平与效率是互相促进、互为条件的统一体。首先，效率是公平的前提。如果税收活动阻碍了经济发展，尽管是公平的，也是没有意义的。因为税收作为一种分配手段是以丰裕的社会产品为基础的，而没有效率的公平便成了无本之木。所以，真正的公平必须融合了效率的要求，必须是有效率的公平。其次，公平是效率的必要条件。尽管公平必须以效率为前提，但失去了公平的税收也不会是高效率的。因为税收不公平必然挫伤企业和个人的积极性，甚至还会引致社会矛盾，从而使社会生产缺少动力和活力，自然也就无效率可言。因此，真正的税收效率必须体现公平的要求，至少必须是大体公平的。当然，税收的公平与效率的统一并不是绝对的，就某一具体的税种来说，两者会有矛盾和冲突。例如，商品课税可以通过各类奖限政策促进合理配置资源和发展生产，一般认为是有效率的，但由于它背离了量能纳税的原则，有时会造成纳税人的苦乐不均，通常又被认为是不公平的；所得课税具有负担合理、课征公平的优点，但它距离经济运转过程较远，很难直接调节生产和流通，又有效率不高的缺点。正因为如此，在税制建设和征收管理上才有公平与效率难以兼顾的说法。只有同时兼顾公平与效率两个方面的税制才是最好的税制，这是无须证明的。但就具体的税种来说，往往不是低效率、高公平，就是高效率、低公平，高效率、高公平的最优结合是少有的。就某一具体的税收政策来说，往往不是以效率为主导，就是以公平为核心，两者并重并不一定是理想状态。因此，对税收公平与效率的研究必须跳出具体的一个税种或某项税收政策的圈子，而要从整个税制或税收总政策来思考。我们前边讨论的公平与效率的统一性主要也是从这个意义上讲的。仅就某一个税种来说，可能是以公平或以效率为主的，但作为税种集合的税制，通过各税种的互相补充，完全有可能组成一个公平与效率兼备的好的税制。不过，有些国家从本国国情出发或为了实现特定的政治经济目标，在建设本国税制时实行以公平或效率某一方面作为侧重点的税收政策，从而形成效率型税制或公平型税制，这样的税制往往更具实践价值。如发展中国家实行"效率型"税制比之实行"兼顾型"税制更能促进本国经济腾飞，发达国家实行"公平型"税制更有益于社会稳定。总之，把税制的设计同本国的具体情况和长远发展战略结合起来，显然是对公平与效率两者更深层次和更高层次的兼顾。

由于公平与效率及其二者关系贯穿于税收制度和税收政策的全过程，因此，现代经济学将税收原则归结为两类：公平类税收原则和效率类税收原则。

二、税收的效率原则

税收的效率包含两层含义：一是行政效率，就是征税过程的效率，它要求在征收和缴纳过程中耗费成本最小；二是经济效率，就是征税应有利于促进经济效率的提高，或者对经济效率的不利影响最小。

税收行政效率就是指税收成本尽量低。税收成本既包括政府为征税而花费的征收成本，也包括纳税人为纳税而耗费的缴纳成本，即西方所称的"奉行成本"。亚当·斯密和瓦格纳所称的"便利、节省"原则，实质上就是税收的行政效率原则。便利原则强调税制应使纳税人缴税方便，包括纳税的时间、方法、手续的简便易行。这无疑有利于节省缴纳成本，符合税收的行政效率要求。而节省原则，即亚当·斯密和瓦格纳所称的"最少征收费用原则"，强调征税费用应尽可能少。亚当·斯密说"一切赋税的征收，须使国民付出的，尽可能等于国家所收入的"。他们所说的征收费用，实际上只限于政府的征收成本。需要指出的是，税收的征收成本和缴纳成本是密切相关的，有时甚至是可以相互转换的。一项税收政策的出台可能有利于降低征收成本，但它可能是以纳税人的缴纳成本的增加为代价的，或者相反。这说明，税收的行政效率要对征收成本和缴纳成本进行综合考虑，才有真正意义。我们可以思考一下，在网络时代，对网店该不该征税？怎样征税？这恐怕得考虑征税成本，如果花费 1 万元成本，只取得 0.6 万元税收收入，就不划算了。另外，近些年来，通过采用信息化技术，大量税款通过转账方式缴入国库，不用纳税人到税务部门排队交现金，大大降低了社会成本。

从 1994 年起，为保证中央财政收入，我国将税务机关分设为国家税务机关和地方税务机关。这样做有利有弊，同一个纳税人需要跑两个部门办理税务登记、纳税申报、减免税申请等事务，加重了纳税人的负担。2015 年年末，中共中央办公厅、国务院办公厅印发《深化国税、地税征管体制改革方案》，要求"规范、兼并纳税人报表资料，实行纳税人涉税信息国税、地税一次采集、按户存储、共享共用。能够从信息系统提取的数据信息不得要求纳税人重复报送，加快推行办税无纸化、免填单，让纳税人少跑腿、少费时、少花费"。"实施国税、地税合作规范化管理，全面提升合作水平。采取国税、地税互设窗口、共建办税服务厅、共驻政务服务中心等方式，2016 年实现'前台一家受理、后台分别处理、限时办结反馈'的服务模式。完善全国 12366

纳税服务平台，2016年全面提供能听、能问、能看、能查、能约、能办的'六能'型服务。制定实施'互联网＋税务'行动计划，建设融合国税、地税业务，标识统一、流程统一、操作统一的电子税务局，2017年基本实现网上办税"。这些改革举措就是税收效率原则的体现。

税收经济效率要求征税不得损害经济发展。税收对经济的影响究竟是积极的还是消极的？影响的程度如何、范围多大？对这些问题人们是有争议的。亚当·斯密认为，通过市场这只"看不见的手"进行自我调节的经济运行是最佳的。也就是说，通过市场配置资源的效率是最高的，任何税收的开征都会对良好的经济运行产生不利影响，导致资源配置扭曲。因此，他主张自由放任政策，政府征税越少越好，也就是要求税收的"额外负担"最小。这个"额外负担"就是征税所引起的资源配置效率的下降，通常又被称为税收的经济成本。

税收经济效率的更高要求是通过税收分配来提高资源配置的效率。在政府干预的情况下，通过积极发挥税收的调控作用，可以有效促进经济的发展。西方现代税收理论中的税收稳定经济原则，实际上就属于这一层次的效率要求。它强调通过税收的内在稳定机制和税收政策的相机抉择来熨平经济波动，以实现经济的稳定增长。比如，在经济过热阶段，较高的所得税可以使企业税后利润减少，减缓其投资冲动，避免经济泡沫继续膨胀；在经济萧条阶段，较低的所得税可以使企业有更多的资金投入生产，拉动经济走出低谷，恢复元气。再比如，通过对创新创业型企业给予税收优惠，促进其发展，从而把社会"蛋糕"做大；对污染型行业征收排污税，可以引导企业采用新技术，减轻对环境的污染，从而促进经济良性循环。不少学者运用我国的数据进行了实证分析，但对于税制结构与经济增长的关系有截然不同的看法。比如严成樑、龚六堂认为，我国流转税税率与经济增长率正相关，企业所得税税率与经济增长率负相关，个人所得税税率与经济增长率存在倒U形关系。

税收的公平与效率存在一定的矛盾。比如，大企业高管人员薪酬高，如果对他们征收超过50%的个人所得税，对于低收入人群来说是公平的，但对于提高高管人员创造财富的积极性是不利的。再比如，是否应当在现阶段开征遗产税，也有很大争议。征税的目的当然是调节不同收入群体的收入，缩小收入差距，促进公平，但高收入者出于自身利益，必然想尽办法逃避税收，或者将收入及财产转移到低税负的国家或地区，或者转到子女名下，这都会影响他们创造财富的积极性，不利于经济效率的提高。怎样协调这一矛盾，考验着各国政府的决策者。

三、税收的公平原则

公平是税收的基本原则。在亚当·斯密的税收四原则中，公平原则列为首位。在我国历史上，也有很多强调税收公平的论述。在现代社会，公平原则更是各国政府完善税制所追求的目标之一。税收怎样才算公平？在不同时期，往往标准不同，人们的理解也不同。从历史发展过程看，税收公平经历了一个从绝对公平到相对公平的转变、从社会公平到经济公平的扩展过程。

税收涉及公平问题。"不患寡而患不均"，社会公平，关系到每个人的切身利益，如果大家都穷，就会相安无事；但如果收入差距拉大，你多我少，那么不少人就接受不了。如果政府征税不公平，则征税的阻力就会很大，人们就会偷逃税款，严重时还会引起社会矛盾乃至政权更迭。举例来说，一位老太太拥有一套房子，但没有收入，而另一位居民每月有固定工资收入，但没有自己的房子。如果对其征税，是按照收入、财产（房子）征税，还是按照收入与财产的总额征税？对此，人们有不同的看法。对于怎么样才公平，真可谓"公说公有理，婆说婆有理"。

人们对税收公平有不同的理解，亚当·斯密所指的公平是税负的绝对公平，他强调每个纳税人都应按同一比例纳税。这就是说，不同收入水平的纳税人，其缴纳的税收绝对额虽不同，但其承担的税负(或税率)是相同的。反映到税制上，就是实行比例税率。亚当·斯密的公平原则在强调按比例税率纳税的同时，还强调税收应对所有国民一视同仁，不应有免税特权的存在。后来，瓦格纳将公平的标准从绝对公平发展到相对公平，即征税要考虑纳税人的纳税能力，纳税能力强的应多纳税，纳税能力弱的则少纳税。他要求在税制上实行累进税率。在现实税制中，财产税按财产、所得税按所得累进征收，对低收入者免税，允许家庭赡养扣除等都是这种公平观的反映。

以纳税能力作为公平标准，在理论上称为"能力说"。如何判断纳税能力，在理论上又有客观说和主观说之分。按照客观说，纳税能力应依据纳税人所拥有的财富、取得的收入或实际支付能力等客观指标来确定；而主观说则强调纳税人因纳税所感到的效用的牺牲或者说效用的减少应相同，或者纳税后的边际效用相同。

除"能力说"外，公平标准还有"受益说"，即以享受政府公共服务的多少作为衡量公平的标准。根据这个标准，从政府公共服务中享受相同利益的纳税人，意味着具有相同的福利水平，因此，应负担相同的税，以体现横向公平；享受到较多利益的纳税人，则具有较高的福利水平，因此，应负担较高的税，以实现纵向公平。这在社会保障方面往往有所体现，但在许多情况下受益水平是不好衡量的。

税收的社会公平之所以重要，不仅是由于上面提到的公众对它的关注和反应，而且是由于它反映了人类的文明进步。人类社会从尊卑贵贱、等级分明的社会发展到提倡人人平等的文明社会，公民的平等权得以确立和强化。反映到税收上，也自然要求同等对待，即要求税收也要遵循公平原则，取消免税特权。而公平标准之所以从绝对公平过渡到相对公平，并强调纵向公平，则是因为在资本主义经济发展过程中出现了贫富两极分化。一方面，这激化了社会矛盾，使绝对公平失去了社会基础，要求富人多纳税的呼声越来越高；另一方面，两极分化也在客观上导致市场经济运行的结构性矛盾，不可避免地出现了社会有效需求不足的问题，需要政府通过税收来调节收入分配，以减少贫富差距，缓解社会矛盾和经济矛盾。同时，随着政府职能的扩大，财政支出急剧增加，从而加大了增税压力，而税收的分配对象是国民财富，要拓宽税源，提高税负，自然需要更多依靠纳税能力较强的富裕阶层，即需要考虑按纳税能力征税。

在西方国家，公平通常是指社会公平，瓦格纳称之为社会公正原则。而在现实中，政府征税不仅要满足社会公平的要求，而且要做到经济上的公平。也就是说，在现代经济中，税收原则事实上不仅包括社会公平，还包括经济公平。税收的经济公平包括两个层次的内容：首先是要求税收保持中性，即对所有从事经营的纳税人，包括经营者和投资者，都要一视同仁，同等对待，以便为经营者创造合理的税收环境，促进经营者公平竞争。增值税的盛行、公司税税率以比例税率为主等都是这种公平要求的反映。其次是对于客观上存在不公平的因素，如资源禀赋差异等，需要通过差别征税实施调节，以创造大体同等或者大体公平的客观竞争环境。这两个层次的内容也相当于社会公平中的横向公平和纵向公平。

之所以强调税收的经济公平，是与经济的发展分不开的。经济的发展使公司、企业成为重要的纳税主体，与个人相比，它们对经济公平的要求比对社会公平的要求更迫切、更现实，而且经济公平也是税收效率原则的必然要求。税收效率原则也是税收的重要原则之一，而效率与公平是辩证统一的，特别是经济公平是以效率为目标的，要使税收有效率，就需要公平。

在我国，税收公平影响企业间的公平竞争，也影响个人之间的收入分配。促进收入公平分配是政府的职责，而通过税收缩小收入差距则是征税的目的之一。所以，税收制度应当体现公平，为社会和谐营造良好环境。

案例讨论 6—2　　税收负担的功与过

烟草行业经常说它对税收的贡献大，而不少行业都在努力争取减免税待遇。看看表 6—2 的数据，你可以对不同行业的税收负担有一个更清晰的了解。

表 6—2　　2007～2011 年我国部分行业税收负担率　　单位：%

行业＼年份	2007	2008	2009	2010	2011
建筑业	13.19	12.53	13.05	14.26	13.26
交通运输、仓储及邮政业	7.66	9.26	8.62	9.22	9.86
批发和零售业	29.82	29.55	30.84	32.39	32.78
住宿和餐饮业	7.86	7.84	7.72	8.12	8.73
金融业	31.61	38.80	34.52	29.65	31.80
房地产业	25.55	26.63	25.87	30.09	32.45

不同行业的税收负担受什么因素影响？为什么不同行业的税收负担有这么大的差异呢？

讨论：

1. 对比本章我国宏观税收负担的内容，说说你的感受。

2. 税收负担的高低反映了什么？如果让你选择就业的行业，你会优先选择税收负担高的行业还是税收负担低的行业？

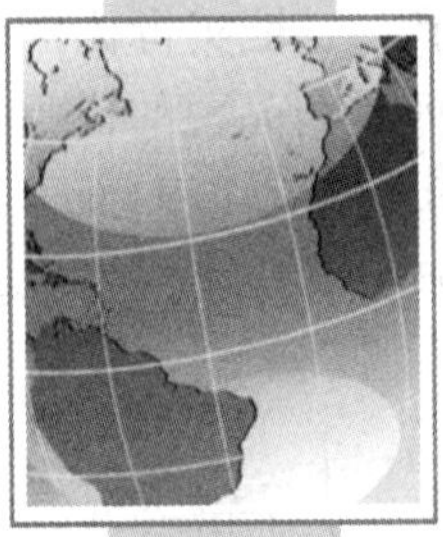

第七章 我国现行税制概述

章前导读

税制是一个国家或地区在一定的历史时期，根据自己的社会、经济和政治的具体情况，以法律、法规形式规定的各种税收法规的总称。我国的税收制度是经济体制的重要组成部分之一，与经济体制的发展变化密切相关，随着社会政治经济条件的变化，税收制度也不断进行着调整和改革。

中国赋税历史源远流长，从夏代开始，就出现了贡。进入战国，以鲁国"初税亩"为标志，开始征收实物田税。租税制一直延续到秦、汉、两晋。北魏实行均田制，至唐发展成为租庸调制。安史之乱之后，唐开始实行以土地、财产为征税标准、分夏秋两季征收的"两税法"。"两税法"一直沿用到明代。明朝中期，张居正提出了将田赋、徭役和杂税合并的"一条鞭法"。清朝建立以后，在田赋征收上仍沿用"一条鞭法"，雍正年间，实行"摊丁入地"，简化征收手续，完成了赋和役的合一。到民国时期为止，随着商品经济的冲击，以及近代民族工商业的形成和发展，税收制度逐渐发生了明显的变化，先是对城市工商业课征的间接税超过历史上的田赋，逐渐上升为主要的税收。国民党政府的间接税，除了关税、盐税以外，于1928年又创立了统税，对卷烟、面粉、棉纱、火柴、水泥等各种商品征收。我国于1936年10月首次开征所得税，继之于1939年1月开征过分利得税，后来又于1940年7月开征遗产税。

新中国成立以来，我国的税制体系基本上建立了双主体税复合税制的模式，即以流转税和所得税为主体税，辅之以其他税种的税制体系。特别是以1994年税制改革为分水岭，我国税制进入了全面改革和深化的阶段，建立了符合社会主义市场经济体制的新税制。

第一节　商品税

一、商品税的特征

商品税是对商品流转额和非商品流转额(提供个人和企业消费的商品和劳务)课征的税种的统称，又称流转税。商品流转额是指在商品生产和经营过程中，由于销售或购进商品而发生的货币金额，即商品销售收入额或购进商品支付的金额。非商品流转额是指非商品生产经营的各种劳务而发生的货币金额，即提供劳务取得的营业服务收入额或取得劳务支付的货币金额。商品税是许多国家税收收入的主要来源。在我国，商品税主要包括增值税、营业税、消费税、土地增值税、关税等税种。本节主要介绍增值税、营业税和消费税这三大税种。

商品税同其他税种相比，具有以下几个方面的特征：一是商品税属于间接税类，商品税的纳税人经常与负税人分离，也就是说商品税极容易转嫁。因此，其税负的承担者往往并不能直接感受自己是税收的实际缴纳者。二是商品税的课征较广泛，商品税的课税对象是商品和非商品的流转额，因此，在具体税制设计时，可以选择所有商品和服务进行征税，也可以选择部分商品和服务进行征税；可以选择商品流通的所有环节进行征税，也可以选择其中某一个或几个环节进行征税；可以选择商品或劳务流转总额进行征税，也可以选择课税对象的增值额进行征税等等。这种灵活性，有利于国家或政府通过商品税对经济进行有效调节。三是实行比例税率，除少数税种实行定额税率外，比例税率是商品税制的一大重要特征。四是商品税的税收收入能够在一定程度上保证财政收入的稳定性，因为商品税的征税对象是商品的流转额，而不是企业的盈利水平，只要有市场交易行为就要征收商品税，基本不受企业生产经营成本的影响。

二、增值税

增值税，是就商品价值中增值额课征的一个税种。增值税始于法国，以后在西欧和北欧各国迅速推广，现在已成为许多发达国家和发展中国家广泛采用的一个国际性税种。增值额是指企业生产商品过程中新创造的价值，相当于商品价值中扣除生产中消耗的生产资料价值 C 之后的余额，即 V+M 部分。具体到一个生产单位，增值额是指纳税人的商品销售收入或劳务收入扣除外购商品额后的余额。

一般而言，增值税的计税依据是商品和劳务价款中的增值额，但各国的增值税制度对购进固定资产价款的处理有所不同，据此增值税可分为三种类型：一是生产型增值税，即计税依据中不准许抵扣任何购进固定资产价款，称之为生产型增值税；二是收入型增值税，即只准许抵扣当期应计入产品成本的折旧部分，称之为收入型增值税；三是消费型增值税，即准许一次全部抵扣当期购进的用于生产应税产品的固定资产价款，称之为消费型增值税。我国现行增值税的类型是消费型增值税。

相对其他商品税而言，增值税具有以下特征：

一是多环节征税、税基广泛。增值税可以从商品的生产开始，一直延伸到商品的批发和零售等经济活动的各个环节，使增值税能够拥有较其他间接税更广泛的纳税人。

二是实行税款抵扣制度。即以企业新创造的价值为计税依据，能够消除重复征税的情况。

三是对增值税的一般纳税人采用凭发票注明税款抵扣制度，增值税的专用发票是纳税人享受税款抵扣的合法凭证。

四是增值税可以对某些商品采用零税率的办法，实行彻底的免税。例如增值税对于出口需要退税的商品实行“零税率”，将商品在国内已经缴纳的税收一次性退还给企业。

根据《增值税暂行条例》和“营业税改征增值税”的规定，增值税的纳税人是在中华人民共和国境内销售货物、提供应税劳务、提供应税服务以及进口货物的单位和个人，纳税人应当依照《增值税暂行条例》和“营业税改征增值税”的规定缴纳增值税。境内是指销售货物的起运地或者所在地在境内、提供的应税劳务发生在境内以及应税服务提供方或者接收方在境内。

《增值税暂行条例》是指我国于 2009 年 1 月 1 日起开始施行的《中华人民共和国增值税暂行条例》。“营业税改征增值税”的规定是指我国于 2012 年 1 月 1 日起开展的营业税改征增值税的改革。

(一)我国《增值税暂行条例》主要内容

1. 一般纳税人增值税税率

纳税人销售或者进口货物，一般税率为 17%；纳税人销售或者进口下列货物，税率为 13%：粮食、食用植物油、自来水、暖气、冷气、热水、煤气、石油液化气、天然气、沼气、居民用煤炭制品、图书、报纸、杂志、饲料、化肥、农药、农机、农膜以及国务院规定的其他货物。纳税人出口货物，税率为零；但是国务院另有规定的除外。纳税人提供加工、修理修配劳务(以下称应税劳务)，税率为17％。

2. 增值税一般纳税人实行按照购进扣税法计算应纳税额

纳税人销售货物或者提供应税劳务(以下简称销售货物或者应税劳务)，应纳税额为当期销项税额抵扣当期进项税额后的余额。应纳税额计算公式：

应纳税额＝当期销项税额－当期进项税额

当期销项税额小于当期进项税额不足抵扣时，其不足部分可以结转下期继续抵扣。销项税额计算公式：

销项税额＝销售额×税率

其中销售额为纳税人销售货物或者应税劳务向购买方收取的全部价款和价外费用，但是不包括收取的销项税额。销售额以人民币计算。纳税人以人民币以外的货币结算销售额的，应当折合成人民币计算。纳税人销售货物或者应税劳务的价格明显偏低并无正当理由的，由主管税务机关核定其销售额。

纳税人购进货物或者接受应税劳务(以下简称购进货物或者应税劳务)支付或者负担的增值税额，为进项税额。

下列进项税额准予从销项税额中抵扣：一是从销售方取得的增值税专用发票上注明的增值税额；二是从海关取得的海关进口增值税专用缴款书上注明的增值税额。

一种特别的情况——购进农产品，除取得增值税专用发票或者海关进口增值税专用缴款书外，按照农产品收购发票或者销售发票上注明的农产品买价和13％的扣除率计算的进项税额。进项税额计算公式：

进项税额＝买价×扣除率

另一种特别的情况——购进或者销售货物以及在生产经营过程中支付运输费用的，按照运输费用结算单据上注明的运输费用金额和7％的扣除率计算的进项税额。进项税额计算公式：

进项税额＝运输费用金额×扣除率

准予抵扣的项目和扣除率的调整，由国务院决定。

下列项目的进项税额不得从销项税额中抵扣：一是用于非增值税应税项目、免征增值税项目、集体福利或者个人消费的购进货物或者应税劳务；二是非正常损失的在产品、产成品所耗用的购进货物或者应税劳务；三是国务院财政、税务主管部门规定的纳税人自用消费品；四是销售免税货物的运输费用。

3. 增值税小规模纳税人销售货物或者应税劳务，实行按照销售额和征收率计算应纳税额的简易办法，并不得抵扣进项税额。应纳税额计算公式：

应纳税额＝销售额×征收率

小规模纳税人的标准由国务院财政、税务主管部门规定。小规模纳税人增值税征收率为3％。小规模纳税人会计核算健全，能够提供准确税务资料的，可以向主管税务机关申请资格认定，不作为小规模纳税人，依照一般纳税人规定计算应纳税额。

4. 纳税人进口货物，按照组成计税价格计算应纳税额。组成计税价格和应纳税额计算公式：

组成计税价格＝关税完税价格＋关税＋消费税

应纳税额＝组成计税价格×税率

5. 下列项目免征增值税：农业生产者销售的自产农产品，避孕药品和用具，古旧图书，直接用于科学研究、科学试验和教学的进口仪器、设备，外国政府、国际组织无偿援助的进口物资和设备，由残疾人组织直接进口供残疾人专用的物品，销售自己使用过的物品。

6. 增值税纳税义务发生时间

销售货物或者应税劳务，为收讫销售款项或者取得索取销售款项凭据的当天；先开具发票的，为开具发票的当天；进口货物，为报关进口的当天。

7. 增值税的纳税期限分别为1日、3日、5日、10日、15日、1个月或者1个季度。纳税人的具体纳税期限，由主管税务机关根据纳税人应纳税额的大小分别核定；不能按照固定期限纳税的，可以按次纳税。纳税人以1个月或者1个季度为1个纳税期的，自期满之日起15日内申报纳税；以1日、3日、5日、10日或者15日为1个纳税期的，自期满之日起5日内预缴税款，于次月1日起15日内申报纳税并结清上月应纳税款。纳税人进口货物，应当自海关填发海关进口增值税专用缴款书之日起15日内缴纳税款。

8. 纳税人出口货物适用退(免)税规定的，应当向海关办理出口手续，凭出口报关单等有关凭证，在规定的出口退(免)税申报期内按月向主管税务机关申报办理该项出口货物的退(免)税。出口货物办理退税后发生退货或者退关的，纳税人应当依法补缴已退的税款。

(二)"营改增"改革内容

2011年，经国务院批准，财政部、国家税务总局联合下发营业税改增值税试点方案。从2012年1月1日起，在上海交通运输业和部分现代服务业开展营业税改增值税试点。自2012年8月1日起至年底，国务院扩大营改增试点至8省(市)；2013年8月1日，"营改增"范围已推广到全国试行，将广播影视服务业纳入试点范围。2014年1月1日起，将铁路运输和邮政服务业纳入营业税改征增值税试点，至此交通运输业已全部纳入营改增范围；2016年5月1日起，全面推开营改增试点，将建筑业、房地产业、金融业、生活服务业全部纳入营改增试点。

全面推开营改增在释放巨大减税红利、减轻企业负担的同时，还增强了企业自觉适应市场环境、自主经营、自主创业的活力。营改增之前，应纳营业税等于营业额乘以税率，不抵扣，也不重视索要发票；营改增之后，应纳增值税额等于销项税额减去进项税额。这意味着，每一张记载着"进项税额"的增值税专用发票都是可以抵扣的"真金白银"。企业能否主动调整内部管理和经营方式，索要购进专用发票、足额抵扣进项税额，成为营改增减税的关键。

材料7—1　　中国民企大佬话"营改增"

自2016年5月1日起中国全面推开的营改增(营业税改征增值税)，关乎众多民营企业老板的荷包。2017年3月31日，9家来自纺织服装、汽车制造、科技、制鞋、刀具制造、电商等领域的民营企业负责人聚集北京，参加国家税务总局、全国工商联召开的"深化税收改革，助力民营企业发展座谈会"，畅谈营改增给他们带来的变化。

"对企业而言，减下来的是真金白银的税收负担，增加的是坚定转型升级、持续改革创新的强烈信心。"座谈会上，红豆集团董事长周海江说，税改在助力企业加快转型中的作用令其感受真切。周海江所在的红豆集团是以纺织服装、橡胶轮胎、生物医药、园区开发为主的民营企业集团。他介绍说，去年一年，仅加计扣除、高新技术企业优惠就为红豆旗下通用股份公司减税245万元。

座谈会上，从事汽车制造的吉利控股集团董事长李书福说，营改增打通了全行业的抵扣链条，消除了重复征税的问题，特别是将新增不动产所含增值税纳入抵扣范围，这对于制造业来说是一项重大利好。李书福介绍说，2016年吉利集团各项税收优惠政策共计减税金额49 296

万元。研发费加计扣除和高新技术企业税收优惠直接减少了企业需要缴纳的所得税，鼓励企业加大研发力度，2015 年和 2016 年研发费分别达到 42 亿元和 61 亿元，更好地促进了企业技术转型升级，支持企业可持续发展。

座谈会上，上海市工商联副主席、奥盛集团总裁汤亮表示，许多企业尤其是交通运输、物流以及金融保险业，营改增以后，明显降低了企业税负，减轻了企业的负担。营改增势必会给国家和企业带来双赢的局面。

座谈会上，京东集团首席执行官刘强东表示，营改增带来实实在在的减税效果，京东的配送、仓储、客服等业务皆受惠。营改增后，外购的设备、燃料、过路过桥费、修理费等支出的进项税可以抵扣，2016 年京东减税过亿元，此外享受研发费加计扣除政策，仅当年实现节税逾 7 000万元以上。

阿里巴巴董事局主席马云表示，对营改增，阿里巴巴非常欢迎。不仅仅因为营改增给企业减税，而是因为营改增放水养鱼、利企利国利民。

除了上述规模较大的企业、商会，众多中小企业也因为营改增获得实惠。全国工商联科技装备业商会会长、研祥高科技控股集团董事局主席陈志列介绍说，营改增让中小企业对设备更新换代更加重视。陈志列所在的商会，目前会员企业总年产值超过 1.8 万亿元，5 000 多家会员企业中，大部分是中小型企业。他介绍说，与一系列新的优惠政策出台相对应，各级税务部门也积极推出一批为企业服务的新措施、新途径，比如普遍开通运行的网上税务大厅、众多企业已经享受到的为大企业开通的绿色通道等，方便了企业、提高了效率。

三、营业税

营业税是以纳税人从事经营活动的营业额（销售额）为课税对象的税种，属于商品课税的范畴，我国现行营业税制度是采用我国于 2009 年 1 月 1 日起施行的《中华人民共和国营业税暂行条例》以及我国于 2012 年开始施行的营业税改征增值税制度。

我国于 2009 年 1 月 1 日起施行的《中华人民共和国营业税暂行条例》共设置了 9 个征税项目：(1)交通运输业。征税范围包括陆路、水路、航空、管道运输及装卸搬运。(2)建筑业。征税范围包括建筑、安装、修缮、装饰及其他工程作业。(3)邮电通信业。征税范围包括邮政、电报、电话、报刊发行等。(4)文化体育业。征税范围包括文化活动、艺术表演、体育比赛等。(5)金融保险业。征税范围包括金融、保险、典当等。(6)服务业。征税范围包括代理业、旅店业、饮食业、旅游业、仓储业、租赁业、广告业及其他服务业。(7)转让无形资产。征税范围包括转让土地使用权、专利权、非专利技术、商标权、著作权、商誉等。(8)销售不动产。征税范围包括销售建筑物及其他土地附着物。(9)娱乐业。征税范围包括歌厅、舞厅、卡拉 OK 歌舞厅、音乐茶座、台球、高尔夫球、保龄球、游艺等。凡从事上述经营活动的单位和个人均为营业税的纳税人。

而 2012 年 1 月 1 日起我国开始在上海市对交通运输业包括陆路运输、水路运输、航空运输、管道运输和部分现代服务业包括研发和技术、信息技术、文化创意、物流辅助、有形动产租赁和鉴证咨询实施“营业税改征增值税”改革试点，截至 2012 年 12 月已经在全国 9 个省(市)推行了改革。自 2013 年 8 月 1 日起，在全国范围内试点，同时增加了广播影视服务业。自 2014 年 1 月 1 日起，试点行业增加了铁路运输和邮政服务业。自 2014 年 6 月 1 日起，再次增加了电信业。自 2016 年 5 月 1 日起，再次增加了建筑业、房地产业、金融业和生活服务业。

(一)我国现行营业税纳税义务人

在中华人民共和国境内提供应税劳务、转让无形资产或者销售不动产的单位和个人,为营业税的纳税义务人。这里的境内是指提供或者接受应税劳务的单位或者个人在境内;所转让的无形资产的接受单位或者个人在境内;所转让或者出租土地使用权的土地在境内;所销售或者出租的不动产在境内。

上述的应税劳务是指属于文化体育业(不包括“营改增”中的文化创意服务、播映)、娱乐业、服务业(不包括“营改增”中的应税服务)税目征收范围的劳务。加工和修理修配劳务属于增值税的征税范围,不属于营业税的应税劳务。单位或者个人工商户聘用的员工为本单位或雇主提供的劳务,也不属于营业税的应税劳务。

转让无形资产是指有偿转让无形资产。销售不动产是指有偿销售不动产的行为。有偿是指取得货币、货物或者其他经济利益。

(二)我国现行营业税税率

文化体育业税率为3%,娱乐业实行5%～20%的浮动税率,服务业、销售不动产、转让无形资产税率为5%。

(三)我国现行营业税计征办法

纳税人提供应税劳务、转让无形资产或者销售不动产,按照营业额和规定的税率计算应纳税额。应纳税额计算公式:

应纳税额＝营业额×税率

营业额以人民币计算。纳税人以人民币以外的货币结算营业额的,应当折合成人民币计算。纳税人的营业额为纳税人提供应税劳务、转让无形资产或者销售不动产收取的全部价款和价外费用。但是,下列情形除外:纳税人从事旅游业务的,以其取得的全部价款和价外费用扣除替旅游者支付给其他单位或者个人的住宿费、餐费、交通费、旅游景点门票和支付给其他接团旅游企业的旅游费后的余额为营业额。

(四)免征营业税的范围

1. 托儿所、幼儿园、养老院、残疾人福利机构提供的育养服务,婚姻介绍,殡葬服务。

2. 残疾人员个人提供的劳务。

3. 医院、诊所和其他医疗机构提供的医疗服务。

4. 学校和其他教育机构提供的教育劳务,学生勤工俭学提供的劳务。

5. 农业机耕、排灌、病虫害防治、植物保护、农牧保险以及相关技术培训业务,家禽、牲畜、水生动物的配种和疾病防治。

6. 纪念馆、博物馆、文化馆、文物保护单位管理机构、美术馆、展览馆、书画院、图书馆举办文化活动的门票收入,宗教场所举办文化、宗教活动的门票收入。

材料7—2　　四个营改增“增效剂”都有哪些“含金量”?

在2017年全国两会部长通道上,国家税务总局王军局长列举出2017年的四个营改增“增效剂”,剂剂起效,招招管用,深接地气,道出了全力用税务人“辛苦指数”换纳税人“幸福指数”的实心实意。那么,这四个“增效剂”到底有哪些“含金量”?

时间上的增效。从2016年5月1日起,建筑、房地产、金融和生活服务四大行业全部纳入营改增试点,在5～12月短短8个月的时间里,各项改革措施陆续到位,所有试点行业税负只减不增的目标得以实现。

抵扣上的增效。全面实施营改增后，增值税一般纳税人2016年5月1日后取得并在会计制度上按固定资产核算的不动产，以及2016年5月1日后发生的不动产在建工程，其进项税额可按照有关规定分2年从销项税额中抵扣，第一年抵扣比例为60%，第二年抵扣比例为40%。这也就意味着，企业2016年新增不动产的抵扣，按规定已经抵扣了60%，2017年将要把剩余的40%结转过来继续抵扣。与此同时，企业2017年新增的不动产依然可以抵扣60%，企业的抵扣额将出现“二合一”的效果，税负水平将持续降低。

税制上的增效。我国现行增值税税率有17%、13%、11%和6%四档，档次较多，税制较复杂，纳税人的遵从成本相对较高。随着全面营改增试点的顺利推开，简并增值税税率也被正式提上日程。

政策上的增效。全面推开营改增仍处于试点阶段，2017年，国家税务总局将会同财政部等有关部门，继续密切跟踪试点情况，广泛搜集各方面对营改增试点的意见建议，对于行业性、整体性的问题，比如随着老项目日益减少和新项目不断增加而出现不利于建筑业减负的情况，不断完善相关政策，让企业充分享受改革红利。同时，营改增作为一项税制改革措施，与通常意义上的直接减免税不完全一样，企业的适应程度对于营改增能否充分发挥优势，有很重要的影响。随着营改增深入推进，企业会持续加强内部管理，在政策把握、投资决策、营销议价、财务管理、合同谈签等方面不断改进，以更加适应新税制，更加释放营改增的实效。

四、消费税

消费税是指对消费品和特定的消费行为按消费流转额征收的一种商品税。消费税主要以消费品为课税对象，在此情况下，税收随价格转嫁给消费者负担，消费者是实际的负税人。消费税的征收具有较强的选择性，是国家贯彻消费政策、引导消费结构从而引导产业结构的重要手段，因而在保证国家财政收入、体现国家经济政策等方面具有十分重要的意义。

我国现行消费税在征收范围上根据产业政策和消费政策仅仅选择部分消费品进行征税，而不是对所有消费品都征税，并且主要是在生产和进口环节上征收，消费税的平均税率一般定得比较高，对于那些需要限制或控制消费的消费品，通常税负较重。在征收的方法上，既采用对消费品制定单位税额，以消费品的数量实行从量定额的征收方法，也采用对消费品制定比例税率，以消费品的价格实行从价定率的征收方法。

我国现行所采纳的消费税是于2009年1月1日开始施行的《中华人民共和国消费税暂行条例》。

在中华人民共和国境内生产、委托加工和进口规定的消费品的单位和个人，以及国务院确定的销售规定的消费品的其他单位和个人，为消费税的纳税人。

（一）我国现行消费税征税范围

1. 生产应税消费品

生产应税消费品销售是消费税征收的主要环节，对于大多数消费品而言，在生产销售环节征税后，流通环节不用再缴纳消费税。纳税人生产应税消费品，除了直接对外销售应征收消费税外，如将生产的应税消费品换取生产资料、消费资料、投资入股、偿还债务，以及用于继续生产应税消费品以外的其他方面都应缴纳消费税。此外，工业企业以外的单位和个人将外购的消费税非应税产品以消费税应税产品对外销售的，以及将外购的消费税低税率应税产品以高税率应税产品对外销售的，视为应税消费品的生产行为，按规定征收消费税。

2. 委托加工应税消费品

委托加工应税消费品是指委托方提供原料和主要材料,受托方只收取加工费和代垫部分辅助材料加工的应税消费品。

3. 进口应税消费品

单位和个人进口属于消费税征税范围的货物,在进口环节要缴纳消费税。进口环节的消费税由海关代征。

4. 零售应税消费品

自 1995 年 1 月 1 日起,金银首饰的消费税由生产销售环节改为零售环节征收,在纳税人销售金银首饰、钻石及钻石饰品时征收,其计税依据是不含增值税的销售额。金银首饰连同包装物销售的,包装物的价格应并入金银首饰的销售额一并计税。纳税人采用以旧换新方式销售的金银首饰,应按实际收取的不含增值税的全部价款确定计税依据征收消费税。

(二)我国现行消费税征税税目

我国现行消费税的征收包括烟、酒、化妆品等 15 个税目,部分税目还进一步划分了若干子税目。这 15 类税目分别是:烟、酒、高档化妆品、贵重首饰及珠宝玉石、鞭炮焰火、成品油(包括汽油、柴油、石脑油、溶剂油、航空煤油、润滑油、燃料油)、小汽车、摩托车、高尔夫球及球具、高档手表、游艇、木制一次性筷子、实木地板、电池(铅蓄电池除外)和涂料。

(三)我国现行消费税计征方法

消费税实行从价定率、从量定额,或者从价定率和从量定额复合计税(以下简称复合计税)的办法计算应纳税额。应纳税额计算公式:

实行从价定率办法计算的应纳税额=销售额×比例税率

实行从量定额办法计算的应纳税额=销售数量×定额税率

实行复合计税办法计算的应纳税额=销售额×比例税率+销售数量×定额税率

纳税人销售的应税消费品,以人民币计算销售额。纳税人以人民币以外的货币结算销售额的,应当折合成人民币计算。销售额为纳税人销售应税消费品向购买方收取的全部价款和价外费用。

纳税人自产自用的应税消费品,按照纳税人生产的同类消费品的销售价格计算纳税;没有同类消费品销售价格的,按照组成计税价格计算纳税。

实行从价定率办法计算纳税的组成计税价格计算公式:

组成计税价格=(成本+利润)÷(1－比例税率)

实行复合计税办法计算纳税的组成计税价格计算公式:

组成计税价格=(成本+利润+自产自用数量×定额税率)÷(1－比例税率)

委托加工的应税消费品,按照受托方的同类消费品的销售价格计算纳税;没有同类消费品销售价格的,按照组成计税价格计算纳税。

实行从价定率办法计算纳税的组成计税价格计算公式:

组成计税价格=(材料成本+加工费)÷(1－比例税率)

实行复合计税办法计算纳税的组成计税价格计算公式:

组成计税价格=(材料成本+加工费+委托加工数量×定额税率)÷(1－比例税率)

进口的应税消费品,按照组成计税价格计算纳税。实行从价定率办法计算纳税的组成计税价格计算公式:

组成计税价格=(关税完税价格+关税)÷(1－消费税比例税率)

实行复合计税办法计算纳税的组成计税价格计算公式：

$$组成计税价格=\frac{关税完税价格+关税+进口数量\times消费税定额税率}{1-消费税比例税率}$$

(四)我国现行消费税实行从量计征办法的销售数量的确定

(1)销售应税消费品的，为应税消费品的销售数量；

(2)自产自用应税消费品的，为应税消费品的移送使用数量；

(3)委托加工应税消费品的，为纳税人收回的应税消费品数量；

(4)进口的应税消费品，为海关核定的应税消费品进口征税数量。

(五)我国现行消费税税率表

我国现行消费税税目税率表如表7—1所示：

表7—1　现行消费税税目税率表

税　目	税　率
一、烟	
1. 卷烟	
(1)甲类卷烟[调拨价70元(不含增值税)/条以上(含70元)]	56%加0.003元/支(生产环节)
(2)乙类卷烟[调拨价70元(不含增值税)/条以下]	36%加0.003元/支(生产环节)
(3) 商业批发	11%(批发环节)
2. 雪茄烟	36%(生产环节)
3. 烟丝	30%(生产环节)
二、酒及酒精	
1. 白酒	20%加0.5元/500克(或者500毫升)
2. 黄酒	240元/吨
3. 啤酒	
(1)甲类啤酒	250元/吨
(2)乙类啤酒	220元/吨
4. 其他酒	10%
5. 酒精	5%
三、高档化妆品	30%
四、贵重首饰及珠宝玉石	
1. 金银首饰、铂金首饰和钻石及钻石饰品	5%
2. 其他贵重首饰和珠宝玉石	10%
五、鞭炮、焰火	15%
六、成品油	
1. 汽油	
(1)含铅汽油	1.52元/升

续表

税　目	税　率
(2)无铅汽油	1.52 元/升
2. 柴油	1.20 元/升
3. 航空煤油	1.20 元/升
4. 石脑油	1.52 元/升
5. 溶剂油	1.52 元/升
6. 润滑油	1.52 元/升
7. 燃料油	1.20 元/升
七、摩托车	
1. 气缸容量(排气量,下同)在 250 毫升(含 250 毫升)以下的	3%
2. 气缸容量在 250 毫升以上的	10%
八、小汽车	
1. 乘用车	
(1)气缸容量(排气量,下同)在 1.0 升(含 1.0 升)以下的	1%
(2)气缸容量在 1.0 升以上至 1.5 升(含 1.5 升)的	3%
(3)气缸容量在 1.5 升以上至 2.0 升(含 2.0 升)的	5%
(4)气缸容量在 2.0 升以上至 2.5 升(含 2.5 升)的	9%
(5)气缸容量在 2.5 升以上至 3.0 升(含 3.0 升)的	12%
(6)气缸容量在 3.0 升以上至 4.0 升(含 4.0 升)的	25%
(7)气缸容量在 4.0 升以上的	40%
2. 中轻型商用客车	5%
九、高尔夫球及球具	10%
十、高档手表	20%
十一、游艇	10%
十二、木制一次性筷子	5%
十三、实木地板	5%
十四、铅蓄电池	4%(2016 年 1 月 1 日起实施)
无汞原电池、金属氢化物镍蓄电池、锂原电池、锂离子蓄电池、太阳能电池、燃料电池和全钒液流电池	免征
十五、涂料	4%
施工状态下挥发性有机物(Volatile Organic Compounds,VOC)含量低于 420 克/升(含)	免征

资料来源:国家税务总局。

例 7—1　某化妆品生产企业为增值税一般纳税人,2016 年 3 月 15 日向某大型商场销售高档化妆品一批,开具增值税专用发票,取得不含增值税销售额 50 万元,增值税额 8.5 万元;3

月 20 日向某单位销售化妆品一批，开具普通发票，取得含增值税销售额 4.68 万元。计算该化妆品生产企业上述业务应缴纳的消费税额。

解答：高档化妆品在生产销售环节征收消费税，且高档化妆品适用的消费税税率为 30%。

化妆品的应税销售额为：50＋4.68÷(1＋17%)＝54(万元)；

应缴纳的消费税额为：54×30%＝16.2(万元)。

第二节　所得税

所得课税是对所有以所得额为课税对象的税种的总称。所得税是以纯收入或净所得为计征依据，并一般实行多所得多征、少所得少征的累进征税办法，合乎量能课税的原则。同时，所得课税往往规定起征点、免征额及扣除项目，可以在征税上照顾低收入者。对比来讲，商品课税比较有效率，但收入再分配能力有限；所得课税能较好地促进公平，但在效率方面有欠缺。一般认为付出一定的征收成本，以改善社会公平状况是非常必要的。

一、所得税的特点

一是所得税为直接税，一般情况下，不存在税负转嫁的情况，这是有别于商品税的一项重要特征。此外，所得税的税额也不会构成商品价格的追加，不会影响到各类商品的相对价格。

二是税收分配的累进性。我国个人所得税采用累计税率的计征方法，税率设计时尽可能体现量能课征的公平性原则。即所得多者适用的税率相对高一些，所得少者适用的税率相对低一些。

三是计征的复杂性。我国的所得税包括企业所得税和个人所得税，所得税的开征受到企业利润和个人收入的影响，并且企业的利润不能直接作为企业所得税的计征依据，在企业利润的基础上还要进行一定的增减变化才能作为企业所得税的计征依据；在个人所得税的计征时，我国目前实行的是分类所得税制，需要考虑个人所得的多样化的来源，因此税源的获得较复杂，给征收管理带来了一定的麻烦。

二、我国现行所得税的主要税种

(一)我国现行个人所得税

个人所得税是以自然人取得的各类应税所得为征税对象而征收的一种所得税，是政府利用税收对个人收入进行调节的一种手段。从世界范围来看，个人所得税的征收模式有三种：分类征收制、综合征收制和混合征收制。

分类征收制度是将纳税人不同来源、性质的所得项目，分别规定不同的税率征税。综合征收制度是对纳税人全年的各项所得加以汇总，就其总额进行征税。混合征收制度是对纳税人不同来源、性质所得先分别按照不同的税率征税，然后将全年的各项所得进行汇总征税。目前我国的个人所得税征税模式改革方向是从分类所得征收制度向分类与综合相结合的模式转变。

个人所得税的纳税义务人，既包括居民纳税义务人，也包括非居民纳税义务人。居民纳税义务人负有完全纳税的义务，必须就其来源于中国境内、境外的全部所得缴纳个人所得税；而非居民纳税义务人仅就其来源于中国境内的所得，缴纳个人所得税。

个人所得税是国家对本国公民、居住在本国境内的个人的所得和境外个人来源于本国的所得征收的一种所得税。在有些国家，个人所得税是主体税种，在财政收入中占较大比重，对经济亦有较大影响。

2011 年 9 月 1 日起，中国内地个税免征额调至 3 500 元。

1. 个人所得税的征税范围

在中国境内有住所，或者无住所而在境内居住满一年的个人，从中国境内和境外取得的所得，要按规定缴纳个人所得税；在中国境内无住所又不居住或者无住所而在境内居住不满一年的个人，从中国境内取得的所得，要按规定缴纳个人所得税。

具体征税项目有：工资、薪金所得；个体工商户的生产、经营所得；对企事业单位的承包经营、承租经营所得；劳务报酬所得；稿酬所得；特许权使用费所得；利息、股息、红利所得；财产租赁所得；财产转让所得；偶然所得；经国务院财政部门确定征税的其他所得。

2. 个人所得税的税率

(1)工资、薪金所得，适用超额累进税率，税率为 3%～45%(税率表见表 7—2)；(2)个体工商户的生产、经营所得和对企事业单位的承包经营、承租经营所得，适用 5%～35%的超额累进税率(税率表见表 7—3)；(3)稿酬所得，适用比例税率，税率为 20%，并按应纳税额减征 30%；(4)劳务报酬所得，适用比例税率，税率为 20%，对劳务报酬所得一次收入畸高的，可以实行加成征收，具体办法由国务院规定；(5)特许权使用费所得，利息、股息、红利所得，财产租赁所得，财产转让所得，偶然所得和其他所得，适用比例税率，税率为 20%。

表 7—2　　工资、薪金所得税率

级数	全月应纳税所得额 (含税级距)	全月应纳税所得额 (不含税级距)	税率 (%)	速算扣除数
1	不超过 1 500 元	不超过 1 455 元的	3	0
2	超过 1 500 元至 4 500 元的部分	超过 1 455 元至 4 155 元的部分	10	105
3	超过 4 500 元至 9 000 元的部分	超过 4 155 元至 7 755 元的部分	20	555
4	超过 9 000 元至 35 000 元的部分	超过 7 755 元至 27 255 元的部分	25	1 005
5	超过 35 000 元至 55 000 元的部分	超过 27 255 元至 41 255 元的部分	30	2 755
6	超过 55 000 元至 80 000 元的部分	超过 41 255 元至 57 505 元的部分	35	5 505
7	超过 80 000 元的部分	超过 57 505 元的部分	45	13 505

表 7—3　　个体工商户的生产、经营所得和对企事业单位的承包经营、承租经营所得税率

级数	全年应纳税所得额	税率(%)	速算扣除数
1	不超过 15 000 元的	5	0
2	超过 15 000 元至 30 000 元的部分	10	750
3	超过 30 000 元至 60 000 元的部分	20	3 750
4	超过 60 000 元至 100 000 元的部分	30	9 750
5	超过 100 000 元的部分	35	14 750

3. 应纳税所得额的确定

(1)工资、薪金所得，以每月收入额减除费用3 500元后的余额，为应纳税所得额。(2)个体工商户的生产、经营所得，以每一纳税年度的收入总额减除成本、费用以及损失后的余额，为应纳税所得额。(3)对企事业单位的承包经营、承租经营所得，以每一纳税年度的收入总额，减除必要费用后的余额，为应纳税所得额。(4)劳务报酬所得、稿酬所得、特许权使用费所得、财产租赁所得，每次收入不超过4 000元的，减除费用 800 元；4 000元以上的，减除 20％的费用，其余额为应纳税所得额。(5)财产转让所得，以转让财产的收入额减除财产原值和合理费用后的余额，为应纳税所得额。(6)利息、股息、红利所得，偶然所得和其他所得，以每次收入额为应纳税所得额。

例 7—2　某人某月工资减去社保个人缴纳金额和住房公积金个人缴纳金额后为5 500元，则其个人所得税的税额每月应缴纳多少？

个人所得税计算：(5 500－3 500)×10％－105＝95(元)。

4. 个人所得税允许减免和扣除的项目

个人所得税免税项目包括：省级人民政府、国务院部委和中国人民解放军军以上单位，以及外国组织、国际组织颁发的科学、教育、技术、文化、卫生、体育、环境保护等方面的奖金；国债和国家发行的金融债券利息；按照国家统一规定发给的补贴、津贴；福利费、抚恤金、救济金；保险赔款；军人的转业费、复员费；按照国家统一规定发给干部、职工的安家费、退职费、退休工资、离休工资、离休生活补助费；依照我国有关法律规定应予免税的各国驻华使馆、领事馆的外交代表、领事官员和其他人员的所得；中国政府参加的国际公约、签订的协议中规定免税的所得；企业和个人按照省级以上人民政府规定的比例提取并缴付的住房公积金、医疗保险金、基本养老保险金、失业保险金；居民储蓄存款利息收入；工伤保险待遇；个人举报、协查各种违法犯罪行为取得的奖金；个人转让自用达 5 年以上并且是唯一的家庭居住用房取得的所得；个人从公开发行和转让市场取得的上市公司股票，持股期限超过 1 年的，股息红利暂免征收个人所得税；经国务院财政部门批准免税的所得。

经批准可以减征个人所得税项目包括：残疾、孤老人员和烈属的所得；因严重自然灾害造成重大损失的；其他经国务院财政部门批准减税的。

纳税义务人从中国境外取得的所得，准予其在应纳税额中扣除已在境外缴纳的个人所得税税额，但扣除额不得超过该纳税义务人境外所得依照本法规定计算的应纳税额。

例 7—3　歌星张某一次性取得表演收入4 万元，扣除 20％的费用后，应纳税所得额为32 000元。请计算其应纳个人所得税税额。

解答如下：

应纳个人所得税税额＝每次收入额×(1－20％)×适用税率－速算扣除数

＝40 000×(1－20％)×30％－2 000

＝7 600(元)

例 7—4　某个人建造房子一幢，造价 360 000 元，支付其他费用50 000元，该个人将房子建成后马上出售，售价600 000元，在售房过程中按照相关规定支付交易费等相关税费35 000元，计算其应缴纳的个人所得税税额。

解答如下：

应纳税所得额＝财产转让收入－财产原值－相关合理费用

＝600 000－360 000－50 000－35 000

＝155 000(元)

应纳税额＝155 000×20％＝31 000(元)

(二)我国现行企业所得税

我国企业所得税是为了使中国境内企业和其他取得收入的组织缴纳企业所得税制定的法律。我国现行企业所得税采用的是自2008年1月1日起施行的《中华人民共和国企业所得税法实施条例》。

1. 现行企业所得税纳税义务人

在中华人民共和国境内,企业和其他取得收入的组织(以下统称企业)为企业所得税的纳税人,个人独资企业和合伙企业为个人所得税的纳税义务人。

企业分为居民企业和非居民企业。居民企业,是指依法在中国境内成立,或者依照外国(地区)法律成立但实际管理机构在中国境内的企业。非居民企业,是指依照外国(地区)法律成立且实际管理机构不在中国境内,但在中国境内设立机构、场所的,或者在中国境内未设立机构、场所,但有来源于中国境内所得的企业。

居民企业应当就其来源于中国境内、境外的所得缴纳企业所得税。非居民企业在中国境内设立机构、场所的,应当就其所设机构、场所取得的来源于中国境内的所得,以及发生在中国境外但与其所设机构、场所有实际联系的所得,缴纳企业所得税。非居民企业在中国境内未设立机构、场所的,或者虽设立机构、场所但取得的所得与其所设机构、场所没有实际联系的,应当就其来源于中国境内的所得缴纳企业所得税。

2. 我国现行企业所得税税率

企业所得税的税率为25%。但"非居民企业在中国境内未设立机构、场所的,或者虽设立机构、场所但取得的所得与其所设机构、场所没有实际联系的,应当就其来源于中国境内的所得缴纳企业所得税"中所指的非居民企业的税率为20%。

3. 应纳税所得额的确定

企业所得税的计征方式为:

应纳税额=应纳税所得额×适用税率

企业每一纳税年度的收入总额,减除不征税收入、免税收入、各项扣除以及允许弥补的以前年度亏损后的余额,为应纳税所得额。企业以货币形式和非货币形式从各种来源取得的收入,为收入总额。包括:销售货物收入;提供劳务收入;转让财产收入;股息、红利等权益性投资收益;利息收入;租金收入;特许权使用费收入;接受捐赠收入和其他收入。

不征税收入指财政拨款、依法收取并纳入财政管理的行政事业性收费、政府性基金以及国务院规定的其他不征税收入。

企业实际发生的与取得收入有关的、合理的支出,包括成本、费用、税金、损失和其他支出,准予在计算应纳税所得额时扣除。根据2017年2月24日第十二届全国人民代表大会常务委员会第二十六次会议的决定,《中华人民共和国企业所得税法》中的修改项目为:企业发生的公益性捐赠支出,在年度利润总额12%以内的部分,准予在计算应纳税所得额时扣除;超过年度利润总额12%的部分,准予结转以后三年内在计算应纳税所得额时扣除。

不得作税前扣除的项目为:向投资者支付的股息、红利等权益性投资收益款项;企业所得税税款;税收滞纳金;罚金、罚款和被没收财物的损失;公益性捐赠支出以外的捐赠支出;赞助支出;未经核定的准备金支出;与取得收入无关的其他支出。

4. 我国现行企业所得税税收优惠政策

免税项目有:从事农、林、牧、渔业项目的所得;从事国家重点扶持的公共基础设施项目投资经营的所得;从事符合条件的环境保护、节能节水项目的所得;符合条件的技术转让所得。

减征项目有:国家需要重点扶持的高新技术企业,减按15%的税率;符合条件的小型微利企业,减按20%的税率征收企业所得税;创业投资企业从事国家需要重点扶持和鼓励的创业投资,可以按投资额的一定比例抵扣应纳税所得额;企业的固定资产由于技术进步等原因,确需加速折旧的,可以缩短折旧年限或者采取加速折旧的方法;企业综合利用资源,生产符合国家产业政策规定的产品所取得的收入,可以在计算应纳税所得额时减计收入;企业购置用于环境保护、节能节水、安全生产等专用设备的投资额,可以按一定比例实行税额抵免。

第三节 资源税和行为税

一、我国现行资源税和行为税的税种和特征

资源税是以各种应税自然资源为课税对象、为了调节资源级差收入并体现国有资源有偿使用而征收的一种税,我国现行资源税是对在我国境内从事应税矿产品开采和生产盐的单位和个人课征的一种税。

行为税是国家为了对某些特定行为进行限制或开辟某些财源而课征的一类税收。行为税收入零星分散,一般作为地方政府筹集地方财政资金的一种手段,行为课税的最大特点是征纳行为的发生具有偶然性或一次性。我国现行税种中具有行为税性质的税种主要有城市维护建设税、烟叶税、印花税和车辆购置税。城市维护建设税是对从事工商经营,缴纳增值税、营业税和消费税的单位和个人征收的一种税,其税收收入是专款专用,全部用于城市公用事业和公共设施的维护与建设;烟叶税是对在我国境内收购烟叶的行为征收的一种税,收购烟叶的单位为烟叶税的纳税义务人;印花税是对在我国境内书立、使用、领受各项凭证的行为课征的一种税;车辆购置税是对在我国境内购置规定的车辆的行为作为征税对象的一种税。本章后述部分将着重讲述印花税。

资源税和行为税的特征可以归纳为以下几点:一是征税范围比较窄。目前我国的资源税征税范围较窄,仅选择了部分级差收入差异较大、资源较为普遍、易于征收管理的矿产品和盐为征税范围,而行为税的征收仅仅是针对一些特定的行为,这些行为又具有偶然性和单一性。二是能够促进社会节约。对资源的课税可以促进自然资源合理开发和利用,限制挥霍和浪费,对某些行为征税能够在一定程度上限制这些行为的产生。

二、我国现行资源税

根据国有资源有偿开采的原则,资源税的征税范围应包括一切可供开发利用的国有资源,但考虑到我国开征资源税还缺乏经验,现行资源税只将关系国计民生且级差收入差异较大的矿产品和盐列入征税范围。矿产品包括原油、天然气、煤炭、其他非金属矿原矿、黑色金属矿原矿、有色金属矿原矿;盐包括固体盐和液体盐。固体盐是指海盐原盐、湖盐原盐和井矿盐;液体盐(俗称卤水)是指氯化钠含量达到一定浓度的溶液,是用于生产碱和其他产品的原料。

值得注意的是,我国资源税仅仅对开采矿产品和生产盐的行为征税。

我国现行资源税的应纳税额采用从价定率或者从量定额的办法,分别以应税产品的销售额乘以纳税人具体适用的比例税率或者以应税产品的销售数量乘以纳税人具体适用的定额税率计算。纳税人开采或者生产不同税目应税产品的,应当分别核算不同税目应税产品的销售额或者销售数量;未分别核算或者不能准确提供不同税目应税产品的销售额或者销售数量的,

从高适用税率。

实行从价定率的主要是原油跟天然气，其他的则按从量定额的办法。资源税的税率如表7—4所示。

表7—4 **资源税税率表**

税目		税率
一、原油		销售额的5%～10%
二、天然气		销售额的5%～10%
三、煤炭	焦煤	每吨8～20元
	其他煤炭	每吨0.3～5元
四、其他非金属矿原矿	普通非金属矿原矿	每吨或者每立方米0.5～20元
	贵重非金属矿原矿	每千克或者每克拉0.5～20元
五、黑色金属矿原矿		每吨2～30元
六、有色金属矿原矿	稀土矿	每吨0.4～60元
	其他有色金属矿原矿	每吨0.4～30元
七、盐	固体盐	每吨10～60元
	液体盐	每吨2～10元

例7—5 某油田2006年5月开采并销售原油20 000吨，开具增值税专用发票取得销售额10 000万元、增值税额为1 700万元，按照资源税税率表的规定，其适用的税率为8%。请计算该油田5月应缴纳的资源税税额。

解答如下：

原油适用的计征方法是从价定率的方法，即应纳资源税税额为：不含增值税的销售额×适用的资源税比例税率=10 000×8%=8 00(万元)。

三、我国现行印花税

我国现行印花税是1988年8月6日国务院发布并于同年10月1日实施的《中华人民共和国印花税暂行条例》。

印花税的纳税义务人是在中华人民共和国境内书立、领受各项凭证的单位和个人，这些凭证有：购销合同、加工承揽合同、建设工程勘察设计合同、建筑安装工程承包合同、财产租赁合同、货物运输合同、仓储保管合同、借款合同、财产保险合同、技术合同、产权转移书据、营业账簿和权利、许可证照。

印花税实行由纳税人根据规定自行计算应纳税额，购买并一次贴足印花税票(以下简称"贴花")的缴纳办法。为简化贴花手续，应纳税额较大或者贴花次数频繁的，纳税人可向税务机关提出申请，采取以缴款书代替贴花或者按期汇总缴纳的办法。印花税票应当粘贴在应纳税凭证上，并由纳税人在每枚税票的骑缝处盖戳注销或者画销。

1. 印花税的税率

印花税的税率有比例税率和定额税率两种，其中各类合同以及具有合同性质的凭证、产权转移书据、营业账簿中记载资金的账簿适用比例税率。借款合同适用万分之零点五的比例税率;购销合同、建筑安装工程承包合同、技术合同适用万分之三的比例税率;加工承揽合同、建筑工程勘察设计合同、货物运输合同、产权转移书据、营业账簿中记载资金的账簿适用万分之五的比例税率;财产租赁合同、仓储保管合同和财产保险合同适用千分之一的比例税率;在上海证券交易所、深圳证券交易所、全国中小企业股份转让系统买卖、继承、赠与优先股所书立的股权转让书据,均依书立时实际成交金额,由出让方按1‰的税率计算缴纳证券(股票)交易印花税。权利许可证照和营业账簿中的其他账簿适用定额税率,均为按件贴花,税额为5元。

2. 印花税计税依据的规定

印花税的计税依据为各种应税凭证上所记载的计税金额,其中:购销合同的计税依据为合同记载的购销金额;加工承揽合同的计税依据是加工或承揽收入的金额;建筑工程勘察设计合同的计税依据为收取的费用;建筑安装工程承包合同的计税依据为承包金额;财产租赁合同的计税依据为租赁金额;货物运输合同的计税依据为取得的运输费金额(不包括装卸费和保险费);仓储保管合同的计税依据为收取的仓储保管费用;借款合同的计税依据为借款金额;财产保险合同的计税依据是支取或收取的保险费;技术合同的计税依据是合同所载的价款;报酬或使用费、产权转移书据的计税依据为所载金额;营业账簿税目中记载资金的账簿的计税依据为“实收资本”和“资本公积”两项的合计金额;其他账簿以及权利许可证照的计税依据为应税凭证件数。

3. 免征印花税的规定

对于已经缴纳印花税凭证的副本或者抄本免税;对无息或贴息贷款合同免税;对房地产管理部门与个人签订的用于生活居住的租赁合同免税;对农牧业保险合同免税;对与高校学生签订的高校学生公寓租赁合同免税;对公租房经营管理单位建造管理公租房涉及的印花税免税。

例7—6 某企业2016年发生如下事项:领受房屋产权证、工商营业执照、土地使用证各1件,订立产品购销合同1份,所载金额为200万元;企业记载资金的账簿,“实收资本”和“资本公积”之和为800万元,其他营业账簿8本、请计算该企业当年应缴纳的印花税税额。

解答如下:企业领取权利许可证照应纳税额为3×5=15(元);

订立购销合同应纳税额为2 000 000×0.3‰=600(元);

企业记载资金的账簿应纳税额为8 000 000×0.5‰=4 000(元);

其他营业账簿应纳税额为8×5=40(元)。

第四节 财产税

在我国,财产税不是一个单一的税种,而是一大税收体系,它是以纳税人的财产作为课税对象的一个税收大系。财产税的征收体现为两种方式:一种是对拥有财产的个人和单位征税;另一种是对转移财产的行为征税。我国现行存在的税种中属于财产税类的主要有:房产税、土地增值税、城镇土地使用税、耕地占用税、契税、车船税。我国目前尚未开征遗产税和赠与税。

我国财产税的特征有:一是能够优化资源的配置,财产税的开征能够减少对土地或房产的闲置与浪费,能够在一定程度上减少我国个人财产的过度积累的情况。二是有利于调节整个社会的贫富差距,在我国,个人所得税除了凝聚财政收入以外,还可以调节居民收入分配的差距,然而通过财产税的对社会财富存量的调节作用,能够更进一步地调节贫富差距过大的现象。三是财产税能够增加地方政府财政收入,财产税的征税对象集中于动产和不动产,而不动产是不会发生移动的,因此财产税的税收收入对于地方政府而言相对稳定,同时财产税的征税对象的价值会随着时间的推移而增加,财产税的税基具有较好的发展潜力。

1. 房产税

房产税是以房屋为征税对象，依照房屋的计税余值或者租金收入，向房屋的产权所有人征收的一种财产税。我国房产税目前只针对在城市、县城、建制镇以及工矿区范围内的房产进行征税。房产税的计税依据是：(1)余值计征，即对经营性房产以房屋的原值一次性减除10%～30%，剩下的余额为计税依据，税率为1.2%；(2)从租计征，以出租房屋收到的租金为计税依据，税率为12%。由于房屋属于不动产，相对来说税源具有一定的稳定性，开征房产税一方面能够为我国的地方政府提供稳定的税源；另一方面有利于加强政府对房产的管理，挤压房地产市场的泡沫。

2. 契税

契税是对我国境内的土地、房屋权属发生转移时，依照双方订立的契约向产权承受人征收的一种财产税。我国现行的契税针对土地使用权或房屋所有权权属发生转移的土地和房屋进行征税。契税的计税依据有：(1)如果是国有土地的使用权出让、土地使用权的出售以及房屋的买卖，则按照交易的成交价格进行计税；(2)如果土地使用权或者房屋发生了赠与，则需要参照土地使用权和房屋在市场上进行出售及买卖的市场价格进行计税；(3)如果土地使用权与房屋发生了交换，则应当按照交换的价格差额进行计税。契税实行比例税率，幅度为3%～5%。目前契税在我国现行的财产税体系中被归为地方财政收入，并且已成为我国地方财产税收入的最大来源。

3. 土地增值税

土地增值税是对有偿转让国有土地使用权及地上建筑物和其他附着物产权，取得增值收入的单位和个人征收的一种财产税。土地增值税的计税依据是纳税人转让房地产的增值额，目前采用的是四级超率累进税率。我国开征土地增值税的目的是：一能够加大政府对房地产开发与交易市场的调控力度；二使得我国政府能够有效抑制土地的炒买炒卖的违法行为；三能够增加我国地方财政税收收入。

4. 城镇土地使用税

城镇土地使用税是以国有土地为征税对象，对拥有土地使用权的单位和个人征收的一种财产税。城镇土地使用税是以实际占用的土地面积作为计税的标准，且目前只对城市、县、建制镇及工矿区范围内使用的土地征税，采用有幅度的差别税额。我国开征城镇土地使用税的目的是：一能够促进土地的合理利用；二调节土地的级差收入；三能够增加我国地方税收收入。

5. 耕地占用税

耕地占用税是指我国政府对占用耕地建房或从事其他非农业建设的单位和个人，以其实际占用的耕地面积为计税依据征收的一种财产税，采用的是地区差别定额税率。我国征收耕地占用税，是为了保护国土资源，保障农业的可持续发展，保护农民的切身利益。

6. 车船税

车船税是指对在我国境内应依法到公安、交通、农业、渔业、军事等管理部门办理登记的车辆、船舶，根据其种类，按照规定的计税依据和年税额标准计算征收的一种财产税。从2007年7月1日开始，有车族需要在投保交强险时缴纳车船税。

材料7—3　　遗产税的发展概况

一、国外概况

遗产税是以被继承人去世后所遗留的财产为征税对象，向遗产的继承人和受遗赠人征收的税。一国设定遗产税的目的很明确，就是为了增加财政收入、保障社会公平，同时还可以刺激慈善募捐。目前世界范围内的127个拥有税收制度的国家中，已经有114个国家都开征了遗产税，比例足有近90%。虽然中国仍游离之外，但关于"遗产税"征收的想法真是杞人忧天么？早在四千多年前的古埃及就出现了遗产税的雏形，法老胡夫为了筹措军费开始征收最早意义上的"遗产税"。近代遗产税始征于1598年的荷兰，其后英国、法国、德国、日本、美国都陆续开始征收该税种。最初的遗产税目的性并不明确，多数是为了支援战事，直到20世纪，这项税收逐渐固定下来，被作为一种缓解社会贫富差距、防止两极分化的调控手段。

二、国内概况

我国早在1940年7月1日曾开征过遗产税，甚至在1946年还曾通过中国第一部遗产税法。伴随着新中国成立，1950年通过的《全国税政实施要则》也将其作为国家拟征收税种之一，但由于当时条件不允许，一直未能进入实质操作阶段。1994年国家新税制改革，一度把遗产税提上议事日程，最终还是未能成行。1999年1月12日，遗产税开征更是列入了全国税务工作会议讨论事项。2000年以后，各方对于遗产税的关注热情从未减弱，遗产税法的草案起草从新世纪伊始便开始着手，其中确定了征收的几步前提要件：(1)储蓄实名制；(2)银联卡；(3)银税工程(即国家对大额储蓄进行监控)；(4)财产登记(对房产进行登记)。2004年财政部就曾出台《中华人民共和国遗产税暂行条例(草案)》，到2010年又出台了新版草案。2013年2月，国务院《关于深化收入分配制度改革若干意见》中又一次提出"研究在适当时期开征遗产税"。及至2015年3月1日，《中华人民共和国不动产登记暂行条例》正式施行，征收遗产税的四步准备已经全部走完，深圳特区甚至不止一次在媒体公开2016年希望征收遗产税的试点计划，提出试点政策为：资产总和在80万～200万元的，征收额为20%再减5万元；资产总和在1 000万元以上的，征收额为50%后再减175万元。此消息一出，社会大众为之咋舌。中国征收遗产税的消息不再是空穴来风，而更像是即将掀起骤雨的风暴。

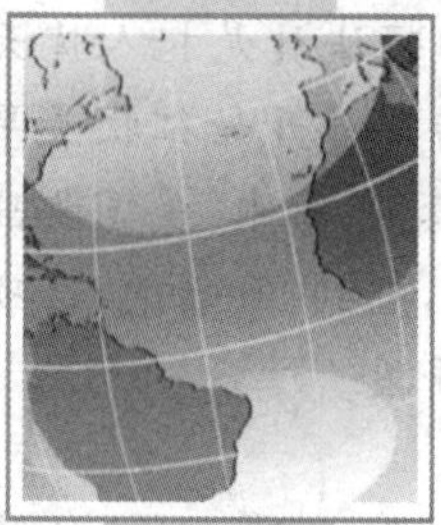

第八章 国 债

章前导读

国债属于一个国家财政收入的重要组成部分，国债是一种债权债务凭证，国债的发行必须遵循有借有还的原则，即到期要还本付息。国债发行的担保物是政府的信誉。

2016 年 12 月 8 日，中华人民共和国财政部在香港特别行政区面向机构投资者招标发行 100 亿元国债，包括 3 年期 50 亿元，5 年期 30 亿元，10 年期 10 亿元，15 年期和 30 年期各 5 亿元，中标利率分别为 3.40%、3.55%、3.85%、4.15%和 4.40%。面向国外中央银行和地区货币管理当局发行 20 亿元，均为 3 年期，利率与同期限国债中标利率持平。这里谈到了国债的发行主体、发行客体、发行规模、发行期限、发行利率等各个要素，本章将陆续解释这些问题。

第一节 国债原理

一、国债的含义与特征

(一)国债的含义

国债，又称国家公债，是国家以其信用为基础，按照债券的一般原则，通过向社会筹集资金所形成的债权债务关系。国债包括两个方面：一是国家发行的债券，是中央政府为筹集财政资金而发行的一种政府债券，是中央政府向投资者出具的、承诺在一定时期支付利息和到期偿还本金的债权债务凭证。二是国家的各种各样的借款。由于国债的发行主体是国家，国债的担保物是国家的信誉，所以它具有最高的信用度，被公认为是最安全的投资工具。

国债的发行是以偿还本息为条件的，作为一种债务凭证，首先，它意味着到期能向投资者归还本金和偿还利息；其次，它还反映出一种以国家为主体的分配方式。西方国家有的将公债与国债等同起来，即公债与国债都是指中央政府的债务，而地方政府的债务则称为地方债或市政债券。然而，从严格意义上说，公债与国债并不相同，公债包括中央政府的债务和地方政府的债务两个方面，而国债专指中央政府的债务。在我国，目前是由财政部代理地方政府发行地方政府债券。

(二)国债的特征

1. 安全性高

国债的发行主体是国家，有国家信用进行担保，出现亏损只会发生在国家破产的情况下。在各类债券中，国债的信用等级通常被认为是最高的，投资者购买国债是一种相对安全的投资方式。最近几年随着互联网金融的兴起，在给人们带来多样化的理财投资方式的同时，各类金融诈骗案例层出不穷，在这种情况下大家都会寻找一些稳妥性的理财方式，而国债能满足人们的这种需求。

2. 收益稳定且流通性强

投资者购买国债，可以得到一定的利息。国债的付息由政府保证，其信用度最高、风险最小，因此，对于投资者来说，投资国债的收益是比较稳定的。此外，假如投资者认购国债后到二级市场上转让，因国债的本息多数固定并有保障，因此其转让的市场价格并不会像股票那样波动强烈。二级市场作为国债的转让流通市场，其为国债的转让流通提供了方便，使国债的流通性大大增强。

3. 灵活性高

持有国债不满 6 个月不计息，满 6 个月但未持有到期赎回可以享受部分利息，持有时间越长越划算。相对于定存提前支取全部享受活期利息、银行理财不可提前赎回，国债的灵活性是比较高的。

4. 免税待遇

国债是政府的债务，为了鼓励人们投资国债，大多数国家规定对于购买国债所得的收益，可以享受税收上的免税待遇。这使得国债与其他收益证券相比有了免税优势。比如，《中华人民共和国个人所得税法》规定，个人的利息、股息、红利所得应缴纳个人所得税，但国债利息可免缴个人所得税。

二、国债的产生与发展

国债是在私债的基础上产生和演变而来的，并随着资本主义的发展，国债获得了制度上的确立与发展。

(一)国债的产生

从世界范围来看，根据苏联大百科全书《国家公债》的记载，公元前 4 世纪，古希腊和古罗马出现了国家向商人、高利贷者和寺院借债的情况，这是有关国债的最早记载。不过，古代社会的国债是少量的、偶然的。现代意义上的国债制度是在封建社会末期，随着资本主义生产关系的产生和发展而建立起来的。12 世纪末期，在当时经济极为发达的意大利城市佛罗伦萨，政府曾向金融业者募集国债，其后热那亚和威尼斯等城市相继仿效。在 14 世纪和 15 世纪期间，意大利各城市政府几乎都发行了国债。15 世纪末 16 世纪初，随着美洲新大陆的发现和欧洲去往印度航路的开通，资本主义生产关系有了很大发展，国债也随之发展起来。16 世纪和 17 世纪上半叶，欧洲各国面临严重的金融问题和财政困难，政府举债此时已成为一种经常现象。

政府发债的原因很多，而且在不同年代发债的动因各不相同，概括起来有以下三点：

第一，从发行的物质条件来看，充裕的社会闲置资金，是发行国债的物质条件，只有在商品货币经济发展到一定水平时，社会上才会有充足和稳定的闲置资金。资本主义制度下生产力的巨大发展和经济增长促使社会闲置资金的规模不断扩大，给国债发行提供了大量的、稳定的资金来源。

第二，从政府的支出需求看，资本主义国家的对外扩张引起了财政支出的过度膨胀，迫使资本主义国家不得不扩大国债的规模。

第三，资本主义时期金融机构的发展和信用制度的完善为发行国债提供了必 需的技术条件。

(二)国债的发展

现代意义上的国债制度的确立和发展,是在资本主义取得政权以后。国债的发展时期可以划分为自由资本主义时期和垄断资本主义时期两个发展阶段。

1. 自由资本主义时期的国债发展阶段

这一阶段的国债是随着西欧资本主义列强的先后崛起而不断发展的。16 世纪末,资本主义强国荷兰为顺应当时国内资本充斥的情况,并使资本家获得更多利息,也为满足自身对海外扩张的支出需要,政府发行了大量国债。到 17 世纪末,荷兰经济地位被英国取代,国债的发展就转向了英国。至 1856 年财政年度,英国国债总额已达 8.08 亿英镑。不过,以后随着减债基金的实施和财政实际盈余的专门偿债,英国国债的数额也逐渐减少并稳定下来。

2. 垄断资本主义时期的国债发展阶段

在垄断资本主义时期,为延缓和克服频繁出现的经济危机,垄断资产阶级利用扩大国债的发行数量来应对危机。以美国为例,1930 年爆发世界经济危机,美国不得不施行扩大财政支出的罗斯福新政,使得美国政府举借大量国债,从而使得 1930～1939 年的联邦政府债务总额高达 404 亿美元。接着,第二次世界大战(以下简称"二战")又将美国国债推向了一个新的高峰,美国国债在 1941 年为 563 亿美元,到 1945 年二战结束时猛增到 2 587 亿美元。二战后,刺激经济发展的赤字财政政策和庞大的军费供应仍是美国国债迅速增长的主要原因。到 1993 年,美国国债总额达到了 14 000 亿美元。

中国最早是从清朝末期开始发行国内公债并大量举借丧权辱国的外债。

由中国共产党领导的红色政权在新民主主义时期也曾多次发行公债,1932 年江西中央革命根据地曾分两期发行总额为 180 万元的"革命战争短期公债"。

新中国成立后,中国国债发行可分为三个阶段:第一阶段是新中国刚刚成立的 1950 年,当时为了保证仍在进行的革命战争的供给和恢复国民经济,发行了总价值约为 302 亿元的"人民胜利折实公债"。第二阶段是 1954～1958 年,为了进行社会主义经济建设分 5 次发行了总额为 35.46 亿元的"国家经济建设公债"。第三阶段是 1979 年以后,为了克服财政困难和筹集重点建设资金,中国从 1981 年起重新开始发行国债。截止到 1995 年,共发行了 8 种内债,有国库券、国家重点建设债券、财政债券、特种债券、定向债券、保值债券、转换债券等,累计余额达 3 300亿元。

三、国债的分类

1. 以国债发行的地域为标准,国债可以分为内债和外债

内债是在本国借款和发行的债券。外债则是向其他国家政府、银行、国际金融组织的借款和在国外发行的债券。

2. 按偿还期限的长短分类,可分为短期国债、中期国债、长期国债

根据不同时期的不同情况,有不同的区分方法,一般将偿还期限在一年以内的国债,称为短期国债,十年以上的称为长期国债,介于二者之间的称为中期国债。

3. 按照债券是否流通,可以将国债分为可转让国债和不可转让国债

可以在金融市场上自由流通买卖的国债,称为可转让国债;不能在金融市场上自由流通转让的国债称为不可转让国债。

4. 以利率情况为标准,可以将国债分为固定利率国债、市场利率国债和保值国债

发行国债时已经确定利率标准的称为固定利率国债;发行国债时不确定利率标准,待国债

上市时，依市场的供求关系等随时变动，还本付息时国家也依市场利率确定其利率水平的国债称为市场利率国债；在国债发行时已确定利率基数，但其还将随市场物价水平的上浮而上浮的国债称为保值国债。

5. 以国债的计量单位为标准，可以将国债分为货币国债、实物国债和折实国债

货币国债是指以货币为计量单位发行的国债，可以分为本币、外币、黄金三种；实物国债，是指以实物为计量单位发行并以实物还本付息的国债；折实国债，是指以若干种类和数量的实物作为综合计量单位，折合市价发行国债并归还本息。

6. 以国债的付息方式为标准，国债可以分为附息国债和零息国债

附息国债指债券券面上附有息票，定期（一年或半年）按息票利率支付利息。附息国债采用分期付息的方式，一般长期国债大多属于附息国债。零息国债也称无息票国债，在付息方式上，采用贴现方式或到期一次还本付息，中、短期国债大多属于这一类。

7. 以国债是否记名为标准，国债可以分为记名国债和无记名国债

记名国债是指债券上记载债权人的姓名或名称，并在发行单位或代理机构进行登记的国债，其转让时原持有人要背书，办理相应的过户手续。通常记名国债可以挂失。无记名国债为实物国债，是一种票面上不记载债权人姓名或单位名称，以实物券面形式（券面上印有发行年度、券面金额等内容）记录债权而发行的国债，又称实物券。无记名国债不记名，不挂失，可以上市流通。

8. 按发行的凭证为标准，可分为凭证式国债和记账式国债

凭证式国债是指国家用填制国库券收款凭证的方式发行的债券。凭证式国债不能上市交易，但可提前兑取。记账式国债又称无纸化债券，是由财政部通过无纸化方式发行的、以电脑记账方式记录债权，并可以上市交易的债券。

四、国债的发行和偿还

（一）国债的发行

国债的发行指国债券售出的过程，也就是银行、企业单位和居民认购国债的过程，这是国债运行的起点和初始环节。国债的发行条件包括确定国债的发行方式、发行价格、偿还期限和票面利率水平。

1. 国债的发行方式

（1）承购包销方式。承购包销方式不同于代销，是由拥有一定规模和较高资信的中介机构组成承购包销团，按一定条件向财政部门直接承购包销国债，并由其负责在市场上销售，未能售出的余额均由承销者自行认购。承购包销方式的特征是：第一，这种方法通过承销合同，确定财政部门与承销团体的权利和义务，双方不是代理关系而是买卖关系，承销商承担全部的销售风险。第二，发行价格和利率一般由政府与承销团体通过讨价还价协商决定，或由政府根据市场价格和利率单方面决定。

（2）公募招标方式。是指财政部门事先不规定国债的发行价格或发行利率，由投标人直接通过公开市场投标竞价，然后财政部门根据投标所产生的结果来发行国债。公募招标方式与其他方式相比，可以在短期内完成巨额国债的发行。

（3）直接发行方式。是指由财政部门直接对认购者销售国债，认购者可以是居民个人，也可以是机构投资者。直接发行方式的主要特征是：第一，不通过任何中介或代理机构。第二，发行条件通过直接谈判确定，即在国债销售之前，由政府召集各机构投资者分别就国债发行的

利率、出售价格、偿还方法、期限等条件进行谈判并协商确定。

(4)连续发行方式。是指财政部门通过金融机构或邮政系统的网点持续卖出国债的方式。连续发行方式的特征是:第一,财政部门与金融机构或邮政系统是一种代理关系,财政部门按代销额的一定比例向代理销售机构支付委托手续费,代理销售机构不承担任何销售风险;第二,发行条件可以灵活调整,即发行之前政府不预先规定国债的发行利率和发行价格,而是可以在经销期中根据市场行情变化相机决定;第三,经销期限不限定,代理销售机构可以持续经销,直至完成预定的发行数量。

2. 国债的发行价格

国债发行价格一般体现为四种形式:

(1)平价发行。平价发行就是国债债券按票面面值出售,即认购者按照国债票面值支付购买金额,政府按票面值取得收入,到期按票面面值还本并按照票面利率支付一定的利息。平价发行的前提条件是市场利率与国债发行利率差异不大。

(2)折价发行。折价发行是指国债债券以低于票面面值的价格出售,即认购者按照低于票面面值的价格支付,政府按这一折价取得收入,到期仍按票面面值还本。采取折价发行的原因在于,国债票面利率低于市场利率,为弥补认购者因此而遭受的损失而以折价形式作为补偿,或者是由于发行任务较重,为了鼓励认购国债,以折价形式作为认购者的额外收益,以保证国债的顺利发行。

(3)溢价发行。溢价发行就是国债债券以超过票面面值的价格出售,即认购者按高于票面面值的价格支付,政府按这一溢价取得收入,到期则按票面面值还本。采取溢价发行的原因在于,在国债票面利率高于市场利率,其所得足以补偿溢价发行差价的条件下,认购者认为有利可图,溢价发行能够顺利进行,或者在预期市场利率下降的情况下,为了减少国家财政偿还利息的支出,采取溢价发行,可以提前取得价差收入以缓解未来的高息负担。

(4)贴现发行。贴现发行是按贴现利率计算出贴现利息,用票面金额扣除贴现利息后的国债发行形式,在国债到期日按票面金额兑付,不再计算利息。贴现发行虽然也是以低于票面金额的价格出售国债,但它不等于折价发行。折价发行按票面金额兑取本金时还要取得利息,发行时的折价只是作为损失的补偿或者额外收益;而贴现发行只按票面金额兑付,发行时的"折价"即为政府提前所付的利息。

3. 国债的偿还期限

国债的偿还期限是指从国债发行日到偿清本息日止的这段时间。确定发行哪种期限的国债,要受到政府对资金的需求时间长短、市场利率的发展趋势、认购者的取向、流通市场的发达程度等因素的影响。国债期限的确定要有利于改变其偿债结构,降低举债成本,避免和缓解偿债高峰压力。

4. 国债的票面利率

国债票面利率的确定主要考虑以下因素:一是金融市场利率水平。国债利率的确定要依据金融市场上各种有价证券的平均利率水平而定。当有价证券的市场利率水平较高时,国债的票面利率也应规定得较高,否则国债发行会遇到困难;反之,当金融市场中有价证券平均利率下降时,国债票面利率水平的规定也应下调,否则政府会蒙受损失。二是银行储蓄利率。一般来说,国债利率水平的确定一般要略高于同期银行储蓄存款利息,以利于投资者购买国债,但是不要和同期银行储蓄存款利息水平相差太大。三是社会资金的供求状况。当社会资金供应充足,国债票面利率水平可适当降低;当社会资金供应紧张,国债票面利率水平必须相应提高。

(二)国债的偿还

1. 国债的偿还方式

(1)到期一次偿还法。即对发行的国债在到期日按票面额一次全部偿清。

其优点是国债还本管理工作简单、易行,且不必为国债的还本而频繁地筹措资金。缺点是集中一次偿还国债本金,财政支付压力较大。

(2)分期逐步偿还法。即对一种债券规定几个还本期,每期偿还一定比例,直到债券到期时,本息全部偿清。分期还本偿还法可以分散国债偿还对国库的压力,避免集中偿还可能给中央财政带来的困难。

(3)抽签分步偿还法。抽签分步偿还法是指在国债偿还期内,分年度确定一定的偿还比例,由国家对中央政府的债券还本采取定期专门抽签的方法,确定各次归还债券的号码,如约偿还,直到偿还结束,全部国债中签偿清为止的一种方式。抽签分为一次性抽签和分次抽签两种。一次性抽签是对国家发行的某个时期的债券,在它到期前的某个时间举行抽签仪式,集中把各个年度每次还本债券的号码全部抽出来,通过新闻媒介或其他方式将中签号码公布,通知债券持有者。我国1981～1984年发行的国库券都是采取一次抽签方式偿还债券。分次抽签是对国家发行的某个时期的国债,按分批还本的次数定期抽签,以确定还本债券的号码,分几批还本就分几次抽签。我国 1954～1958 年发行的国家经济建设国债就采取的是分次抽签法。

(4)市场购销偿还法。即从证券市场买回国债,以至期满时,该种国债已全部被政府所持有。

(5)以新替旧偿还法。即通过发行新国债来兑换到期的旧国债,达到偿还国债的目的。

2. 国债偿还的资金来源

国债还本资金来源可以采取如下几种方式:一是设立偿债基金,即通过预算设置偿债基金。偿债基金又称减债基金,设立偿债基金为国债的偿还提供了稳定的资金来源,可以平衡各年度的偿债负担,使偿债能够有计划地进行。二是通过预算列支,就是将每年的国债偿还数额作为财政支出的一个项目(如“债务还本”)列入当年的支出预算。三是举借新债,就是政府通过发行新债券,为到期债务筹措偿还资金,这种偿还方式,可以使国债长时间地延续下去,正因为如此,通过发新债还旧债,便成为各国政府偿还国债的基本手段。

第二节 国债的经济效应及功能

一、国债的经济效应

国债的经济效应是指国债的运行对社会经济活动的影响。

我国在改革开放后的20世纪80年代恢复国债发行。从此,国债一直与我国经济体制改革形影不离。从经济政策的角度上看,国债作为一种工具,已经不仅属于财政政策范畴,而是连接财政政策和货币政策的中介。在改革开放初期,为了解决政府的财政困难,国债作为政府的一种临时性的筹资手段再次出现。1997年的亚洲金融危机,发行国债作为政府扩张性的财政政策的重要工具,在缓解金融危机给经济带来的伤害中起了重要的作用。截至2015年12月,我国国债期末余额达到154 523.82亿元。在西方国家,国债已成为政府执行货币政策的重

要工具。随着国债市场在我国的发展,国债的各类经济效应逐步显现,主要体现在以下几个方面:

(一)资产效应

国债发行量的变化,不仅影响国民收入,而且影响居民所持有资产的变化,这就是所谓的资产效应。如果消费者普遍认为发行国债不需要通过税收来偿还,那么居民持有国债就属于居民总财富中的一部分。而在国民收入决定模型中,我们知道,人们的消费与可支配收入和总财富的多少密切相关,也就是消费将随着收入和财富的增加而增加,当人们持有债券而增加消费,就说明国债具有资产效应。

这主要体现在:一方面,人们持有国债,意味着未来会有一笔可观的利息收入,并且这笔利息收入是凭借着国家的信誉,所以人们心中感到富有了,从而可能增加消费;另一方面,人们的劳动意愿可能随之下降而减少储蓄,进而促进消费。发行国债尤其在经济萧条时具有扩大消费的作用,所以经济萧条时资产效应更大,经济繁荣时的资产效应相对较小。此外,国债利息的支付,也具有稳定的作用。在萧条时期,税收收入减少,在个人所得税累进税制的实施下,税收减少的趋势更为明显,然而这时国债利息支付依旧保持在一个水平上,对消费需求会起维持作用。

(二)需求效应

国债的需求效应主要体现在国债对消费需求和投资的影响上。

1. 国债对消费需求的影响

凯恩斯在《就业、利息和货币通论》中详细阐述了绝对收入的消费函数理论。认为收入的绝对水平决定了消费,在短期内收入与消费是相关的,即消费取决于收入。根据凯恩斯主义的观点,一方面,国家通过发行国债融资,实际上是增加了政府的支出,并通过支出的乘数效应增加总需求;另一方面,投资者认购国债,意味着通过将储蓄转化为投资,并通过投资乘数的作用,使得 GDP 得以提高,即推动了经济的增长。

国债对总需求的影响有两种不同的情形:一种是能够增加总需求的数量;另一种是只改变人们的需求结构,而不改变总需求量。先看第一种情况,例如中央银行实施货币政策,从公开市场上购买国债。中央银行购买国债,也就是所谓的债务货币化,它是一种扩张性的货币政策,中央银行购买国债将导致商业银行准备金增加从而增加基础货币,货币供给量增加,进而对总需求发挥扩张作用。再看第二种情况,例如商业银行或居民个人购买国债。商业银行或居民个人购买国债则和中央银行购买国债的情形不同。商业银行或居民个人购买国债,不会产生增加货币供给从而扩张总需求的效应。因为,居民个人购买国债,意味着居民个人在商业银行的储蓄存款减少,也就是意味着商业银行在中央银行存款准备金的减少,而当财政发生支出时又会表现为商业银行存款准备金的恢复或居民储蓄存款的恢复,总的货币供给规模不变,变化的只是商业银行拥有的资金暂时转移给财政使用,或将居民储蓄通过国债转化为投资,也就是购买力或资金使用权的转移或替代,从而不产生扩张总需求的效应。

2. 国债对投资的影响

如果在经济繁荣时期,由于资金供求紧张,发行国债会带动市场利率上升,可能对民间投资发生"排挤"效应,不利于民间投资的增长;如果在经济萧条时期,实际上则是商业银行暂时闲置的资金转由财政使用,将居民储蓄转化为投资,弥补了储蓄与投资之间的缺口,这样不但可以推动经济的增长,而且有利于提高商业银行的效益。在我国当前实施积极的财政政策中,向商业银行和居民个人推销国债,就属于这种情形。

国债的“挤入效应”是指政府发行国债会诱使全社会私人进行投资，从而使全社会的私人投资增加和社会总资本增加。国债的“挤入效应”一般有两种情况：第一种情况是由于政府支出形成的公共资本与私人资本具有互补性，能提高私人资本的边际效率和私人投资的预期收益率，诱使私人企业增加投资。如果国债融资和政府支出用于技术乘数和关联度都比较高的公共资本品，例如基础设施，以及能带动技术升级的高、精、尖军工产品，就会产生更为直接、更大效果的“挤入效应”，带动一系列的相关投资。第二种情况是政府发行减税国债，且减少的是企业所得税和企业固定资产投资税赋，从而增加企业投资资金，产生“挤入效应”。

“挤出效应”是指政府投资支出替代了民间部门的投资支出，使民间部门的投资支出减少。“挤出效应”的作用机理是：由于增发国债可能导致市场利率上升，加上信贷规模的有限，使得资金需求竞争加剧，而市场利率与投资呈反向作用的关系，导致民间投资减少。

发行国债对私人投资的排挤效应主要是通过提升社会贷款利率的途径来完成的，所以要研究我国国债发行的排挤效应，关键是研究国债发行对我国利率的影响。然而中国现行的管制利率制度使国债发行对利率的影响存在着制度限制，中国目前基本上是管制利率制度，虽然货币市场利率实现了很大程度的市场化，但与民间投资密切相关的银行存贷款利率仍然由中央银行制定，只有个别商业银行放开了利率管制，即使存在赤字，国债发行抬高信贷利率的影响也会有较长的滞后性。

(三)金融效应

在现代市场经济中，国债虽然是国家实施财政政策的一种手段，但也不能忽视了货币政策的一种手段——公开市场操作。中央银行可以在公开市场买进或卖出有价证券来实施货币政策，进而调节货币供给量和利率水平，这里的有价证券当然也包括了国家发行的债券。

国债可以认为是一种特殊的金融商品或者是准货币，由于短期国债的流动性较大，极容易在国债的二级市场上变现，因此短期国债可以被认为是“仅次于现金的凭证”。

1. 国债的运行对货币供给量的影响

在现代货币经济中，银行制度实行二级银行体系，即中央银行与商业银行。企业和居民等微观经济主体的货币收支活动通过商业银行体系进行，政府财政部门的货币收支活动通过中央银行进行。现代商业银行的一大特点是具有信用创造功能。当资金由中央银行账户流向商业银行账户时，货币供应量增加；当资金由商业银行流向中央银行账户时，全社会的货币供应量就会减少。国债的发行和支出就是通过引发资金在中央银行账户和商业银行账户上的流动，从而使货币供应量和全社会的信用扩张或收缩。国债的发行，使得货币资金由企业和居民在商业银行里的存款账户转移到政府在中央银行开立的存款账户上，而基础货币是流通中的现金和准备金之和，当货币资金由社会公众转移到政府时，会导致基础货币的变化，基础货币会在货币创造乘数的作用下，成倍地作用于货币供给量。

再来看国债的还本付息过程。如果政府偿还国债的资金来源于税收，则货币供应量不变；如果偿还资金来源于发行货币，则社会的货币供应量将增加；如果通过发新债偿还旧债，还要考虑新债的期限结构等因素，综合考虑对货币供应量的影响。发行国债不一定会导致货币供给量的增加。如果政府将发行国债筹集来的资金存在中央银行的账户上而没有使用出去，则不会增加社会的货币供应量。

2. 我国国债对市场利率的影响

目前我国的实际情况是，我国的国债收益率还没有成为金融市场的基准利率。要成为市场基准利率的金融商品一般要求有两个条件：一是风险相对比较低；二是规模较大，在金融市场上的交易频率较高，流动性较大。我国国债市场的规模相对比较小，截至 2015 年 12 月的数据显示，我国国债余额达到154 523.82亿元，而早在 2011 年 5 月，美国的国债就已经达到了 14.29 万亿美元。

在我国有价证券交易的二级市场上，国债的上市品种和交易数量、交易规模远远低于股票市场，表 8－1 显示了我国证券交易所国债现货成交金额的情况，表 8－2 显示了我国股票上市及交易规模的情况。通过这两个表的对比可以得知，国债的成交金额显著低于股票的成交金额，并且差距比较大，因此国债的交易明显不如股票市场活跃。

表 8－1　　我国证券交易所国债现货成交金额　　单位：亿元

年　份	成交金额
2002	8 708.68
2003	5 756.11
2004	2 966.46
2005	2 780.63
2006	1 540.71
2007	1 267.28
2008	2 122.51
2009	2 085.71
2010	1 661.64
2011	1 253.32
2012	914.18
2013	803.75
2014	28 191
2015	34 261

资料来源：中经网统计数据库。

表 8－2　　我国股票上市及交易规模情况

指　标	股票市价总值	股票成交量	股票发行量	股票成交额
地区	全国	全国	全国	全国
频度	年	年	年	年
单位	亿元	亿股	亿股	亿元
2002	38 329.13	3 016.19	291.74	27 990.45
2003	42 457.71	4 163.08	281.43	32 115.27
2004	37 055.57	5 827.73	227.92	42 333.95
2005	32 430.28	6 623.73	567.05	31 664.78
2006	89 403.89	16 145.23	1287.77	90 468.89
2007	327 140.89	36 403.75	637.24	460 556.23

续表

指　标	股票市价总值	股票成交量	股票发行量	股票成交额
2008	121 366.43	24 131.39	180.34	267 112.66
2009	243 939.12	51 106.99	400.05	535 987
2010	265 422.59	42 151.98	920.99	545 634
2011	214 758.1	33 956.57	272.36	421 645
2012	230 357.62	32 860.54	299.81	314 667.41
2013	239 077.19	48 372.68	259.92	468 728.6
2014	372 546.96	73 383.09	354.5	742 385.26
2015	531 462.7	171 039.47	595.67	255 0541.31

资料来源：中经网统计数据库。

我国是实行利率管制的国家，1996 年，金融监管当局取消了对同业拆借利率上限的限制，同业拆借利率由拆借双方协商确定，从而实现了同业拆借利率的市场化。虽然，金融监管当局允许农村商业银行的存贷款利率有较大的波动幅度，但对在我国金融市场上占有主体地位的国有商业银行的存贷款利率还是实行严格管制。从现实的角度出发，我国国债的规模对银行贷款利率没有显著的影响。

二、国债的功能

国债的功能主要体现在以下几个方面：

(一)弥补财政赤字

用发行国债来弥补财政赤字是国债产生的首要原因。弥补财政赤字一般有三种形式：增加税收、向中央银行透支或发行货币、举借国债。增加税收弥补财政赤字容易给人们带来税收负担，而向中央银行透支或发行货币的方式把握不当的话容易给经济带来通货膨胀。所以，用发行国债弥补财政赤字可以让人们既能够享受减税带来的好处，又因为有政府作为担保使得人们对未来的预期看好，有利于扩大投资和消费，尤其是在经济萧条时期，配合公共支出政策，对鼓励人们的信心和刺激需求大有裨益。我国在 1994 年以前，主要靠透支或借款的办法弥补财政赤字，这对前些年的通货膨胀有直接的影响。1994 年以后，新的《人民银行法》规定，财政不得向银行借款或透支，从而确定了国债作为弥补赤字的主要手段。

(二)筹集建设资金

如果说发行国债弥补财政赤字只是临时性的，那么扩大建设规模才是国债发行的主要目的。政府需要提供公共产品、消除自然垄断、兴建各项基础设施，一般都是费用发生在前，投资回报在后。用举借国债来筹措资金，在归还时用税收或新债来偿还，就可以把建设费用由现在转移到未来，由直接享受公共工程福利的人们承担建设费用，既公平又合理。在经济萧条时期，这项功能的作用越来越明显。一方面，通过举借国债用于基础设施建设，拉动了需求，促进了经济增长；另一方面，还可以通过基础设施的辐射作用，带动相关产业的发展，引导产业结构的优化和升级。

(三)宏观调控工具

1. 国债作为一种财政政策工具，可以首先通过调节社会总需求进而发挥调节社会总供求的功能。

国债的宏观调控功能直观地表现在调节社会总需求方面，用支出法核算GDP的公式为$Y=C+I+G+X-M$，其中C为消费，I为投资，G为政府购买性支出，$X-M$为净出口。国债能从以下几个方面来调节社会总需求。第一，政府购买性支出是社会总需求的直接构成因素，而购买性支出的资金来源之一是国债收入；第二，国债利息的偿付可刺激非政府部门的消费需求和投资需求；第三，国债作为投资者的一种能增加财富的资产，将影响持有者的消费行为和投资行为，国债融资会刺激社会总需求。

从国债对社会总供给的影响来看：一方面，国家通过发行国债的方式筹集起来的资金是投入社会再生产过程，这能扩大未来的社会产出，从而扩大社会供给总量；另一方面，用国债资金进行政府投资，可以调节投资结构、促进产业结构调整、优化供给结构。

2. 国债间接作为货币政策工具

在货币政策工具的基本调节工具中有一个是公开市场操作。公开市场操作是中央银行在公开市场买进或卖出有价证券的行为，而国债是一种有价证券。中央银行通过公开市场操作，买卖有价证券，进而调节基础货币的多少，不仅可以有效地调节商业银行的流动性，而且会影响整个社会的信用规模与结构。由于短期国债具有安全性高、流动性强的优点，成为各国中央银行进行公开市场业务的首选工具。中央银行通过在公开市场买进或卖出国债，即在经济过热、需要减少货币供应时，中央银行卖出国债，收回金融机构或公众持有的一部分货币，使市场利率升高，从而抑制经济的过热运行；当经济萧条、需要增加货币供应量时，中央银行便买入国债，增加货币的投放，使市场利率降低，以刺激经济。

材料 8-1　　国债期货

国债期货是指通过有组织的交易场所预先确定买卖价格并于未来特定时间内进行交割的国债派生交易方式。国债期货属于金融期货的一种，是一种高级的金融衍生工具。它是在20世纪70年代美国金融市场不稳定的背景下，为满足投资者规避利率风险的需求而产生的。美国国债期货是全球成交最活跃的金融期货品种之一。2013年9月6日，国债期货正式在中国金融期货交易所上市交易。

固定利率国债的持有者对风险管理和债券保值的强烈需求，使得具备套期保值功能的国债期货应运而生。1976年1月，美国的第一张国债期货合约是美国芝加哥商业交易所推出的90天期的短期国库券期货合约。在整个70年代后半期，短期利率期货一直是交易最活跃的国债期货品种。1982年5月又推出了10年期中期国债期货。此后，国债期货交易量大幅攀升，美国国债期货的交易量占整个期货交易量的一半以上，10年期国债期货交易量由1995年的2527万手迅速发展为2011年的3.17亿手。

由于推出国债期货对国债现货市场发展的要求较高，要求有一定规模、流动性较强的国债现货市场，世界上推出国债期货市场的国家并不是太多，主要国债期货品种集中于美国(1976年)、英国(1982年)、澳大利亚(1984年)、日本(1985年)、德国(1990年)、韩国(1999年)等主要发达国家。

1. 国债期货交易细则

5年期、10年期国债期货合约对比：从合约标的和可交割券来看，5年期国债期货可交割券为中期国债，10年期国债期货可交割券为长期国债；从每日价格最大波动限制来看，10年期国债期货的涨跌幅限制要宽于5年期国债期货；从最低交易保证金来看，5年期国债期货的最大理论杠杆是10年期国债期货的两倍。中美国债期货合约对比:从每日价格最大波动限制来看,中国国债期货涨跌停板限制较大,反映市场波动大,市场机制有待完善;从最低保证金来看,中国保证金比例普遍高于美国。

2. 国债期货定价

在不考虑质量期权的条件下,国债期货的定价与其他金融期货并无差别,均可用“持有成本法”进行定价。根据持有成本理论,现货价格是期货定价的决定性因素,除此之外,期货价格还取决于持有至期货交割日的持有成本。在理想的情况下,国债期货价格必定等于国债现货价格再加上持有至到期成本。但是,需要注意的是上述定价是建立在理想的前提之下,实际交易中往往还需要考虑市场制度、现货流动性等因素,甚至有时还会出现不可控因素。总的来看,可控的影响因素主要有:(1)实际交易中存在着交易成本;(2)资金借贷利率随时间和市场行情而变动;(3)做空机制的限制;(4)现货市场流动性以及CTD券选择的非理性。而不可控的因素主要指宏观政策因素。

第三节 我国国债市场概况

国债市场,是国债发行和流通市场的统称,是买卖国债的场所。主要包括国债发行市场和国债流通市场。国债发行市场,又称国债一级市场,指国债发行的场所,一般是政府财政部门与债券承销机构(一级自营商)及投资者(主要是机构投资者)之间的交易。国债流通市场又称国债二级市场,是指投资者买卖、转让已经发行的国债的场所,具体指国债通过发行市场被投资者认购以后,再由投资者转让给其他人。国债流通市场为债券所有权的转移创造了条件。在国债流通市场上进行国债交易分为两种:一种在证券交易所交易,即证券交易所营业厅交易,称为场内交易;另一种不在交易所营业厅交易,即称为场外交易。

一、国债发行市场

国债发行市场,在狭义上,是指国债发行者将新国债销售给投资者的场所;在广义上,则是泛指实现国债销售的完整过程。国债发行市场的组成要素有市场主体、市场客体和市场运作形式。市场主体,即国债发行市场的参与者,包括发行者、投资者、中介机构等。市场客体是指国债发行市场买卖的对象,即新国债。通常情况下,国债的发行者与国债的投资者之间并不发生直接联系,一般是通过国债发行的中介机构来完成国债的发行和认购。国债发行的中介机构主要包括银行、证券公司和经纪人等,由他们首先承购国债,然后再向投资者出售。

二、国债流通市场

国债流通市场,狭义上是指国债持有者将其持有的已发行、未到期的国债转让给新投资者的场所;广义上,国债流通市场不仅仅指转让国债的有形柜台,还泛指完成国债转让的整个过程。按照国债流通市场的组织形式,可将其划分为场内市场和场外市场两类。

场内市场专指在证券交易所内的国债交易。交易主体主要有证券经纪商和证券交易商等。证券经纪商代理客户买卖债券,赚取手续费,不承担交易风险;证券交易商为自己买卖债券,赚取差价,承担交易风险。国债的转让价格是通过竞争形成的,交易原则是“价格优先”和“时间优先”。当新进入一笔买进委托时,若委托买价大于等于已有的委托卖价,则按委托卖价成交;当新进入一笔卖出委托时,若委托卖价小于等于已有的委托买价,则按委托买价成交。

若新进入的一笔委托无法成交时，则继续按照“价格优先”和“时间优先”的原则排序等待。场内市场交易的特点包括：一是有集中、固定的交易场所和交易时间；二是有较严密的组织和管理规则，包括自律性的管理机构和管理制度及从业人员；三是采用公开竞价交易方式，是持续性的双向拍卖市场；四是有完善的交易设施和较高的操作效率。我国目前场内市场由上海证券交易所和深圳证券交易所组成，参与者主要是证券公司和信托机构。

场外市场是相对于场内市场而言的，泛指在证券交易所以外的市场进行的债券交易。场外市场交易的证券大多为未在交易所挂牌上市的证券，也包括一些上市证券。场外市场是不固定交易场地和交易时间的无形市场。在场外市场上，投资人之间直接或间接（通过经纪人）采用协商议价的方式进行交易。场外市场的交易规则灵活、手续简便，为个人投资者的国债流通提供了更方便的条件，可以吸引更多的个人投资者。

三、我国国债市场的发展

我国从改革开放后的1981年开始发行国债。1988年开放国债二级市场。1991年，财政部又首次组织了国债的承购包销，将市场机制引进国债一级市场，促进了二级市场的发展。之后，上海证券交易所、深圳证券交易所相继交易国债，国债又有了交易所流通市场。1996年是中国国债市场发展的关键一年，国债发行分别试验了价格招标、收益率招标等方式，在国债市场化道路上稳步前进。1999年9月，国泰等10家基金和7家券商开始获准参与银行间同业市场、债券交易托管结算业务。2006年，财政部推出以电子方式记录债权的新品种——储蓄国债（电子式），通过试点商业银行面向个人投资者销售。

近年来，我国无论是国债发行市场还是国债流通市场都得到了迅速发展。国债市场也发展成为各类投资者投资国债、金融机构进行资产负债管理以及中央银行调控货币政策、国家实施财政政策的重要场所。

（一）国债的发行规模和发行种类增加

用表8—3来表示我国2006～2015年的国债发行规模。

表8—3　　2006～2015年我国国债发行规模

年份	2006	2007	2008	2009	2010	2011	2012	2013	2014	2015
国债发行额（亿元）	8 883.30	23 139.1	8 558.2	17 927.24	19 778.30	17 100	16 154.2	20 230	21 120.6	54 908

资料来源：国家统计局数据中心。

从表8—3可以看出，除2008年国债发行规模陡然下降并且下降的幅度较大以外，其他年度国债的发行规模基本都处于稳中有升的情况。

我国的国债发行种类包括凭证式、电子式和记账式三种。凭证式主要针对社会公众；电子式只面向境内中国公民、企事业单位、行政机关等；而记账式主要针对机构投资者。前两者的流动性较差，而记账式可以在银行间债券市场和交易所市场进行买卖。

（二）我国国债流通市场的情况

1. 证券交易所国债市场

我国有上海证券交易所国债市场和深圳证券交易所国债市场两个国内市场，其参与者包括除商业银行和信用社以外的所有金融类、非金融类机构和城乡居民。交易所国债市场与股票市场相联系，起着股市资金蓄水池和集散地的作用。目前，交易所国债市场已成为个人投资者购买国债的重要渠道,同时也是中小企业进行投资的一个重要市场。

2. 银行间债券市场

近年来,银行间债券市场得到了充分的发展。参与者以商业银行为主,同时也有保险公司、信用社、证券公司、财务公司、基金以及外资银行在华分行等各类金融机构。银行间债券市场的发展有力地支持了国债的发行,其高流动性和在市场运行基础上确定的国债发行价格,保证了国债在一级市场的销售,对我国积极财政政策的实施作出了巨大贡献,也为央行的公开市场业务操作奠定了基础。

3. 柜台交易市场

柜台交易国债既具有凭证式国债的优点,又具有凭证式国债不具有的流动性特点。投资者购买银行柜台交易的国债后,可以在到期后兑付并获得利息收入。柜台交易市场的形成,把银行间债券市场的记账式国债与柜台交易国债市场连接起来,使更多的参与者间接进入银行间债券市场,使得银行间债券市场的零售市场具备雏形,这对于提高债券的流动性、活跃债市、扩大市场容量,都有重要作用。

(四)我国国债市场存在的问题

1. 国债流通市场处于被分割的状态

银行间国债市场、交易所国债市场和柜台国债市场是当前我国国债流通市场最主要的市场。因为在国债流通市场上没有形成全国统一的托管清算交割系统,导致国债流通各市场相互割裂,国债流通市场被分割最直接的影响是导致国债在不同的市场之间不能自由转让,资金不能自由流动,投资者不能自由跨市场交易。

主要的表现形式是:银行间市场在品种和存量上都占绝对优势,但债券的流动性相对不足,价格发现功能也未能很好地实现;交易所市场债券的成交价格连续性相对较好,但债券存量比较小,品种单一。此外,由于银行等国债主力投资机构无法跨市场交易,造成两个市场间国债的交易价格出现差异,同券不同价、不同收益率的现象经常出现,两个市场存在不同的利益水平,致使统一的市场基准利率难以形成。

2. 投资主体结构不合理

目前,银行间债券市场以商业银行为主体,其资金较充裕,买入债券后倾向于长期持有,资金趋同性使得银行间债券市场国债换手率相当低,从而不可避免地大大降低了市场流动性,特别是在宏观经济出现变化、市场波动较大时,交易特别清淡,经常出现有行无市的现象。交易所国债市场的主体是非银行金融机构和企业,商业银行不允许进入交易所债券市场,交易所债券市场由于缺少商业银行的参与,在投资者的普遍性方面大打折扣,导致了市场稳定性不足。

3. 国债利率结构不够科学

我国国债的利率水平在企业和个人之间还存在差异,并且我国国债市场没有一个长期的基准利率。基准收益率曲线作为银行间债券市场定价的基础,自市场建立以来一直受到市场管理机构及参与者的高度重视。经过几年的努力,我国银行间市场债券基准收益率曲线的建立已初见成效,但由于市场的交易活跃、柜台市场未受到重视及虚假交易等原因,基准收益率曲线仍不够完善。

(五)完善我国国债市场的建议

1. 建立统一的国债市场

目前,国债市场的分割格局不利于国债功能的发挥,也是国债市场进一步发展的阻碍。建立统一的国债市场,关键在于实现国债在银行间债券市场和交易所两个市场的连通和自由流动，上市交易的国债均可在中央国债登记结算有限责任公司进行统一托管和结算，应允许商业银行进入交易所市场买卖债券，在债券市场上形成以银行间债券市场为场外市场、沪深交易所市场为场内市场的格局，让投资者根据自己的投资需要和交易偏好自主选择。

2. 引入国债衍生产品

2013年8月30日，中国证监会宣布，同意中国金融期货交易所挂牌5年期国债期货合约，并拟定于9月6日上市交易。同日，中金所发布《5年期国债期货合约》及相关规则。与此同时，国债期货合约趋于完善，主要表现为上调保证金标准，下调持仓限额并进一步完善国债交割中的差额补偿制度。随着国债期货的繁荣发展，单一品种已越来越不能满足投资者日益增长的投资需求，因此中国资本市场第二个国债期货品种——10年期国债期货，于2015年3月20日正式挂牌交易。后期，可以有计划地引入更多的国债期货品种。

案例8—1　　“327”国债事件

“327”是一个国债的产品，兑付办法是票面利率8%加保值贴息。由于保值贴息的不确定性，决定了该产品在期货市场上有一定的投机价值，成为当年最为热门的炒作素材，而由此引发的“327”案，也成为中国证券史上的“巴林事件”，民间(英国《金融时报》的说法)则将2月23日称为中国证券史上最黑暗的一天。(解释:327是国债代号，并不是案发当日，出事的那天是1995年2月23日。)

1995年2月23日晚，上交所召集参与“327”最后10分钟交易，持仓合约在5万口以上的券商商讨对策。当晚11时，上交所果断作出五项决定，并随即发布公告。经调查，此一事件为其会员公司为影响当日结算价而严重蓄意违规，23日16时22分13秒以后“327”品种的所有成交无效；该部分成交不纳入当日计算结算价、成交量和持仓范围内，由此确认当日收盘价为151.30元；同时宣布对有关违规行为做进一步调查。

第二天，上交所又发出《关于加强国债期货交易监管工作的紧急通知》，就国债期货交易的监管问题做出六项规定:(1)从1995年2月24日起，对国债期货交易实行价格涨(跌)停板制度；(2)严格加强最高持仓合约限额的管理工作；(3)切实建立客户持仓限额的规定；(4)严格禁止会员公司之间相互借用仓位；(5)对持仓限额的使用结构进行控制；(6)严格国债期货资金使用管理。同时为维护市场稳定，开办了协议平仓专场。

事件发生后，国家监察部会同中国证监会、国家保密局联合组成调查组，在上海市政府的配合下，对这一事件进行了调查。并于9月20日公布了调查情况和处理结果。调查结果认为，上海证券交易所国债期货“327”品种发生的事件，是一起在国债市场发展过快、交易所监管不严和风险控制滞后的情况下，由上海万国证券公司、辽宁国发(集团)股份有限公司等少数交易大户蓄意违规、操纵市场、扭曲价格、严重扰乱市场秩序所引起的国债期货风波。

调查结果指出，实际的直接责任者上海万国证券公司违规联手操作，擅自超限额持仓，仅“327”品种的持仓就超过了交易所为其核定的全部品种最高限额的一倍多。在市场异常波动价格不断上扬的巨大压力下，公司主要负责人明知严重违反交易规则，为扭转公司巨额亏损，作出了大量抛空打压价格的错误决策，造成了市场的极大混乱。调查结果还指出，事件的另一责任者为辽宁国发(集团)股份有限公司。该公司的主要负责人于2月23日上午把几家关系户空仓集中在海南某公司名下，通过无锡国泰期货经纪公司(已被中国证监会依法取消经营资格)大量违规抛空，企图压低价格，以达到减亏或盈利的目的。当打压无效时，又率先空翻多，制造市场假象，扰乱市场秩序。事件之前，该公司及其空方关系户也存在联手操作、超限额持仓达 120 多万口的严重违规问题。

附录 我国地方政府债券的历史与现状

我国《预算法》规定地方政府不能发行地方政府债券，尽管如此，有些地方政府还是以各种渠道公开发行了不同类型的地方债券，如解放初期东北地区人民政府发行的东北生产建设折实公债，20 世纪 50 年代末和 60 年代初有些省、区、地发行的地方经济建设公债，20 世纪末由一些与地方政府有密切联系的部门发行的用于市政建设的地方债券等等。

一、东北生产建设折实公债

首先，东北生产建设折实公债发行的目的是为了筹措生产建设资金，发行的对象是东北地区职工、农民、工商界和市民等，此次公债分 5 年 5 次偿还，年息为 5 厘，每年付息一次，并采用行政摊派的方式发行。东北生产建设折实公债的发行情况如表 8－4 所示：

表 8－4 东北生产建设折实公债的发行情况 单位：万元

发行对象 / 发行量	计划发行量	实际发行量		超额完成（%）
		金额	比重（%）	
职工	353.6	487.8	11.6	37.9
农民	425.0	290.0	6.9	－31.8
工商界	2 410.0	2 968.5	70.6	23.2
市民及其他	354.0	458.3	10.9	29.5
合　计	3 542.6	4 204.6	100.0	18.7

资料来源：夏锦良. 公债经济学[M]. 北京：中国财政经济出版社，1991.

由表 8－4 可以看出，此次东北生产建设折实公债的认购指标以工商界为主，并且实际发行量超额完成计划发行量的 18.7%。

二、地方经济建设公债

虽然我国在 20 世纪 50 年代末决定停止发行国家经济建设公债，但是允许各省、市、自治区、直辖市在有必要的时候发行地方经济建设公债。这一时期，地方公债的特点主要有：

1. 各个省市按照自愿购买的原则推销公债。

2. 公债的利率大多超过了 2%，且公债的期限一般在 5 年之内，本金采取抽签轮次法偿还，利随本清，不计复利。

3. 此次的地方经济建设公债不能在市场上流通转让。

三、专业的投资公司代表地方政府发行的企业债券

在我国以分税制为前提的财政分权体制条件下，我国的地方政府存在着稳定的税收收入，特别是在经济发达地区，地方政府的税收收入来源广泛，在上海、济南、长沙等地先后出现了以大型国有企业为担保而由这些企业代政府行使职能而发行的用于城市或地方基础设施建设的企业债券，这类债券偿付资金的来源主要是投资项目产生的收益，类似于美国市政债券中的收入债券。比如，2004 年 12 月，北京市基础设施投资有限公司发行的 20 亿元的企业债券，所募

集资金用于北京城铁建设;2005 年 7 月,上海市城市建设投资开发总公司发行的 30 亿元的企业债券,所募集资金用于上海老港生活垃圾卫生填埋场 4 期工程、中环线城市主干道路项目;2006 年 6 月,上海水务资产经营发展有限公司发行的 15 亿元的企业债券,所募集资金用于上海市利用世界银行贷款 APL 城市污水处理项目和上海市城市供水系统建设项目等。

四、我国发行地方政府债券的现状

2009 年,我国正式在全国范围内发行地方政府债券。此次经国务院批准发行的地方政府债券,总金额为2 000亿元,发行和偿还的主体是省、自治区、直辖市和计划单列市政府,债券期限为 3 年,利率通过市场化招标确定且利息按年支付,并由财政部代理发行并代办还本付息、支付发行费。地方发债后募集的资金列入省级财政预算,由地方财政管理使用,同时资金被限定用于中央财政投资地方配套的公益性项目以及难以吸引社会投资的公益性项目,不得用于经常性支出。而这2 000亿元的地方债券,已于 2009 年 10 月 28 日前陆续发行完毕。

此次地方政府债券的发行,其主要目的是为了应对 2008 年度引发的金融危机的消极影响,而2 000亿元的地方政府债券的额度是为了配合中央提出的 4 万亿元的经济刺激计划,在这样一种积极的财政政策下,为了调动各方面政府的积极性,地方政府应相应安排配套资金,用于民生、社会事业、公共基础设施、环境保护等重大项目。

在“代发代还”地方政府债券成功运行 2 年后,2011～2013 年,国务院先后批准 6 地区率先试点,以地区名义发行地方政府债券,但试点地区的还本付息相关事宜仍由财政部代办。试点地区以外的地区,其地方政府债券仍由财政部“代发代还”。在此过程,地方政府债券自主发行已积累了丰富的经验,发行端的试点工作取得明显成效,发行规模不断扩大。

截至 2016 年 6 月末,我国 34 个省市、自治区(含副省会城市)完成了“自发自还”地方政府债券(以下统称“地方政府债”)的招标发行工作,累计发行了1 634期74 105.61亿元,期限从 1 年到 10 年不等,发行平均利率为 3.28%,基本在同期参考国债收益率水平基础上增加 0～20 个基点。其中,2016 年上半年累计发行1 634笔35 755亿元,同比多发行1 489笔27 072.36亿元,发行笔数相当于 2015 年的 143.59%,发行金额相当于 2015 年 70.59%。

2016 年 11 月 11 日,上海市财政局通过财政部上交所政府债券发行系统顺利招标发行 300 亿元地方政府债券,本次是地方财政部门首次通过该系统发行地方政府债券。

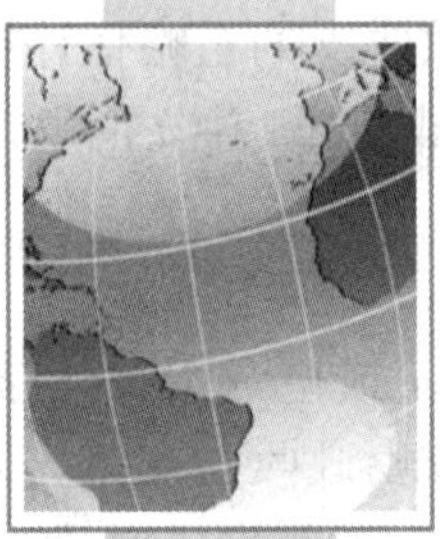

第九章 政府预算

章前导读

通过本章的学习，了解政府预算的概念、原则、体系，了解政府预算产生和形成的过程，政府的预算周期；掌握政府预算的种类，能区别单式预算和复式预算，增量预算和绩效预算；重点掌握政府预算的基本程序，了解每个环节的操作流程和特点。

第一节　政府预算概述

一、政府预算的概念

政府预算是按照一定的法律程序编制和执行的政府年度财政收支计划，是政府组织和规范财政分配活动的重要工具，在现代社会，它还是政府调节经济的重要杠杆。

政府预算首先是以年度财政收支的形式存在的，它是对年度政府财政收支的规模和结构进行的预计和测算。其具体形式是按一定的标准将政府预算年度的财政收支分门别类地列入各种计划表格，通过这些表格可以反映一定时期政府财政收入的具体来源和支出方向。

政府预算是具有法律效力的文件，表现为政府预算的级次划分、收支内容、管理职权划分等都是以《预算法》的形式规定的；预算的编制、执行和决算的过程也是在《预算法》的规范下进行的。政府预算编制后要经过国家立法机构审查批准方能公布并组织实施；预算的执行过程受法律的严格制约，不经法定程序，任何人无权改变预算规定的各项收支指标，这就使政府的财政行为通过预算的法制化管理被置于民众的监督之下。

政府预算是财政体系的重要组成部分，并同国家财政具有内在的联系。从财政收支的内容看，政府预算是国家财政的核心，但从起源看，两者不具有一致性。国家财政随国家的产生而产生，而政府预算是社会发展到封建社会末期、资本主义初期的产物，即是国家财政发展到一定阶段的产物。当国家财政要求制定统一的年度收支计划，而且要求经过一定的立法程序审查批准时才出现政府预算。因此，简而言之，政府预算就是具有法律效力的国家年度财政收支计划。

二、政府预算的形成

政府预算是比税收、国债都要“年轻”的一个财政范畴。政府预算起源于英国。政府预算是资产阶级同封建贵族阶级斗争的产物，是作为一种斗争手段产生的。英国于 17 世纪编制了第一个国家（政府）预算，随后欧美和日本等其他资本主义国家的预算制度相继建立，至 20 世纪，几乎所有国家都建立了国家（政府）预算制度。

(一)政府预算的萌芽

国家财政随国家的产生而产生,而政府预算是国家财政发展到一定阶段的产物。奴隶社会就有了较为系统的国家财政收支活动,中国古代和古罗马都有国家财政收支的粗略估计或记账,或有个别的预计收支,这时,政府预算处于萌芽状态,但还没有形成完整、独立的财政预算。

1. 缺乏独立、统一的财政收支计划

一方面,王室私财收支与国家财政收支不分,生产资料基本上属于国王或皇帝所有,因而不可能有完整系统的国家财政管理制度来规范皇室财产、生活开支与国家财政收支安排。另一方面,自然经济的生产方式,不发达的商品货币关系,使财政收支缺乏统一的衡量尺度,基本上是直接支配实物和劳动力,不可能以货币形式事先对财政收支进行比较精确的计算,也没有明显的财政收支划分,很难建立规范的国家财政收支计划。

2. 国家财政收支的决定没有法定程序

奴隶社会、封建社会的国王或皇帝享有至高无上的权力,可以无节制地支配国家资财,由此决定了对财政收支的安排不可能有健全的法律程序和手续,各级机构在财政活动上所处的地位也不明确,不可能形成完整的政府预算制度。

(二)西方政府预算的产生

西方政府预算制度产生的直接原因是新兴资产阶级同封建君主进行的经济斗争。在西欧封建社会末期,资本主义生产方式开始出现,商品货币关系也逐渐发展起来。随着商品经济的发展,西欧有些国家出现了政治统一和中央集权的趋势。随着国家统治机关的强化、官吏俸禄的增加、常备军的建立、对外扩张的加强,以及封建贵族阶级的奢靡浪费日盛,财政支出大大增加,除了增加捐税外,还举借债务,这就严重损害了新兴资产阶级和广大劳动人民的利益。新兴资产阶级为了发展私人资本,要求限制封建王朝的财政特权,对国家财政进行监督,提出以立法形式规定国家的财政收支规模,并制定财政收入和支出计划。新兴资产阶级依靠城市平民和广大农民反封建的力量,对封建统治阶级展开了长期尖锐的斗争,他们充分利用议会,同封建统治者争夺国家财政权,在这一过程中形成了政府预算制度。政府预算是新兴资产阶级同封建王朝进行经济斗争的结果。

英国是资本主义发展和议会制度形成最早的国家,政府预算也最早出现。其政府预算的形成大体经历了课税权、支出权以及控制特权之争三个阶段。最初的斗争集中在课税权上,要求对国王的课税权进行一定的限制,1217 年英国《大宪章》规定,除了国王被俘后赎身或其他特殊事项外,课税必须得到贵族和大地主代表会议的同意;14 世纪,国王要开征新税或增加税负,必须经代表资产阶级利益的议会同意和批准;此后资产阶级充分利用议会与封建统治者争夺财政权,通过控制财权来限制皇室的政权,由此,二者的斗争扩大到争夺财政资金的支配权上,最终要求取消封建统治阶级对财政的控制和在财政上享受的特权,政府的各项财政收支必须事先制定计划,编制全年财政收支平衡表,经议会审查批准后才能执行,财政资金的使用要接受议会的监督,从而大大限制了封建君主的权力。

立宪政治必须以管理财政为起点。1640 年资产阶级革命后,实行议会君主制的英国,财政权已被议会完全控制。1689 年通过了《权利法案》,重申不经议会批准,皇室政府不得强迫任何人纳税或做其他缴纳;还规定了征税收入和使用都必须经过议会批准,并采用按年分配收支,在年前作出收支计划,提请议会审批和监督。另外,国家机关和官吏,在处理国家的财政收支上,都有规定的权限和责任,还须遵守一定的法令和规章。国王的支出总额也必须由国会批准，皇室年俸由议会决定，国王的私人支出与政府的财政支出要区别开来，不得混淆，至此，国王和国家的支出才真正区分开来。1760年以后，议会进一步取消了国王自行征税的权力，国王放弃了由皇室征收的财政收入，换取了下议院批准的对皇室的年度拨款，资产阶级完整地控制了国家全部财政收支。1789年议会通过了《联合王国总基金法案》，把全部财政收支统一在一个文件中，至此有了正式的预算文件。到了19世纪，正式建立预算制度，即财政大臣每年提出全部财政收支的一览表，对国家所需要的收支事先做出大概的估算，制定取得收入的相应办法，并由议会审批后才能执行。这种由议会以立法形式确定的国家财政收支计划，确立了按年度编制和审批预算的制度，即政府预算制度。由此可见，在英国，经过几百年的斗争和发展，才建立起真正的政府预算制度。

欧美其他资本主义国家的预算制度确立较晚，一般是在18、19世纪建立了资产阶级政权之后才逐步形成的。如美国直到1800年才规定财政部要向国会报告它的财政收支，但只是财政收支的汇总情况。南北战争后的1865年，国会成立了一个拨款委员会，主管财政收支。1908年和1909年，美国财政收支连续出现赤字，这才促使美国政府考虑建立联邦预算制度。第一次世界大战后的1921年，美国国会通过了《预算审计方案》，正式规定总统每年要向国会提出预算报告。到20世纪初，几乎所有资本主义国家都建立了政府预算制度。

(三)旧中国政府预算的形成

我国作为四大文明古国之一，早在公元前21世纪就出现了国家——夏朝，并伴随着国家的出现产生了国家财政，但我国的政府预算直到光绪末年，即20世纪初才出现。在漫长的封建社会中，虽曾经有过国家财政收支事先要有计划的设想，如唐德宗时宰相杨炎提出“量出制入”的财政原则，要求国家先计划支出数额，以支定收，但由于商品货币经济没有得到长足的发展，没有形成代表新的生产力发展要求的独立社会力量同封建王朝进行经济、政治斗争，因而缺乏形成政府预算制度的经济和政治基础。鸦片战争以后随着帝国主义的侵入，我国沦为半封建半殖民地社会，这时西方的理财思想，才开始逐步输入。1896年，在康有为的变法方案中，提出编制预算，公开财政，每年的出、入款要分门别类，列为一表，按月刊报。光绪皇帝于1898年实行变法，推行新政，提出“改革财政，编制政府预算”，这实际上是按照西方的理财模式改革清王朝的财政，但变法夭折，未能实施。

由于清政府的腐败和挥霍无度，财政收不抵支，只得向国外大量举债，外国政府要求清王朝公开财政，编制财政收支计划，迫使清政府不得不编制预算。1908年(清光绪三十四年)，清政府颁布《清理财政章程》，于1910年(宣统二年)起试编政府预算，由清理财政局主持编制预算工作，这是我国历史上第一次编制政府预算。当时程序是：首先由各省汇报，然后由度支部(相当于现在的财政部)加以审核，资政院加以修正，奏请施行。与此同时，又拟定《预算册式及例言》，以每年正月初一到十二月底为预算年度，预算册内先列岁入，后列岁出，各分“经常”与“临时”两门，门内分类，类下分款，款下分项，项下分子目。预算岁入主要包括田赋、盐茶课税、洋关税、常关税、正杂各税等十类。预算岁出主要包括行政费、财政费、军政费、交通费、民政费、司法费、教育费、各省应缴赔款、洋款等十九类。预算虽形似统一，实际上，由于清政府统治已摇摇欲坠，各省形成割据状态，财政并未统一，仅仅是各省数字的拼凑而形成的账面统一，1911年发生辛亥革命，推翻了清政府，结果是仅有预算而无决算。虽然如此，它仍不失为我国第一部政府预算。

以后，北洋军阀和国民党政府也有它的政府预算，这属于半封建、半殖民地性质的预算。旧中国的政府预算是为当时的统治阶级服务的。

(四)新中国政府预算的产生

新中国成立前,各革命根据地曾编制各地的预算,但由于战时客观条件的限制,在根据地被敌人分割的情况下,不可能建立统一的政府预算。新中国成立后,在《中国人民政治协商会议共同纲领》中规定:"建立政府预算决算制度"。中央人民政府根据以上规定着手编制1950年财政收支概算草案,即新中国第一个预算。1949年12月12日在中央人民政府第四次会议上,财政部长薄一波作了《关于1950年财政收支概算编成的报告》,中央人民政府批准了这个概算草案。毛泽东主席出席这次会议并指出:"国家的预算是一个重大的问题,里面反映着整个国家的政策,因为它规定政府活动的范围和方向。"由此明确了政府预算的性质和任务。1950年政务院通过了《关于统一国家财政经济工作的决定》,据此统一了国家财政收支。1951年8月,政务院发布了《预算决算暂行条例》,规定了政府预算的组织体系,各级政府的预算权,各级预算的编制、审查、核定与执行的程序以及决算的报批与审定程序,从此建立了政府预算制度。

(五)政府预算产生和发展的基本原因

1. 资本主义生产方式的出现是政府预算产生的根本原因

从西方国家看,资本主义生产方式的出现使得资产阶级形成了一股强大的政治力量,这股政治力量要求限制皇权,保护私人资本,具体要通过议会掌握国家财政权,通过编制和审核财政收支计划的方式控制国家全部财政收支。从中国看,由于资本主义生产方式的发展,帝国主义国家日渐感到国内市场的狭小,往往采取军事扩张和经济侵略的方式来扩大市场容量,使中国沦为半封建半殖民地国家,由此,促成了旧中国政府预算的产生。

政府预算作为一种法律制度规定的形式,属于上层建筑的范畴,反映了经济基础的状况,同时又能促进经济的发展。新兴资产阶级的出现,有力地促进了生产力的发展,正如马克思、恩格斯指出:"资产阶级在它的不到一百年的阶级统治中所创造的生产力,比过去一切世代创造的全部生产力还要多,还要大。"但在资产阶级出现的初期,由于本身力量的单薄,仍然依附于封建统治阶级和为封建国家承担纳税义务。政府预算的产生既是资产阶级与封建统治阶级斗争的结果,同时在推翻封建统治阶级的斗争过程中发挥了重要作用。政府预算制度的逐步确立,无疑促进了商品经济的发展和资本的积累。

2. 加强财政管理和监督是政府预算发展的决定性原因

政府预算产生后,又因财政管理和监督的需要而得以进一步发展。随着社会生产力水平的提高,财政分配规模日益扩大,财政收支项目逐步增加,收支之间的关系也日益复杂,财政收支的发展变化客观上要求加强其管理和监督,以保证筹集和运用国家资金的合理性、科学性。政府预算是加强财政管理和监督的有效工具,因为政府预算制度的确立,规定了统一的收支科目和计量单位,便于权力机关和社会公众的审核、监督,为科学、有效的财政管理和监督工作奠定了基础。现代政府预算制度已形成了复杂的体系,反映了加强财政管理和监督的客观需要。

3. 财政分配的货币化是政府预算产生的必要条件

商品经济的高度发展,使得货币关系渗透到经济活动的所有领域,财政分配可以完全以货币形式进行。只有在财政分配货币化的条件下,才能对全部财政收支事先进行详细的计量,并反映在统一的平衡表中。这样比较能完整反映国家财政分配活动,而且也有利于议会对政府预算的审查和监督。

三、政府预算原则

政府预算原则是指国家选择预算形式和体系以及编制政府预算应遵循的指导思想和方针。自政府预算产生之后，就开始了对预算原则的探讨和争论，曾形成各种各样的思想和主张。时至今日，影响较大并为世界大多数国家所接受的预算原则，主要有下述几条：

（一）公开性

政府预算是反映国家和政府活动的范围、方向和政策，与全体公民的切身利益息息相关，因此，政府预算及其执行情况必须采取一定的形式公之于众，让民众了解财政收支情况，并置于民众的监督之下。

（二）可靠性

每一收支项目的数字指标，必须运用科学的计算方法，依据充分，数据确实，不得假定、估算，更不能任意编造。

（三）法律性

政府预算与一般财政经济计划不同，它必须经过规定的合法程序，并最终成为一项法律性文件。政府预算的法律性是指政府预算的成立和执行结果都要经过立法机关审查批准。政府预算按照一定的立法程序审批之后就形成反映国家集中性财政资金来源规模、去向、用途的法律性规范。

（四）统一性

尽管各级政府都设有各级财政部门，也有相应的预算，但这些预算都是政府预算的组成部分，所有地方政府预算连同中央预算一起共同组成统一的政府预算。这就要求设立统一的预算科目，每个科目都要严格按统一的口径、程序计算和填列。

（五）年度性

任何一个国家的预算的编制和实现，都要有明确的时间的界定，即所谓预算年度。预算年度是指预算收支起讫的有效期限，通常为一年（365 天）。目前世界各国普遍采用的预算年度有两种：一是历年制预算年度，即从每年 1 月 1 日起至同年 12 月 31 日止，我国即实行历年制预算年度；二是跨年制预算年度，即从每年某月某日开始至次年某月某日止，中间历经 12 个月，但却跨越了两个年度，如美国的预算年度是从每年的 10 月 1 日开始，到次年的 9 月 30 日止。所谓预算的年度性原则，是指政府必须按照法定预算年度编制政府预算，这一预算要反映全年的财政收支活动，同时不允许将不属于本年度财政收支的内容列入本年度的政府预算之中。

（六）预测性

在编制预算时，要根据对社会经济发展的预计，预测能取得多少收入，根据社会管理和发展的需要安排支出。当客观经济形势发生意想不到的变化，原来预计能取得的收入和安排的支出已不可能实现时，就要及时对预算进行调整。

应当指出，上述预算原则是就一般意义而言的，不是绝对的。一种预算原则的确立，不仅要以预算本身的属性为依据，而且要与本国的经济实践相结合，要充分体现国家的政治、经济政策。一个国家的预算原则一般是通过制定政府预算法来体现的。

四、预算年度

预算年度又称财政年度或会计年度，指的是编制和执行预算所依据的法定期限或预算的有效期限,体现预算的时效性。预算年度一般为一年,但各国预算年度的起止日期不尽一致,可分为历年制和跨年制两种。

(一)影响预算年度选择的因素

一国预算年度起止日期受该国国情、历史、传统习惯等的影响,主要考虑国会会期、税收与工农业生产的季节性、宗教和习俗等因素。预算年度的确定要考虑立法机构召开会议的时间。另外,财政收支的季节因素也影响预算年度起止日期的选择,这在那些财政收入长期依赖于农业的国家表现得尤为明显,因为预算安排要与农业种植和收成季节相适应。此外,一些原来属于殖民地或附属国的国家,其预算年度的起止日期一般受其宗主国做法的影响,在独立后仍然采用原来的预算年度起止日期。

(二)历年制和跨年制

历年制是按公历年度计,政府预算年度起止时间与公历年一致,即从公历 1 月 1 日起至 12 月 31 日止。目前,世界多数国家的预算采取历年制,如法国、德国、意大利、挪威、瑞士、荷兰等国。

跨年制是指一个预算年度跨越两个公历年度,但总时长仍等于一个日历年度。世界上也有不少国家的预算年度采用跨年制,其起止日期选择主要有三类:一是以英国、日本、印度为代表,从当年 4 月 1 日起至次年 3 月 31 日止。二是以瑞典、澳大利亚、喀麦隆为代表,从 7 月 1 日起至次年 6 月 30 日止。三是以美国、泰国为代表,从 10 月 1 日至次年 9 月 30 日。一般来说,一国中各级次政府预算年度的选择是一致的,但也有例外,如美国,不同级次政府的预算年度并不都一致。美国联邦政府的预算年度始于 10 月 1 日,各州的预算年度不尽相同,大多数州始于 7 月 1 日,新泽西州始于 1 月 1 日,纽约州从 4 月 1 日开始,得克萨斯州始于 9 月 1 日,在同一个州内,州与地方政府以及地方政府之间的预算年度也不完全相同。不仅预算年度的起止时间不一致,而且预算时间的长度也不同,联邦和大多数州及地方政府实行一年期预算,但有 20 个州采取两年期预算。

五、政府预算体系

政府预算是经法定程序审核批准的一个国家各级政府预算的总和。政府预算体系是根据国家政权结构、行政区域划分和财政管理体制等所确定的预算级次和预算单位,按照一定方式组合而成。一般来说,有一级政府就有一级财政收支活动主体,就要相应建立一级预算。按照一级政府设立一级预算的原则,《中华人民共和国预算法》(以下简称《预算法》)规定,国家设立中央、省(自治区、直辖市)、设区的市(自治州)、县(自治县、不设区的市、市辖区)、乡(民族乡、镇)五级预算。我国行政管理体制分为中央和地方两大部分,与行政管理体制相适应,政府预算相应划分为中央预算和地方预算。

(一)中央预算

中央预算即中央政府预算,是经法定程序批准的中央政府年度财政收支计划,由中央本级预算各部门(含直属单位,下同)的预算及中央对地方税收返还、转移支付组成。

1. 部门预算

部门预算是由政府各个部门编制,反映各本级部门(含直属单位)所属全部单位各项收支的综合财政计划,由部门机关和所属各单位预算组成。本级各部门是指与本级政府财政部门直接发生预算缴款、拨款关系的国家机关、军队、政党组织和社会团体;直属单位是指与本级政府财政部门直接发生预算缴款、拨款关系的企业和事业单位。

2. 单位预算

单位预算是指列入部门预算的国家机关、社会团体和其他单位的收支计划。按照经费领拨关系，单位分为主管预算单位、二级预算单位和基层预算单位。

主管预算单位是指与同级财政部门直接发生预算领拨关系，下面还有所属预算单位的单位。二级预算单位是指与主管预算单位发生预算领拨关系，下面还有所属预算单位的单位。基层预算单位是指与主管或二级预算单位发生预算领拨关系，下面没有所属预算单位的单位。

(二)地方预算

地方预算即地方政府预算，是经法定程序批准的各级地方政府年度财政收支计划的统称，由各省、自治区、直辖市总预算组成。各省、自治区、直辖市总预算，由省、自治区、直辖市本级政府预算和汇总的下一级政府总预算组成。

1. 总预算

总预算是指各级财政部门编制的本行政区域的预算。各级预算由本级政府预算(简称本级预算)和汇总的下一级总预算组成。下一级只有本级预算的，下一级总预算即指下一级的本级预算。没有下一级预算的，总预算即指本级预算。如省总预算由省本级预算和汇总的所属市级政府总预算组成，市级总预算由市本级预算和汇总的所辖县级政府总预算组成，县总预算由县本级预算和汇总的所辖乡级政府总预算组成。

2. 本级政府预算

本级政府预算是指经法定程序批准的一级政府的年度财政收支计划。它由本级政府各部门(含直属单位，下同)的预算组成，并包括下级政府向本级政府上解的收入数额和本级政府对下级政府的返还或者补助数额。

3. 汇总的下一级总预算

汇总的下一级总预算是指除中央级预算以外，地方各级政府独立的一级预算。它有四种形式，即汇总的地方政府总预算、汇总的设区的市级政府总预算、汇总的县级政府总预算和汇总的乡级政府总预算。

我国政府预算的设立与政权体系的层次划分基本是相互对应的，但也有例外。(1)关于各级政府的派出机关管理权限问题。各级政府的派出机关一般是指地区行政公署或县辖区。根据地方组织法的规定，各级政府的派出机关不是一级政府，不设人民代表大会，因此不具备设立一级预算的条件。但考虑实际管理工作的需要，部分派出机关也被赋予一定的预算管理权限。因此，这些派出机关虽然不作为一级预算，但可在派出政府的授权范围内从事预算管理。(2)关于乡镇政府预算的设置问题。乡镇政府是国家的基层组织，也应设立一级预算。但由于各地乡镇经济发展水平很不平衡，部分乡镇的经济发展水平很低，财政收支规模很小，其政府职能机构的设置也不完备，内部的管理监督机制也很不健全，建立一级独立预算的条件尚不成熟，因此，不具备设立预算条件的乡、民族乡、镇，经省、自治区、直辖市政府确定，可暂不设立预算。

在各级政府之间存在政府间收支关系，下一级政府可以得到上一级政府的预算补助，下一级政府也可能对上一级政府进行预算上解。各级政府预算之间的关系由预算管理体制规定。另外，为了反映各级政府预算的总括情况，需要对各级政府的预算进行汇总。汇总按行政级次从下到上逐级进行，最后汇总为整个国家的预算。例如，县级政府的总预算由县级政府的本级预算和所辖乡、镇级总预算汇编而成，市级政府的总预算由市本级预算和所辖的县级总预算汇编而成，省级地方政府的预算由省本级预算和所辖市总预算汇编而成，整个国家的总预算由中央预算和各省级政府的总预算汇编而成，在预算汇总的过程中要剔除政府间收支的重复计算。

第二节 政府预算的种类

世界上最初的政府预算是十分简单的，政府将财政收支数据按一定程序填入特定的表格，政府预算也就形成了，因此，有人曾将政府预算称为政府收支一览表。随着社会经济生活和财政活动逐步复杂化，政府预算逐步形成包括多种预算形式和预算方法的复杂系统。从预算的名称看，有单式预算、复式预算、零基预算、增量预算、中长期预算、项目预算、行动预算、绩效预算、国民经济预算、充分就业预算等，对这些五花八门的预算进行科学、合理的分类，是进一步认识和研究政府预算的前提。

政府预算可以按照不同的标准分类。

(一)按收支管理范围分类，政府预算可分为总预算和单位预算

总预算是各级政府的基本财政收支计划，它由各级政府的本级预算和下级政府总预算组成。单位预算是政府预算的基本组成部分，是各级政府的直属机关就其本身及所属行政事业单位的年度经费收支所汇编的预算，另外还包括企业财务收支计划中与财政有关的部分，它是机关本身及其所属单位履行其职责或事业计划的财力保证，是各级总预算构成的基本单位。

(二)按照预算的级次分类，政府预算可分为中央政府预算和地方政府预算

中央政府预算是指经法定程序审查批准的，反映中央政府活动的财政收支计划。我国的中央政府预算由中央各部门的单位预算、企业财务收支计划和税收计划组成，财政部将中央各部门的单位预算和中央直接掌管的收支等，汇编成中央预算草案，报国务院审定后提请人代会审查。中央预算主要承担国家的安全、外交和中央国家机关运转所需的经费，调整国民经济结构、协调地区发展、实施宏观调控的支出以及由中央直接管理的事业发展支出，因而在政府预算体系中占主导地位。

地方政府预算是指经法定程序审查批准的，反映各级地方政府收支活动计划的总称。它是政府预算体系的有机组成部分，是组织、管理政府预算的基本环节，由省、地、县、乡(镇)预算组成。地方预算担负着地方行政管理和经济建设、文化教育、卫生事业以及抚恤等支出，它在政府预算中占有重要地位。

(三)按编制形式分类，政府预算可分为单式预算和复式预算

单式预算是传统的预算形式，其做法是在预算年度内，将全部的财政收入与支出汇集编入单一的总预算内，而不去区分各项财政收支的经济性质。其优点是把全部的财政收入与支出分列于一个统一的预算表上，这就从整体上反映了年度政府总的财政收支情况，整体性强，便于立法机关审议批准和社会公众了解，而且简便易行。其主要缺点是没有把全部的财政收入按经济性质分列和汇集平衡，不便于经济分析和有选择地进行宏观经济控制。

复式预算是从单式预算组织形式演变而来的。其做法是在预算年度内，将全部的财政收入与支出按经济性质汇集编入两个或两个以上的收支对照表，从而编成两个或两个以上的预算。这种组织形式的典型例子是把政府预算分成经常预算和资本预算两部分。其中：经常预算主要以税收为收入来源，以行政事业项目为支出对象；资本预算主要以国债为收入来源，用于经济建设支出及宏观调控。首先，复式预算组织形式由于把政府的一般性质上的经常收支列为经常预算，把政府的资本投资支出列为资本预算，这样就区分了各项收入和支出的经济性质和用途，便于政府权衡支出性质，分别轻重缓急，做到资金使用的有序性，比较合理地安排各项资金，便于经济分析和科学的宏观决策与控制。其次，把预算分成经常预算和资本预算两个部分，两个部分以各自来源应付各自的支出，各自平衡，这就打破了预算的完整性原则和传统的收支平衡观念。再次，由于把国债收入作为资本预算的正常收入项目，这就使得资本预算总是平衡的，只有经常预算的收支才可能有差额。

（四）按编制方法分类，政府预算可分为增量预算和零基预算

增量预算，指计划财政年度的预算分项支出数是以上年度各该项支出数作为基数，考虑新的财政年度的经济发展情况加以调整之后确定的。它的要点是：逐项确定支出预算，以各项支出上年度的支出数为依据，以人员经费的保障为重点。这种预算安排方法的初衷是控制支出规模，但最终结果则可能是平均分配资金，难以保证重点，导致支出规模的日益膨胀。

零基预算，是指计划财政年度预算分项支出指标的确定，只以对社会经济发展的预测和对当年各部门新增任务的审核为依据，不考虑以前财政年度各项支出的基数。从理论上看，零基预算是重新编制年度预算，如同编制一个新的预算一样，但也不能简单地理解为一切从头开始，丝毫不考虑上年的基础。零基预算的明显优点是有利于优化支出结构，提高预算效率，控制预算规模，但要求具备科学的预测和评估方法以及统一的标准，否则也可能失之交臂。世界各国的预算，无论是单式预算还是复式预算，主要仍采用增量预算法。零基预算事实上还未成为确定的编制预算的一般方法，通常只用于具体收支项目上。我国预算编制长期以来采取分项增量法，近年来有些省、市试行零基预算法，并取得了一定的成效和经验。

（五）按投入项目能否直接反映其经济效果分类，政府预算可分为项目预算和绩效预算

项目预算是指只反映项目的用途和支出金额，而不考虑其支出经济效果的预算。绩效预算是指根据成本效益比较的原则来决定支出项目是否必要及其金额大小的预算形式。具体说就是有关部门先制定需要从事的事业计划和工程计划，再依据政府职责和施政计划选定执行实施方案，确定实施方案所需的支出费用所编制的预算。绩效预算是一种比较科学的预算方法。其特点有二：一是绩效预算重视对预算支出效益的考察，预算可以明确反映所产生的预计效益；二是按职责、用途和最终产品进行分类，并根据最终产品的单位成本和以前计划的执行情况来评判支出是否符合效率原则。

（六）按预算作用的时间分类，政府预算可分为年度预算和中长期预算

年度预算是指预算有效期为一年的政府收支预算。这里的年度指预算年度，大体有历年制和跨年制。中长期预算，也称中长期财政计划。一般一年以上 10 年以下的计划称为中期计划，10 年以上的计划称为长期计划。在市场经济下，经济周期性波动是客观存在的，而制定财政中长期计划是在市场经济条件下政府进行反经济周期波动，从而调节经济的重要手段，是实现经济增长的重要工具。

应当说明，政府预算的划分，在总体上一般包括上述的单式预算和复式预算、增量预算和零基预算两种类别。至于其他各种预算名称，有些属于政府预算政策的代名词，有些是某项或某几项财政收支指标的测定方法，有些则是预算执行情况的考核方法。如中长期预算实际上是政府的中长期财政状况的预测；项目预算、行动预算和绩效预算是某些建设项目或某些行政支出的安排和核算方法，属于工程预算或行政事业单位预算的范畴；国民经济预算和充分就业预算，事实上是一种预算政策，如充分就业预算，就是政府按照凯恩斯主义财政思想设计的以实现充分就业为政策目标的一种财政政策。

第三节　政府预算的编制、执行、调整与决算

政府预算程序是指预算的周期过程，世界各国的预算程序主要由编制、审批、执行、调整和决算构成。世界各国的预算编制程序因行政、立法和司法体制不同而有所不同。根据主持预算草案编制工作的机构不同，政府预算可分为两种类型：(1)由财政部主持编制工作。财政部负责指导政府各部门编制支出预算草案并进行审核和协调，同时根据各种经济统计资料和预测编制收入预算草案，在综合收入和支出的基础上形成政府预算草案。属于这种类型的有英国、德国、日本、中国等一些国家。(2)由政府特设的预算机关主持预算编制工作，财政部只负责编制收入预算。属于这种类型的有美国、法国和意大利等国家。

一、政府预算的编制程序

(一)政府预算编制的依据

政府预算是经法定程序审核批准的、具有法力效力的政府预算年度财政收支计划。在各级人民代表大会审批之前，各级政府先编制预算草案。预算草案是指各级政府、各部门、各单位编制的，未经法定程序审核和批准的预算收支计划。各级政府编制年度预算草案的依据包括以下几个方面：

1. 国家法律、法规

1995 年，我国颁布了《预算法》和《预算法实施条例》，因此，在编制政府预算时，必须以国家法律、法规为依据，从预算收支规模的确定，到预算收支结构的安排都要做到有法必依，以确保预算的合法性和科学性。

2. 国民经济和社会发展计划、财政中长期计划以及有关的财政经济政策

国民经济和社会发展计划是政府从宏观上对经济活动进行管理、调节和控制的基本手段之一。政府预算是政府经济活动的集中反映，它不仅直接制约着政府活动的范围和方向，而且也直接或间接地制约着国民经济和社会发展计划的实现。这就要求政府预算草案的编制，必须与国民经济和社会发展计划相衔接、相适应，并与中长期财政计划和一定时期的有关财政经济政策相协调，来综合测算和确定年度预算收支规模和结构，编制年度预算草案。

3. 本级政府的预算管理职权和财政管理体制确定的预算收支范围

预算管理职权是以法律形式规定的各级政府、各级财政部门和国民经济各部门以及各单位在预算管理中的职责和权限。就编制环节而言，《预算法》规定，各级人民政府负责编制本级总预算草案；各级财政部门负责具体编制本级总预算草案；各部门编制本部门预算草案；各单位编制本单位预算草案。根据分税制财政管理体制规定，预算收入划分为中央预算固定收入、地方预算固定收入、中央与地方共享收入；预算支出划分为中央预算支出、地方预算支出。各级政府在编制本级总预算草案时，必须依照预算管理职权和分税制财政管理体制确定的预算收支范围编制各自的预算草案。

4. 上年度预算执行情况和本年度预算收支变化因素

目前，我国政府预算编制主要采用“预算加增长”的方法，因此，在编制预算草案时，根据预算资金运动的连续性和稳定性的特征，以上年度预算收支预计执行情况为基础，剔除年度间的不可比因素，结合本年度国家政策以及经济社会发展变化对预算收支的影响，综合测算确定预算草案。

5. 上级政府对编制本年度预算草案的指示和要求

为保证预算编制的科学性和统一性，每年国务院及地方政府都要下达编制本年度预算草案的指示和要求，这些指示和要求即为各级政府编制本级总预算的重要依据。

预算编制是预算程序中首要的一环。预算编制是一个优化过程，由政府主管机构根据已经确定的目标，运用预算编制技术，制定政府的收支计划。预算编制要以较为准确的经济、财政统计和预测为基础，设计出计划期间政府预算的收支草案，提交立法机构批准。

（二）预算编制前的准备工作

1. 对本年度预算执行情况进行预计和分析

一般来说，下一年度的政府预算，要在本年度的下半年开始编制。财政部门在编制政府预算之前，首先根据经济发展趋势并结合历年预算收支规律，对本年度的预算收支情况进行分析，做出尽可能准确的预计。中国政府预算收支指标的测算方法，多年来主要采用“基数法”加“因素法”，即下一年的预算收支指标主要以本年预计数字为基础，并参照下一年国民经济和社会发展计划草案的有关指标进行测算。当年预算收支执行情况的分析预算包括：分析当时的实际执行数据，例如前几个月该收的是否都收上来了，该支的是否都支出去了；分析后几个月的特殊因素，如调整工资、价格，开征新税种和调整税率等重大措施出台对预算收支的影响；分析增收节支措施落实情况，主要是检查年初预算指标安排的增收节支措施贯彻落实情况和进度，及其对本年度预算收支的影响；分析预测国民经济发展情况，通过调查研究掌握工农业生产、商品流通、基本建设、市场供应和各项事业计划的完成情况，及其对当年预算收支计划的影响。

2. 拟定下年预算收支控制指标

财政部根据中国共产党和国家的方针、政策以及国民经济和社会发展计划的主要指标，拟定下一年政府预算收支控制指标，经国务院核定后下达，作为各地区编制总预算的依据。控制指标初步规定了预算收支的规模和增长速度，是中央和地方财政之间年度预算资金筹集和分配的一个基本框架。

3. 修订政府预算科目，制定总预算表格

政府预算收支科目是政府预算收支的总分类，是编制各级总预算在收支项目上的规范，每年由财政部修订颁发。预算表格是政府预算指标体系的表现形式，主要有收支总表、收支明细表和基本数字表三种。财政部每年根据财政预算管理的需要，在上年表格的基础上进行修订。

4. 具体组织部署

每年在政府预算编制之前，国家采取召开会议或发布通知指示等形式，对预算编制工作进行具体组织部署。内容一般包括编制预算的方针和任务，各项主要收入和支出预算编制的要求，各级预算收支的划分范围变化和机动财力使用原则、权限，预算编制的基本方法、报送程序和报送期限等。

（三）政府预算的正式编制程序

政府预算分为总预算和单位预算两部分。单位预算由各主管部门及所属单位编制；总预算由财政部门在各主管部门单位预算的基础上汇总编制。为了能够较好地结合各地区、各部门的具体情况，保证政府预算收支的综合平衡，政府预算编制一般采取自下而上和自上而下相结合的方法进行。中央各部门和各省、自治区、直辖市根据中央下达的预算收支控制指标，按照统一规定的预算表格和编制预算的要求，结合本地区、本部门的经济发展情况，编制本单位、本地区的年度预算草案，上报财政部审查汇总。财政部经过审核汇总，汇编成政府预算草案，并附以简要的文字说明，上报国务院。经国务院核准后，提请全国人民代表大会审查。

二、政府预算的审批程序

预算的审批需经国家的立法机构，如议会等审查通过。预算草案经过立法机构的审议，得到批准，就被赋予了法律效力。在预算的审批阶段，由议会对预算进行全面的讨论和最后的批准。有些国家允许议会对预算草案进行修改，有些国家则只允许提出修改意见或否决。我国审查和批准政府预算的法定顺序为：每年财政部将政府预算草案附上文字说明，上报国务院审核后，由国务院提请全国人民代表大会审查批准。

全国人民代表大会审查和批准政府预算的程序是：在全国人民代表大会召开之前，财政部受国务院委托先向全国人大常务委员会的财经委员会报告上年度政府预算执行情况和本年度预算草案的原则性意见；在全国人民代表大会上，财政部长受国务院委托向全体会议报告上年度预算执行情况和本年度预算草案，人大代表对报告进行审议后由全国人大财经委员会提出审查报告，最后由全体代表表决，作出批准或否决政府预算的决议。

提交全国人民代表大会审查的预算草案，包括政府预算、中央级预算和地方预算三部分。预算草案经全国人民代表大会通过后，即为正式的政府预算，具有法律效力。财政部根据核定的中央预算分别核定各主管部门的单位预算。各省（市、自治区）根据政府预算提出的方针、政策和原则要求，结合本地区的情况制定地方预算草案，提请本级人民代表大会审查批准。根据本级人民代表大会批准的预算，核定本级各主管部门的预算。县（市）财政总预算的审查和批准，与省总预算的审批程序基本相同。

三、政府预算的执行程序

政府预算执行是指经法定程序审查和批准的预算的具体实施过程，是把预算与计划变为现实的具体实施步骤。预算执行工作是实现预算收支任务的关键步骤，也是整个预算管理工作的中心环节，直接关系到党和国家各项重大政策的贯彻落实，直接关系到政府公共服务水平和财政管理水平。近年来，按照建立中国特色公共财政体系的要求，通过体制、机制和制度创新，我国的预算执行管理发生了根本性的变化，逐步构建起中国特色现代财政国库管理体系，涵盖了国库集中收付、国库现金管理、政府采购管理、预算执行报告、政府会计核算管理以及财政国库动态监控等诸多方面，并形成相互促进的有机整体，为加强和完善财政管理、贯彻落实财税政策、实施宏观调控提供了有效手段和坚强保障。

要保证政府预算的完整执行，就要在预算的实施过程中做好一系列组织、管理、协调工作。从执行政府预算的过程上看，政府预算执行的任务主要有以下几个方面：

（一）政府预算收入的执行

1. 预算收入的缴库

预算收入缴库是预算执行中的一项经常性工作，是法人和自然人依照国家有关机关规定，向国家金库缴纳应交款项的一种行为。缴款预算收入的性质分别由财政机关、税务机关、海关以及国家指定的机关负责管理、组织征收或监交，由各级国库、国库经收处对有关机关或缴款人填写的缴款书的预算科目、预算级次等进行审查复核，并及时办理入库手续。

（1）缴库方法。

预算收入缴库的方法是根据预算收入的性质和缴款单位的不同情况分别规定的。

①按计划缴库。按照国家税法规定的科目、计税依据和税率依据计征，并按照纳税期限及

时将税款或计划利润缴入国库。国有企业缴款单位一般按照上级核定的年度缴库利润计划和季度分缴款计划按月一次或分几次缴库。目前,利润数额比较大且比较稳定的企业一般都采用这种方法,缴款期限根据应缴税利数额的大小,分别按1日、5日、10日或按月缴库,在次月10日前按企业上月会计报表进行核算,少缴的部分在本期补缴,多缴的部分可抵扣本期缴款计划,但年终应将多缴的税利退还企业。按计划利润交库的办法,有利于国家及时均衡地得到预算收入,同时也有利于促使企业加强计划管理。

②按实际缴库。缴款单位按实际实现的利润和有关的缴库规定缴库。这主要是用于一些销售额在不同时期变化比较大、实现利润不均衡的企业,如物资供销、商贸等企业。因为这些企业流动资金占用量大,各个时期的销售量因季节等因素而变化较大,不易准确核定计划缴库数额。按实际缴库,缴库期限一般为月终后10日内一次缴库。个别特殊情况,届时计算不出实际数额时,可参照上月实际数,结合本期变化情况估缴,待会计报表编成后再按实际数额结算,多退少补。

(2)缴库方式。

①国库集中收付制度改革前。缴库方式是指预算单位上缴预算的各种款项以何种方式向国库缴库。国库集中收付制度改革前,预算收入的缴库方式分为就地缴库、集中缴库和自收汇缴三种。

a. 就地缴库。由基层缴款单位或缴款人按征收机关规定的缴款期限直接向当地国库或国库经收处缴纳。这种方式的优点是便于单位缴纳,保证预算收入及时入库,同时易于征收机关监管。改革前,我国大部分独立核算的基层企业等纳税人都采用就地缴库方式。

b. 集中缴库。由基层缴款单位将应缴预算收入通过银行汇解到上级主管部门,由上级主管部门按征收机关规定的缴款期限汇总向国库或国库经收处缴纳。这种方式主要适用于地方的中央直属单位有关税收收入(如铁道民航、邮电银行部门的所得税)的缴纳。其优点是便于集中核算管理,有利于中央财政库款的及时调动。

c. 自收汇缴。由缴款人或交款单位直接向基层税务机关、海关缴纳税款,由税务机关、海关将所收款项汇总缴入国库或国库经收处。这种方式主要适用于税务机关对农村集贸市场、个体商贩及农民缴纳的零散小额税款,以及海关对于入境游客、船员的行李物品、邮递物品以及对边境小额贸易征收的进口税和查处走私,违章案件的罚没收入等进行汇缴。其优点是有利于防止预算收入流失,方便群众;有利于税款及时入库。

②国库集中收付制度改革后。预算收入缴库主要有直接缴库和集中汇缴两种方式。

a. 直接缴库。直接缴库是由基层缴款单位或缴款人按法律法规规定,直接将预算收入缴入国库单一账户,属非税收入的,直接缴入非税财政专户,不再设立各类过渡性账户。实行这种收缴方式的收入,包括税收收入、社会保障缴款、非税收入、转移与赠与收入、贷款回收本金和产权处置收入以及债务收入。这种方式既方便了缴款者,又可以使政府预算收入及时入库,还减少了层层汇总缴款的繁琐手续。

b. 集中汇缴。集中汇缴是由征收机关和依法享有征收权限的单位按法律法规的规定,将所收取的应缴收入汇总直接缴入国库单一账户,属于非税收入的,则直接缴入非税收入财政专户,也不再通过过渡性账户收缴。实行这种缴库方式的收入包括小额零散税收和非税收入中的现金缴款。这种方式既方便纳税人缴款,又减少了税源散失。

(3)缴库程序。

直接缴库的税收收入,由纳税人或税务代理人提出纳税申报,经征收机关审核无误后,由纳税人通过开户银行将税款缴入国库单一账户。直接缴库的其他收入，如社会保障款、非税收入、转移和赠与收入、贷款回收本金和产权处置收入以及债务收入，比照上述程序缴入国库单一账户或非税收入财政专户。

2. 预算收入的划分和报解

收入缴入国库后的下一步工作是国库按照预算收入在政府间的划分情况，将款项在政府间进行分配和报解，并缴入各级政府预算的国库。在实行中央与地方分开国库制度的国家，则不存在收入的划分与报解。

(1)预算收入划分和报解的含义。预算收入的划分和报解是指各级国库对已入库的预算收入，按照预算管理体制和上级财政机关确定的收入级次和收入分成比例的规定，向上级国库和各级财政机关报告预算收入执行情况和划解财政库款的工作。

预算收入的划分就是国库对于每天收纳入库的预算收入，根据预算管理体制规定的各级预算固定收入的划分范围，以及中央与地方、地方上下级之间分成收入的留解比例，划分并计算中央预算收入和地方各级预算收入。按照中央预算和地方预算划分收入的方法，分为中央预算固定收入、地方预算固定收入、中央与地方预算共享收入三种。

预算收入的报解是指通过国家金库向上级财政部门报告预算收入情况，并将属于上级财政的预算收入解缴到上级国库。

(2)预算收入划分和报解的程序。预算收入的划分和报解是由基层国库(支库)自上而下逐级分别进行的。划分和报解的方法是通过每天编制各级预算收入日报表进行的，即根据国库缴款书、收入退还书、收入明细账簿或登记账簿，按照预算科目，分别逐级次办理各级预算收入的报解。其过程如下：

一是分清级次。国库对每天收纳入库的预算收入，首次分清预算级次，按照中央、省、地区、县四个级次，及时办理预算收入和库款的划分、报解工作。

二是编制收入日报表。国库凭借预算收入缴款书经审核无误后，按照预算收入科目分“款”进行统计，编制预算收入日报表，同时根据预算收入日报表中属于分成收入项目的合计数确定的分成比例编制分成收入日报表，作为分成收入报解的依据。

三是办理各级预算的划分。按照现行预算管理体制，政府预算收入分为中央预算固定收入、地方预算固定收入、中央与地方预算共享收入三种。中央预算固定收入逐级报解到中央国库，增加中央财政国库存款；地方预算固定收入报解到地方本级国库，增加地方本级财政国库存款；中央与地方预算共享收入，按照现行预算管理体制规定的分成比例，分别报解中央国库和地方国库，相应增加中央财政国库存款和地方财政国库存款。

四是预算收入划分和报解的要求。为了保证各级预算及时取得收入，各级国库办理库款的划分和报解工作，原则上应当于收到预算收入的当日办理，最迟不得超过次日上午办理完成，不得积压拖延库款。个别边远地区的基层金库每日收入很少的，可以适当延长，但报解期限最迟不得超过 5 天。

库款报解的方法一般采用邮寄，但支库月中日收入的库款，如邮寄不能在规定期限内报解到各级国库时，则改用电报报解。分库平时向总金库报解预算收入一般采用邮寄。旬报、月报用电报报告。目前，全国基金金库(县支库)已基本实现了微机联网，改用微机报解库款。

为了保证预算收入一致，每当月终和年度结算时，各级国库要分别预算级次按照规定要求编制预算收入对账单，同财政部门、征收机关互相核对，上级国库同同级主管收入机关进行汇总，以确保预算收入及其划分报解的完整与准确。

3. 预算收入的退库

预算收入的退库是指国库在国家规定的退库范围内，经有关部门或其授权的机构批准，将已入库的预算收入款项退还给申请单位或个人。入库的预算资金在一般情况下是不能退库的，如有特殊情况需要退库，也必须按照退库原则、国家规定的退款范围，并经过一定的审批程序才能办理。

(1)办理预算收入退库的原则。

①经财政机关或其他授权的机关(如税务机关、海关等)批准，从国库中退库支款。

②办理收入退库，必须由申请退库的单位或个人提出书面申请，经财政或征收机关审查批准后，退给申请单位或个人。国库应当凭财政或征收机关填开的“收入退还书”办理库款的退付。

③经批准的预算收入退库，应严格按预算级次办理。哪级预算收入由哪级预算退库退付，即中央预算收入退库，从中央及库款中退付；地方各级预算固定收入的退库，从地方各级库款中退付；共享收入按规定的比例分别由上级和本级库款中退付。各级预算收入的退付，应当从当日入库内退付。同级预算收入的退库，在本级收入系统之间可以相互抵付。当日收入不足抵付时，可在报解库款时将待报解的付方余额转入同级财政存款账户，减少地方财政收入，如地方财政存款余额不足，不得退付。国库退付上级财政的预算收入，当日不足抵付时，应划付上级国库。

(2)预算收入退库范围。国库收纳预算收入的退库，必须在国家规定的退库项目范围内方可办理。

①由于工作的疏忽，发生技术差错，错缴、多缴预算收入需要办理退库的。

②改变企业隶属关系，办理财务结算需要退库的。

③企业按规定预缴预算收入，经年终汇算清缴或结算，对超缴部分需要办理退库的。

④由于调整税率，需要退还多缴预算收入办理退库的。

⑤对于企业单位的政策性亏损补贴退库的。

⑥征收机关按规定提取，支付代扣后代证手续费。

⑦财政部门明文规定或专项批准的其他退库项目。

凡是符合上述退库范围的，各级财政机关和主管机关可予办理；对于不符合规定的退库，各级国库有权拒绝办理。

(3)预算收入的退库权限和审批程序。按照“分税制”财政管理体制的划分范围，属于中央预算收入、中央与地方共享收入的退库，由财政部门或财政部门授权的机构审批核准。地方预算收入的退库，由地方同级财政部门批准。超过规定范围的退库是事项，应报经财政部门批准。

预算收入退库的审批程序是：

①属于一般错缴、多缴和企业收入超缴部分需要退库的，由各级财政机关或征收机关审查批准后办理入库。

②工业、交通、商业企业的计划亏损需要退库弥补的，应由企业提出申请，按企业的隶属关系报主管部门和财政部门审查批准。

③亏损企业的超计划亏损和盈利企业变为亏损企业的亏损弥补需要退库弥补的，必须将亏损情况和原因写出检查报告，提出扭转亏损措施，由征收机关提出意见，报经上级机关批准，才能予以弥补。地方企业按其隶属关系经企业主管部门和财政部门审查批准。

④属于政策法令规定和自然灾害影响等特殊原因需要办理退库的，按当时的有关规定办理。

⑤地方财政从已入库的税款中提取税收附加，按规定比例从正税中退库提取。税务部门从工商各税中提取代征手续费，须经过财政部门审查核实从已入库的税款中办理退库。各级财政和税务部门原则上不应自批自退国库收入。

(4)预算收入退库需注意的问题。

①各单位和个人申请退库，应向财政机关和征收机关填退款申请书。

②各级财政机关和征收机关对退库申请书应严格审查，经审查同意，填发"收入退款书"，并加盖填发机关印章，交退库单位或退库人办理入库。

③各级预算收入的退库，原则上通过转账办理，不支付现金。对个别特殊情况，必须退付现金时，财政、税务机关应从严审查核实后，在"收入退款书"上加盖"退付现金"的明显戳记，由收款人到当地国库办理退库手续，由国库划转指定的银行通知收款人取款。

④财政部门本身是预算单位，部门自批自退已经缴库的预算收入，除国家明文规定的各项附加可由财政部门直接从国库办理退库外，在特殊情况下，财政部门作为申请单位，经上级财政部门审查批准后，方能办理退库。

⑤要严格执行收入报告制度，以便及时检查、分析收入退库情况，各级财政部门和各级国库要按"款"登记收入退库情况，并定期向上级财政部门报告预算收入退库的数字。

⑥国库经收处所收的款项属代收性质，不算正式入库，所以不能办理收入的退库。但在当日预算收入未上划之前，如果征收机关发现错误可以更正。

(二)政府预算支出的执行

政府支出预算支出的执行是按年初确定的预算支出任务分配和使用财政资金的过程。为了保证财政预算支出的正确执行，财政部门要根据年度预算支出和季度预算支出计划，及时、准确地将预算资金拨给用款单位，以落实预算支出指标，控制监督预算支出，满足国家经济建设和事业发展的需要。

1. 预算支出指标

财政预算支出指标是预算支出的具体体现，是财政拨款的重要依据。预算支出指标管理是从预算编制到国库支付不可缺少的中间环节，是财政支出管理工作的核心。

(1)预算支出指标的分类。

①按资金的性质分类

预算支出指标分为财政拨款支出指标、纳入预算管理的行政性收费支出指标、纳入预算管理的政府性基金支出指标。

②按管理的层次分类

预算支出指标分为总预算指标、处室预算指标和单位预算指标。总预算指标是指财政部门下达的预算指标(即大盘子)。处室预算指标是指业务处室自己分管下达的预算指标。单位预算指标是指财政部门下达到预算单位的预算指标，是通过上述两个层次指标管理形成的。

预算管理处负责预算支出总指标管理，其他部门预算管理处负责归口部门及分管财政资金预算支出指标的管理，国库处负责预算支出指标的支付，政府采购办负责对支出指标中涉及政府采购的事项按规定实行政府采购，财政监督检查局负责对预算支出指标使用情况实施监督。

③按照批准的时间分类

预算支出指标分为年初预算指标、年中调整预算指标和上年结转预算指标。年初预算指标为人民代表大会批准的本级预算支出计划。年中调整预算指标为年度预算执行过程中新增加(减少)的预算资金。上年结转预算指标为上年度安排的预算未使用完毕,按规定审批后在本年度继续使用的预算资金。

(2)预算支出指标的管理。预算支出指标的管理是指纳入预算管理的各种资金来源在支出的过程中,从资金的申请、审核、批准、下达到拨款各个环节所形成的业务活动及相应的公文、账务管理情况,是核算和控制财政本级支出预算业务活动的重要手段,是对财政本级预算支出指标变化过程的记录。

预算支出指标的管理包括预算支出指标的来源管理、预算支出指标的执行管理、预算支出指标的录入管理、预算支出指标的变更管理、预算支出指标的对账管理和预算支出指标管理系统的管理。

2. 预算支出用款计划

(1)用款计划的分类。用款计划是指用款单位在核定的预算指标内,根据支出需要以及项目实施进度、配套资金的到位情况,提出资金使用计划,并经审核下达的活动,是用款单位办理财政性资金支付的依据。

依据部门基本支出预算和专项支出预算,用款计划分为基本支出用款计划和项目支出用款计划。基本支出用款计划包括人员支出用款计划、对个人和家庭的补助支出用款计划、商品和服务支出用款计划。项目支出用款计划按照项目分别编制。

(2)用款计划的管理。基本支出用款计划按照年度均衡原则编制。财政部门国库处按序时进度,在每月月初,通过预算执行管理信息系统自动生成用款计划,通过预算执行系统自动下达。

项目支出用款计划按照项目实施进度编制。项目支出用款计划由用款单位编制,报送主管部门审核后提交财政部门。

用款计划的内容要准确、完整,符合规定用途。

3. 预算资金支付方式

预算资金支付是指财政部门国库处根据批复的用款计划,办理资金支付,列报财政支出的活动。政府收支分类改革前,预算资金的拨付方式分为划拨资金和限额拨款两种。政府收支分类改革后,按照支付令发出主体的不同,对不同类型的支出,实行以财政直接支付为主、授权预算单位支付为辅的资金支付方式。

(1)财政直接支付。

①财政直接支付的含义

财政直接支付是指按照部门预算和用款计划确定的资金用途和用款进度,根据用款单位申请,由财政部门开具支付令,通过国库单一账户体系,直接将财政资金支付到收款人(即商品和劳务供应者)或用款单位账户的支付方式。工资支出、购买支出和转移支出实行财政直接支付。

②财政直接支付流程

由预算单位按照批准的部门预算和用款计划,向财政部门提出支付申请,财政国库支付执行机构根据批复的部门预算和用款计划(即相关要求)对支付申请审核无误后,向代理银行签发支付令,通知代理银行从财政零余额账户中付款给收款人,并同时向中国人民银行国库部门发出支付信息,通过清算,资金先由代理银行的财政零余额账户划到收款人银行账户,再从国库单一账户拨补到代理银行财政零余额账户。

(2)财政授权支付。

①财政授权支付的含义

财政授权支付是按照部门预算和用款计划确定的资金用途和用款进度,由预算单位根据财政授权自行开具支付令,通过国库单一账户体系将资金支付到收款人账户的支付方式。财政授权支付适用于小额购买支出和零星支出,包括单件物品或单项服务购买额不足10万元的购买支出;投资额不足50万元的工程项目(含单位建设管理费)支出,以及特别紧急的支出。

对一个预算单位而言,有的支出支付需实行财政直接支付,有的支出支付需实行财政授权支付方式。财政直接支付和财政授权支付的具体范围,由财政部门确定部门预算时列出。

②财政授权支付流程

由预算单位按照批复的部门预算和用款计划,向财政部门提出授权支付的月度用款限额,财政部门批准月度用款限额后,通知代理银行,并同时通知中国人民银行国库部门。预算单位在月度用款限额内,自行开出支付令,通过财政国库部门转由代理银行从单位零余额账户中付款,经清算系统清算后,最后从国库单一账户付款,实现支付。

无论是财政直接支付还是财政授权支付,在电子化的全国银行清算系统建立起来之前,支付令通过人工操作转移到代理银行,代理银行完成的支付,通过财政部门在商业银行开设的零余额账户汇总清算。

4. 预算支出数字核算基础

预算支出数字核算基础是指财政部门和核算单位列报支出的口径和依据。预算支出分为财政拨付资金、单位逐级拨付资金、用款单位从银行支取资金和单位实际使用资金四个阶段。在这几个阶段,财政部门和预算单位的具体任务不同,支出的数字核算基础也不同。财政的重要任务是分配资金,因此以"能体现分配的完成"这一特点作为列支的标准。银行支出数、预算拨款数和实际支出数是各级财政部门财政总预算支出的数字核算基础,也是财政部门和主管部门结算预算拨款的依据。

(1)银行支出数。

①在没有实行预算经费包干的情况下,拨给单位的经费中,尚未使用的部分在年终要缴回财政。对财政来说,确认单位使用资金的数额也只能依据单位从开户银行提款的数额,即银行支出数作为支出的数字核算基础。

②实行限额管理的基本建设支出的单位,按用款单位的银行支出数列报支出。

(2)财政拨款数。

①不实行限额管理的基本建设支出的单位,按拨付用款单位的拨款数列报支出。

②对事业行政单位的非包干支出和专项支出,平时按拨款数列报支出,清理结算收回拨款时,再冲销已列支出。对于收回以前年度已列的支出,除财政部门另有规定外,应冲销当年支出。

③除以上两款以外的其他各项支出,均以财政拨款数列支。特别是经费包干部分,实行以拨列支。

④凡是预拨后各期的经费,不能直接按预拨数列作本期支出,应作为预拨款处理,到期后再按上述口径转列支出。

在确认预算支出数字核算基础问题上,在时间上要选择可确认为分配终结的阶段,在资金数额上要能够确定出分配数额,在实践中具有可操作性。"以拨列支"的理论依据就是在全面考虑上述因素的基础上确定的。

在实行经费预算包干制度的情况下，预算拨款之时也就是财政预算支出分配的完成之时。财政在拨出经费后，各单位用与不用、用多用少、何时使用，在单位完成事业行政任务计划的前提下，财政不予干预，单位的经费结余资金，财政也不再收回。因此，对财政来说，财政拨付资金的阶段就是财政对预算支出分配的终结阶段。在现行的经费包干体制下，如继续以“银行支出数”作为财政支出的数字核算基础，将会产生财政的实际可用资金与账面资金不一致，以及预算支出的实际阶段与确认阶段不一致的问题，并且会带来财政充盈的虚假现象，导致财政过度支出等不良后果。

(3)实际支出数。

国库集中收付制度改革后，对于采取财政直接支付方式的预算资金，财政总预算支出数字核算基础为实际支出数。

实际支出数是指基层用款单位从银行支取并实际耗费的资金数字。它是核算单位预算支出数字的核算基础，也是各用款单位支出报销的数字依据。基层用款单位只能在资金使用报销后才能作为实际支出入账。基层用款单位的银行支出未用数，是不能作为实际支出列报的。否则，就不符合支出报销原则，不能真实反映预算资金的使用情况和真正体现用款单位的资金使用效果。以实际支出作为单位预算支出数的核算基础，有利于真实反映各单位实际消耗的预算资金，有利于考核各单位的生产建设事业计划和预算的执行情况。

(三)政府预算执行中的调整

1. 预算调整的界定

预算调整是指经全国人民代表大会批准的本级预算，在执行中因特殊情况需要增加支出或减少收入，使原批准的收支平衡的预算总支出超过总收入，或者使原批准的预算中举借债务的数额增加的部分变更。预算调整必须经过同级人民代表大会常务委员会批准，未经批准，各级政府不得做出任何使原批准的收支平衡的预算的总支出超过总收入或者使原批准的预算中举借债务的数额增加的决定。如果各级政府未经依法批准擅自变更预算，对负有责任的主管人员和其他直接负责人追究行政责任。

2. 预算调整的方法

(1)全局调整。预算在执行过程中，如遇特大自然灾害、战争等特殊情况，或遇国民经济发展过分高涨或过分低落，以及对原定国民经济和社会发展计划进行较大调整时，就有必要对预算进行全面调整。这种全面调整不是经常发生的，只有在出现上述情况时才进行。预算的全局调整，涉及面广、工作量大，实际上等于重新编制一次预算，在预算的执行过程中要慎重考虑。

(2)局部调整。预算执行中的调整，经常进行的是局部调整。而传统概念中的局部调整，如动用预备费，不再作为预算调整，只能作为一种收支调剂。因此，预算的局部调整有以下两种形式：

①预算的追加追减

预算执行中由于国民经济和社会政治经济形势的变化，或者由于政策制度和体制的变化，而发生单位预算和总预算的追加追减是正常和必要的。在原核定预算总额以外，增加预算收入或支出数额称为追加预算；减少收入或支出数额称为追减预算。

各部门、各单位由于国家政策、计划、制度发生重大变化以及难以预料的特殊原因，需要追加追减收支预算时，均应编制追加追减预算。办理追加追减预算时，必须经各级人民代表大会常务委员会批准方可执行。预算的追加与追减需考虑以下问题：追加收入必须建立在发展经济的基础上；追减收入必须制定抵补办法或紧缩开支；追加支出，必须有确定的资金来源，追减支出要相应地调整建设事业计划。此外，在审定追加、追减预算时，要考虑到预算与银行、信贷、物质供求以及外汇收支等各方面的综合平衡。

②预算划转

由于行政区划或企业、事业单位隶属关系的改变，使其预算的隶属关系发生改变，引起预算收入和预算支出在部门和地区之间的调整，称为预算划转。

企业、事业单位隶属关系改变后，应将全部预算划归新的领导部门或接管单位。其应缴的各项预算收入及应领的各项预算拨款和经费，一律按照预算年度划转全年预算。年度预算执行中已经缴入国库的收入和已经实现的支出，也要同时划转，由划入和划出的双方进行结算。预算划转有三种情况：中央预算和地方预算之间的划转；地方各级预算之间的划转；部门之间的划转。预算划转应做到及时准确，既要保证财权和事权的统一，又要保证预算任务的完成。

③预算调整程序

各级政府对于必须进行的预算调整，应当由本级财政部门编制预算调整方案。中央预算的调整方法必须提请全国人民代表大会常务委员会审查批准，县级以上地方人民各级政府预算的调整方案必须提请本级人民代表大会常务委员会审查和批准，乡、民族乡、镇政府预算的调整方法必须提请本级人民代表大会审查批准。未经批准，不得调整预算。地方各级政府预算的调整方案经批准后，由本级政府报上一级政府备案。

(四)政府预算执行中的分析检查

预算执行分析是指为及时掌握预算收支状况，以改进和指导预算工作，保证预算顺利执行，预算执行机关或其他有关部门在预算执行过程中或之后采用的多种形式和方法，对公共预算收支活动全过程进行分析。

1. 预算执行分析的程序

(1)明确检查分析的目的。根据各个时期政府、财政工作的中心任务和工作重点、热的、难点问题，准确分析重点。

(2)拟定检查分析提纲。分析提纲一般应包括：预算执行检查分析的对象、范围；需要的数据资料；工作的方法和步骤；完成分析的时间和要求；具体的组织分工和各方面的协调配合。

(3)搜集资料，掌握情况。有计划地搜集和积累分析所需要的各种资料，是进行预算业务分析的重要基础。从实际需要来看，预算业务分析资料主要包括：

第一，本身的各种报表数据，包括各级预算收入旬报、月报和年度决算报表。

第二，征收机关、国库等提供的各种资料，包括税收计划、退库计划、亏损计划等。

第三，有关预算执行的文件和各种规章制度等。

第四，国民经济主要指标，主要有国内生产总值、国民收入、社会商品零售总额、物价指数、固定资产投资计划、银行存贷款指标等。

(4)深入实地，调查研究。为使分析更深入、更透彻、更彻底、更能说明问题，在占有大量数据的基础上，还必须进行一些调查研究。通过调查研究，掌握第一手资料，从而更好地为预算业务分析服务。

2. 预算执行分析的内容

预算执行分析的内容着重反映经济和财政运行过程中的苗头性、倾向性问题，向多因素、相关性、政策效应和趋势分析拓展。分析的内容主要包括四个方面：

(1)分析贯彻国家方针、政策、重大经济措施情况及其对预算收支的影响。

(2)分析国民经济和社会发展计划主要经济事业指标完成情况对预算执行的影响。

(3)分析政府预算收支项目的完成情况。

(4)分析政府预算收支的平衡情况。

3. 预算执行分析的方法

预算执行分析不仅要执行定性分析,还应进行定量分析。常用的预算执行分析方法有比较分析法和因素分析法。

(1)比较分析法。比较分析法是将预算指标与相关预算标准进行对比,以对预算执行情况进行分析。

①本期实际完成指标和预算指标的对比,可以说明预算完成的情况,揭示预算指标和实际完成指标之间的差异。

②本期实际完成指标和前期(同期)实际指标对比,便于分析研究收支和经济活动的变化规律或发展趋势,便于分析研究收支增减变化的各种因素。

③同类地区、部门、企业单位之间本期实际完成指标对比。通过这种对比,分析各地区的特点,发展薄弱环节,揭示先进与后进的差距,以便进一步分析、研究问题,推广经验,调动一切积极因素,更好地完成预算任务。

比较分析法虽然有一定的作用和优点,但无法分析诸变化因素对预算和实际差异的影响程度,从而限制检查分析的广度和深度。

(2)因素分析法。因素分析法也称连环替代法。这种方法是从影响收支的诸多因素中分别测定每项因素对收支影响程度的方法。采用此方法,要对诸因素排列分类,分析哪些是正面因素、哪些是反面因素、哪些是积极因素、哪些是消极因素、哪些是主要因素、哪些是次要因素、哪些是客观因素、哪些是主观因素、哪些是经常性因素、哪些是偶发性因素等。为了从经济上衡量诸因素所起作用的大小,还应当确定诸因素对差异的影响程度。如果某项差异是许多因素交义作用影响的结果,则需要用因素分析法制定各个因素对差异影响的程度。

因素分析法的特点是,通过对组成某一经济指标诸因素顺序的分析,用数值来测定由于诸因素变动对产生差异的影响程度。该方法的基本原理可以概括为"依次替换,顺序分析,得出结论"。在实际操作中,要严格规定诸因素的排列顺序,并在不同时期均按既定排列顺序分析,才具有可比性,能得到正确的组合结果,否则因素失真将得到错误的组合结果。

除了以上这两种主要的分析外,还有动态分析法和模型分析法。

动态分析法是研究预算收支在时间上的变化及其规律性的方法。模型分析法也因其独有的优势日渐引起人们的重视。

4. 预算执行的分析方式

对预算执行情况进行检查和分析的方式主要有以下三类:

(1)定期检查分析和不定期检查分析。定期检查分析是一种比较系统、全面的分析形式,是指在预算执行规定的期限内(月份、季度或半年),对预算执行过程中所取得的成绩和存在的问题进行全面分析、综合研究,预测其发展趋势,并针对存在的问题提出相应的对策,以指导下阶段的工作。定期检查分析是预算执行检查分析的基本形式,其优点是具有可比性、稳定性和可操作性和时效性。

而不定期检查分析正好弥补了定期检查分析的缺陷,它往往是针对工作中出现的重点、热点和难点问题,或针对某一事件而进行的一种分析。

(2)定性检查分析和定量检查分析。在目前各种经济分析中,定性检查分析较多,而深入、全面的定量分析较少,结果造成不少决策失误。财政部门拥有大量系统、全面的数据资料,从而为从事定量分析提供了得天独厚的条件,但不能搞片面的数据罗列。

(3)综合检查分析、专题检查分析。综合检查分析是对各项指标进行综合、全面、系统的研究分析。综合检查分析一般是定期分析,它对全面检查考核预算计划的完成情况、进一步加强预算管理、总结工作经验起到重要作用。

专题检查分析是针对某个比较突出的问题进行深入、具体的检查分析,以便及时采取措施,解决存在的问题。由于这些问题对预算执行有较大的影响,为此要组织专门力量进行检查分析。专题检查分析是综合检查分析的继续和深化,它的特点是中心明确、内容集中、分析透彻、反映及时。

四、政府预算的决算程序

在预算执行过程中要随时对预算进行监督,并进行阶段评价。预算监督主要通过审计和监察机构进行。实行监督的机构有些隶属于财政部,有些是财政部门以外的专门机构,如一些国家的"国会预算办公室""联邦审计署"等。这些专门机构作为一种预算的外部力量发挥着重要作用,这些专门机构对国家最高权力机关负责,它们的工作人员受雇于国家最高权力机关,独立于行政机构之外,不受政府管辖,只接受法律的制约。有的国家明确规定在这些机构中工作的人员享有司法独立权,派往各行政机构,就地监督检查预算执行情况,如发现问题,便报告主管机构,及时进行制止和纠正。

政府决算是经法定程序批准的预算执行结果的会计报告,既是预算执行情况的总结,又是政府职能履行状况的反映。预算执行的结果如何,是实现了预算平衡,还是预算支出大于预算收入出现了赤字,只有通过政府决算才能准确地反映出来。可以这样说,预算的编制是预算管理的起点,预算的执行是预算管理的关键,决算是预算管理结果最后的、全面的检查。

(一)政府决算的特点

政府决算是政府预算管理过程中的一个十分重要的阶段,它具有以下特点:

1. 政府决算是一个政府预算会计总结报告

从政府决算的实质内容观察,政府决算是通过政府预算会计技术将预算执行过程中所发生的各类资金收支信息进行记录和汇总而形成的。

2. 政府决算是一个审查报告

政府预算虽然是按法定程序批准的报告,但在预算执行过程中,因为很多主观和客观因素的影响,会形成追加(减)预算、跨年度预算等项目,如何将这些项目统一、全面、及时地加以总结和反映,这是政府预算不能胜任的职能,只能通过政府决算来完成,特别是在中国的政府决算中,所承担的这类工作更多,有必要通过最后的审查保证这类政府预算的合规性。

3. 政府决算是一个批准报告

政府预算只是对未来一年的资金收支情况所做出的一个相对科学、合理的预测,这种预测最终体现在政府预算年度内对各地区、各部门和各单位资金的满足情况,在一些预测数和实际数不一致的方面,就要等年终的政府决算最终确定和批准,决算不批准的数量,预算执行数是无效的。

(二)政府决算的流程

政府决算的基本流程具体如下:

1. 政府决算编制的前期准备工作

为保证政府决算的顺利完成，必须做好一系列的准备工作。

(1)拟定和下达编制政府决算(草案)的通知。为使各级政府、各部门及各预算决算的编制工作在规定的时间内及时、准确地完成，每年第四季度，国务院财政部门都会在总结上年决算编制工作的基础上，结合当年国家财政的方针政策、预算管理体制的变动、财务制度的改革，以及当年预算执行中的问题，发布关于编制当年中央和地方财政决算(草案)的通知，统一部署每年编制和审查决算的具体事项。该通知的主要内容如下：

①完成全年预算任务的主要措施

一般要求在整个决算编审工作中，狠抓预算执行，针对当年政府预算收支的特点和主要问题，抓紧年前增收节支和平衡预算的工作，提出增加收入、节约支出和平衡预算的具体措施，努力平衡当年的预算。

②组织年度预算清理工作的要求

通过年度预算通知的清理，将由政府预算集中的资金，及时足额地上缴国库，确保基础数据真实可靠，为完整准确地编制政府决算打好基础。

③做好财政决算编制管理工作的基本要求

各级财政财务部门要高度重视，切实加强决算工作组织领导，制定完善的制度规范，建立协调有序、运转高效的决算工作程序；进一步加大决算工作人、财、物的保障力度，及时解决决算工作中存在的问题；加强业务指导，统筹安排决算工作，加大决算报表和软件的培训力度，确保决算人员准确把握报表口径，熟练运用决算软件；严格按照编审要求填报数据，认真细致地做好决算数据的审核，提高数据质量。

④提高决算审查的重点和决算审查的具体要求

根据当年重大经济改革措施引起各级预算收入转移的情况，以及国家发布的一系列有关财政预算工作的文件和法规，提出预算审查的重点和方法，以及发现问题时的处理办法。

⑤规定编制和汇总决算的方法

规定决算编制的组织领导、决算收支的年度划分以及数字编制的基础等；同时强调编制和汇总决算时，必须做到数字准确、内容完整、报送及时、如实反映情况等。

⑥提出对当年预算执行中若干具体问题的决算处理意见

决算处理意见主要包括：经常性的中央预算与地方预算之间的收入分成，以及上解"补助"借款垫款的具体结算办法；地方预算收入超出和结余的处理意见；允许结转下年继续使用的预算支出结余项目；等等。

⑦明确决算的报送期限和份数

各省(自治区、直辖市)的总决算，一般要求在预算年度终了后的3个月内以一式五份报送财政部；中央和主管部门汇总各单位的决算，一般要求在预算年度终了后3个月内以一式两份报送财政部。各省(自治区、直辖市)本级单位决算以及所属市(州)、县(市)总决算的报送期限和份数，在保证及时汇总上报的原则下，可自行规定。

财政部在拟定和颁发国家决算编审办法的同时，还要颁发国有企业财务决算和基本建设财务决算的具体编报办法，逐级下达。国库和税务总局也要分别颁发编制国库年报和税收年报的具体补充文件。

2. 制定和颁发决算表格

为了保证全国各地区、各部门决算的格式及内容的统一，并达到当年决算编审的要求，财政部每年在拟定决算编制办法的同时，还需要制定颁发各种统一的决算表格。

(1)政府决算表格的分类。决算表格主要反映的是政府决算收支的数字，是编制政府决算的工具。按照不同的标准，决算表格有不同的分类。

决算表格按照预算财务系统，可分为财政总决算表格、事业行政单位决算表格、企业财务决算表格和基本建设财务决算表格。

决算表格按使用范围，可分为各级财政部门使用的总决算表格、各级主管部门和所属单位使用的单位决算表格。

决算表格按反映的内容，可分为决算收支表和资产负债表类、反映全年预算收支执行结果和预算资金活动的会计数字表。

(2)决算表格的修订原则。一般来讲，由于预算管理体制、财务制度等因素的不断变动，每一年的决算表格都需要重新修订。在修订决算表格时通常遵循以下原则：

①决算报表应同当年的预算报表相匹配，以利于总结全年的预算执行情况；同时还要兼顾本年度决算和下年度预算设计的要求。

②主要的决算表格保持相对的稳定性。表格在形式上应具有一定的稳定性。一般情况下，都是在上半年度决算表格的基础上做一些必要的删减。这样既满足了每年决算的需要，又能保证决算表格项目、格式、内容统一，从而使不同年份的政府决算具有可比性。

③决算表格简单、明了。政府决算报表的编制应在充分反映决算收支的前提下，尽量做到简明扼要，使得决算报表的审批者及使用者一目了然。

3. 开展年终清理

年终清理是指各级财政部门和行政事业单位、企业单位、基本建设单位，在年终对预算收支、会计科目、财产物资进行全面核对和清查，它是及时、正确、完整地进行年终结算以及编制决算报表的必要前提。

通过年终清理工作，一方面可以提供准确的当年的预算收支数据，反映全年的预算执行情况，为准确地分析预算执行情况和总结执行预算的经验提供数据；另一方面，可以检查各级政府、各部门及预算单位的财政收支活动是否符合国家的法律法规及财政政策方针。年终清理的主要内容包括：

(1)核实年度预算及其调整变动情况。预算数字是考核决算和办理收支结算的基本数字和依据。核对年度预算收支数字，主要是指在年终前，各级财政总预算、部门和所属单位预算本身，以及各级财政总预算之间、各级财政总预算和各部门预算之间、部门预算和所属单位预算之间，都要在年初核定的预算收支数字的基础上，把本身的全年预算收支数字、上下级之间的全年预算收支数字以及追加追减、上划下划的数字核对清楚，各项预算数应与报本级人民代表大会批准的预算数一致。为了便于年终清理，每个预算年度的经费限额的下达截止到 12 月 25 日，每年的 12 月份也不再办理预算的追加追减和预算划转手续。

(2)清理本年度预算应收应支的款项。通过清理本年度应收应支的款项，做到凡是一切应缴的预算收入均应及时足额地缴入国库；凡是应在本年度列支的支出均在年终前办理完毕，同时剔除一切虚列的支出；凡是应在当年弥补的计划亏损，均应按照政策要求审查核实后及时办理退库手续。各单位超过正常备用库存的现金要在年终前交回银行，恢复预算存款，减少银行支出数。

(3)结清预算拨借款项。各级财政部门之间、财政部门和各主管部门之间、主管部门和所属单位之间的拨借款项，都应在每年 12 月 31 日前结算清楚。另外，各级财政部门之间的预算补助款或预算上解款，也必须按国家规定的分成比例，结合相应的垫支款数量进行结算，多退少补。

(4)清理往来款项。为了保证决算数字的真实性，防止预算资金的分散和积压，各级财政部门和其他事业、行政、基建、企业等单位之间的暂收暂付、应收应付等往来款项，都要在年终结算清楚，做到收入和欠款在各部门之间清楚明了，即没有应收未收和应付款项；对应转作本年预算收入或预算支出的款项，要转入本年度的预算收支账户中；该上缴的上缴，该列支的列支，以统一编入本年决算，不得以往来账目长期挂账；单位预算的代管费用也应当在年终前与委托单位结清账目。如有确实无法清理的往来款项，也必须按财经制度的规定处理。

(5)清查财产物资。对于所有的预算执行单位，必须在年终前对本单位的固定资产、库存材料等所有的财产物资进行清理盘点，做到账实相符、账账相符。另外，也要对库存现金进行清查，做到账款相符。通过财产物资的清查，如实地反映各预算单位所拥有的财产物资数。

(6)进行决算数字的对账工作。具体来讲，对于财政收入，各级财政部门、企业利润监缴机关、国家金库必须会同预算缴款单位进行年终对账，在决算数字核对一致后，填制对账单、办理签证，然后分别按系统上报；对于财政支出，各级财政部门要会同主管部门、用款单位和开户银行，把决算支出数字共同核对一致，然后按照规定的程序逐级进行年终对账签证，并按规定的程序逐级上报。从而使得各级财政总决算、国有企业财务决算、行政单位决算、事业单位决算、基本建设财务决算、国库年报、税收年报等有关决算收支数字的链接一致。

(7)核实预算外资金收支数。对于预算外资金，主要清理财政部门和各单位掌管的预算外资金的来源与运用情况，核查有无擅自扩大提取范围和提高各项附加比例，以及各项专用资金的提留比例。还需注意清理将预算内资金转为预算外资金，挤占预算内资金的现象。

4. 进行年终结算

年终结算是各级财政之间要在年终清理的基础上，结清上下级财政预算之间的预算调拨收支和往来款项。

政府决算是指经法定程序批准的年度预算执行结果的会计报告，是年度政府预算执行结果的总结。按照决算级次，政府决算分为中央决算和地方决算；按照内容，政府决算分为公共财政决算、国有资本经营决算、政府性基金决算和社会保险基金决算；按照决算形式，政府决算分为决算报表和决算文字说明两部分；按照决算报送单位，政府决算分为总决算和单位决算。

政府决算的基本流程包括政府决算编制的准备工作、政府决算的编制以及政府决算的审批。政府决算编制的前期准备工作包括拟订和下达编制政府决算(草案)的通知，制定和颁发决算表格，开展年终清理和进行年终结算。政府决算的编制采取自下而上层层汇编的方式，由各级财政部门汇编成本级决算，报本级政府审定后，提请本级人大常委会审批。

例 12－1　某市财政某年度有关资料如下：

(1)上划中央消费税和增值税 86 000 万元，其中：中央下划收入7 800万元，该市净上划消费税和增值税78 200万元(即税收返还基数)。

(2)该市上划消费税和增值税平时资金返还按实际缴入中央库收入的 40%划转市金库。

(3)该市上划消费税和增值税年终决算实际完成88 000万元，增长 10%。

(4)该市全年向上级财政借款余额为6 000万元。

(5)该市原体制定额上解30 000万元，年终结算事项应专项上解 500 万元。

(6)当年上级财政追加专项拨款12 500万元；年终结算事项补助1 000万元。

(7)该市当年决算地方财政收入26 800万元；决算支出52 000万元；上年滚存结余4 000万

元;年终决算上级财政批准该市动用结余增设预算周转金300万元。

要求:计算该市财政收入总计、支出总计、年终滚存结余以及上级与下级财政结算情况。

(1)税收应退换数=税收返还基数×(1+"两税"实际增长率×0.3)

=78 200×(1+10%×0.3)=80 546(万元)

(2)资金已返还数=上划"两税"年终结算实际完成数×返还比例

=88 000×40%

=35 200(万元)

(3)收入总计=地方财政收入+税收返还收入+当年上级财政追加专项拨款

+年终结算事项补助+上年滚存结余

=26 800+80 546+12 500+1 000+4 000=124 846(万元)

(4)支出总计=决算支出数+原体制上解数+专项结算上解数

=52 000+30 000+500=82 500(万元)

(5)年终滚存结余=决算收入数-决算支出数-增设预算周转金

=124 846-82 500-300=42 046(万元)

(7)该省已得资金数=资金已返还数+向中央财政的借款数

=35 200+6 000=41 200(万元)

(8)该省应上解数=原体制上解数+专项结算上解数

=30 000+500=30 500(万元)

(9)最后结算上级财政欠下级财政数额=应得资金数-已得资金数-应上解数

=94 046-41 200-30 500=22 346(万元)

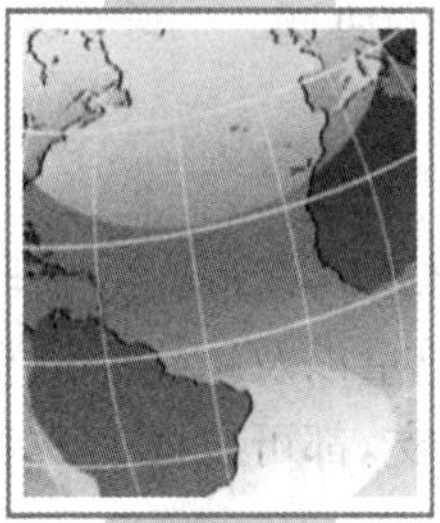

第十章 财政政策

章前导读

财政政策是政府为实现一定宏观经济目标而调整财政收支规模和收支平衡的原则和措施。在我国,财政与银行信贷是国家从宏观上集中分配资金的两条不同渠道,两者虽然都能对社会的总需求与总供给进行调节,但在消费需求与投资需求形成中的作用又是不同的,而且这种作用是不可相互替代的。在本章中,我们可以更深入的了解财政政策对一国经济活动和宏观经济的影响。

第一节 财政政策概述

财政政策是指一国政府为了实现一定的宏观经济目标而调整财政收支规模和收支平衡的指导原则及相应的措施。财政政策是国家经济政策的重要组成部分,其制定和实施的过程也是国家进行宏观调控的过程。

财政政策作为体现国家年度收入和支出、平衡预算和国家债务的工具,贯穿于财政工作的全过程。正因为如此,我们可以说财政政策是由支出政策、税收政策、预算平衡政策、国债政策等构成的一个完整的政策体系。在市场经济条件下,财政功能是否得以正常发挥,主要取决于财政政策的适当运用与否。财政政策运用得当,就可以保证经济的持续、稳定和协调发展;财政政策运用失当,就会引起经济的失衡和波动。

综上,财政政策可以定义为是国家以一定的宏观经济理论为依据,为实现既定时期内的经济社会总体目标,而对政府支出和收入等各种财政手段的选择以及综合运用。这一定义表明:

(1)财政政策以一定的宏观经济理论为依据。

(2)财政政策以多重的宏观经济指标为目标。

(3)财政政策是多种财政政策手段的综合运用。

财政政策兼顾全局性和局部性两个方面。在全局上,财政政策可以对整个社会积累和消费的比例起到调节作用,在国家内部实施财政转移制度等,这些都属于全局性的财政政策。在局部上,也针对某一类企业或行业实施税收优惠政策措施,对城市居民的生活品价格进行补贴,对农业生产减免税收,而对某项工程的投资则同样属于局部性的财政政策。当然,全局性的财政政策和局部性的财政政策的划分只是相对的。一项财政政策究竟是全局性的还是局部性的,主要看这项财政政策所产生影响的范围的大小。一般来说,全局性的财政政策是涉及和覆盖全国的,否则就是局部性的财政政策。

财政政策是宏观经济学中的重点部分,当然也更侧重于宏观调控效应,但实施财政政策的手段必须要作用于微观经济主体,通过影响他们的行为,以达到一定的原订目标。因此,全局性的财政政策和局部性的财政政策是相互依赖、互为条件的。局部性的财政政策服务于或从属于全局性的财政政策，而全局性的财政政策往往要通过局部性的财政政策来实施。有时全局性的财政政策和局部性的财政政策会产生一些冲突，这就需要进行政策的协调。

一、财政政策工具

财政政策工具就是由财政政策主体所选择并使用的、用于达到既定财政政策目标的手段和方法。任何一种活动或行为，只要包括预算政策、税收、公债、财政支出总量以及结构的调整与变化和转移支付等有意识的活动和行为，只要是用于调整财政政策的收支，都可以成为财政政策工具。

（一）预算政策

国家预算也称为政府预算，是实施财政政策的重要工具，在各种财政政策中居于核心地位，也是财政政策中最常用的一种，在宏观调控中发挥着重要的作用。国家预算反映着一定时期国家财政的活动范围和方向，并被作为国家财政的基本收支计划和行动部署。一般来说，政府扩大预算支出，会促使社会总需求扩张；政府压缩预算支出，则促使社会总需求缩小。这些预算都在每年国家发布的预算报告中有所体现。

预算有三种政策方向：赤字预算政策、盈余预算政策和平衡预算政策。从预算的对比关系来看，预算开支大于预算收入，形成预算赤字，它对总需求的影响是扩张性的，并且会改变原来社会总供给和总需求的对比态势；一般当经济增长速度较为平稳、失业率和通货膨胀率较为适中，在人们认可的范围之内时，国家通常采用平衡的预算政策；预算收入大于预算支出，形成预算盈余，对社会总需求产生的影响是收缩性的，也会改变原来社会总供给和总需求的对比态势。所以，预算政策通过调节预算收支的规模及差额，进而调节社会总供给和总需求的总量，促使社会总供给和总需求的平衡。预算政策既有总量调节又有结构调节，预算收支规模的扩张与缩小是总量调节，而预算收支结构的变动则是结构调节。正是预算政策的这两个方面的调节功能，使政府在调节社会总供给和总需求上多使用预算总量政策，而在调节一国产业结构方面多使用预算结构政策。

（二）税收政策

税收作为一种重要的政策工具，具有分配形式上的强制性、无偿性和固定性特征。这三个特征使税收调节同时具有权威性。税收的调节作用主要通过宏观税负、税负分配以及税收优惠和税收惩罚体现出来。宏观税负指的是总的税收水平，就是总税额占国民收入的比重。当一国把税收作为财政收入的基本来源时，宏观税负就成为衡量财力集中与分散程度的一个重要指标。宏观税负高，意味着政府集中掌握的财力或动员资源的能力强；反之则弱。政府动员资源的能力如何，对于宏观经济运行的稳定以及经济发展产生巨大的影响。一般来说，政府提高宏观税负，会对民间部门经济起收缩的作用，宏观税负提高，意味着更多收入从民间部门流向政府部门，相应的，民间部门的需求将下降，民间部门的产出将减少；政府若降低宏观税负，则会对民间部门经济起扩张作用，需求相应地将上升，产出也相应地增加。宏观税负确定后，税负的分配就显得十分重要。税负分配，一方面由政府部门进行，主要是通过税种和税率的选择与制定来实现；另一方面通过市场活动进行，主要是通过税负转嫁的形式体现出来。两个层次的税负分配，对于收入的变动、相应的个人与企业的生产经营活动以及各经济活动主体的行为，均产生重大影响。税收优惠与惩罚主要是在征税的基础上，为了某些特殊需要而实行的鼓励性措施或惩罚性措施。这种措施在运用上具有较大的灵活性，它往往起到征税难以起到的作用。因此，在各国的税法中都不同程度地保留着某些税收优惠性和惩罚性措施。税收的优惠性措施包括许多方面，比如减税、免税、宽限、加速折旧以及建立保税区等；与税收优惠性措施相反的是税收惩罚性措施，比如报复性关税、税收加成、征收滞纳金等。无论是优惠性措施还是惩罚性措施，对实现财政政策的某些目标都能起到一定的作用。

（三）公债政策

作为一种财政信用形式，公债最初主要是政府用来弥补财政赤字的，随着信用制度的发展，公债已成为财政政策的重要手段之一，在经济中扮演着越来越重要的角色，它成为连接财政政策与货币政策的桥梁，同时也是连接和协调财政与金融关系的重要政策手段。在现代信用制度下，公债的市场操作是沟通财政政策与货币政策的主要载体，通过公债的市场操作，可以协调大量的经济政策体系。一方面，公债市场融资比直接的政府透支对基础货币的变动影响小，可以淡化赤字的通货膨胀后果；另一方面，可以增强中央银行灵活调节货币供应的能力。

公债的调节作用主要体现在下述三种效应上：

1. 货币效应

货币供给也会由于公债发行引起变化，公债的发行一方面可能使部分“潜在货币”变为现实流通货币；另一方面则可能把存于居民手中的货币转到政府部门，或者通货膨胀也会在中央银行购买公债增加货币的投放时产生。由公债发行所带来的货币的一系列增减变动，统称为货币效应。

2. 挤出效应

挤出效应是指政府通过扩大公债发行规模，可能会挤掉民间的投资或消费，即由于公债的发行使民间部门的投资或消费资金减少，从而对民间部门的游资或消费起调节作用。一方面，公债规模的扩大可能导致流通中货币量的增加，促使利率上升，从而减少民间投资或消费；另一方面，政府国债规模的扩大还会将民间的资金集中到政府手里，导致民间投资或消费资金减少。政府运用公债手段执行财政政策究竟能否产生挤出效应，还要结合当时的经济环境进行具体分析。

3. 收入效应

公债主要是依靠未来年度政府收到的税收来偿还，而公债持有人在公债到期时不仅可以收回本金，而且得到利息收入。政府发行公债主要用于社会公共需要，人人均可享用。这样，在一般纳税人与公债持有人之间就产生了收入的转移问题。我们还应该注意，公债所带来的收入与负担问题不仅影响当代人，而且还存在着所谓几代人的收入与负担的转移问题。对这些问题的分析，就是收入效应分析。

公债的作用主要通过公债的规模、持有人结构、期限的构成、公债的利率等多方面综合体现出来。政府可以通过调整公债规模、选择发行对象、区分公债偿还期限、确定不同期限结构和利率结构来实现财政政策目标。如果政府公债规模过大，尤其是当国债资金使用效率不高时，巨额的国债本金和利息支付将使财政不堪重负，由此可能产生债务风险，我们应该尽量避免此种情况出现。

（四）支出政策

公共支出主要是指满足社会公共需要的一般性支出或称经常项目支出，它包括购买性支出和转移性支出两大类。

购买性支出包括商品和劳务的购买，它是一种政府的直接消费支出，体现政府的市场性再分配活动。购买性支出起的作用是通过支出，使政府掌握的资金与微观经济主体提供的商品与劳务相交换，因而对于社会的生产和就业有直接的影响。购买性支出当然也影响国民收入的分配，但其影响是间接的。

转移性支出所体现的是政府的非市场性再分配活动。转移性支出所起的作用是通过支出过程使政府所有的资金转移到领受者手中，它只是资金使用权的转移，对分配产生直接的影响。可见，在公共支出总额中，对生产和就业有直接影响的购买性支出所占比重大些，直接通过财政所配置的资源的规模就大些；反之，转移性支出所占的比重大些，财政活动对收入分配的直接影响就大些。

二、财政政策的种类

（一）扩张性的财政政策

扩张性的财政政策又称“松”的财政政策，是指通过增加财政政策收支活动和刺激社会总需求的政策。在社会总需求不足的情况下，政府通常采取扩张性的财政政策，其主要内容增加政府支出，减少税收。增加政府支出，包括增加公共工程的开支，增加政府对物品或劳务的购买，增加政府对个人的转移性支付。这样，一方面可使社会总需求中的政府开支部分提高，从而增加总需求；另一方面也可以刺激私人消费和投资，间接增加总需求。由于财政支出大于财政收入，因而表现为财政赤字。

（二）紧缩性的财政政策

紧缩性财政政策又称“紧”的财政政策，是指通过财政政策活动，减少和抑制社会总需求的政策。在社会总需求规模大于社会总供给的情况下，政府通常采取紧缩性的财政政策，其内容是减少政府支出，增加政府税收，最终实现总供给与总需求平衡的目标。减少政府支出包括减少公共工程的开支，减少政府对物品和劳务的购买，减少政府对个人的转移性支付。增加政府税收包括提高税率，设置新税等。由于财政支出小于财政收入，因而表现为财政盈余。

（三）中性的财政政策

中性的财政政策又称“均衡”的财政政策，是指政府的财政收支活动不对社会总需求施加扩张性或者紧缩性影响的政策。在社会总需求与总供需基本平衡的情况下，政府只需要维持原有的财政收支规模与结构，从而保持财政政策的中性，不对社会总供需产生任何影响。中性的财政政策是在经济发展相对平稳的时期，国家实行的政策使宏观税率基本稳定，财政支出随社会生产力发展、国民生产总值的增长、财政收入的增加而相应增加，以保持财政收支的相对平衡。中性的财政政策实施的结果表现为财政收支在数量上基本一致。

对于中性的财政政策可以有两种相互对立的理解。一方面，可以把中性的财政政策理解为是一种消极的财政政策，因为从一定意义上说，中性的财政政策实际上只是“被动地”迎合了经济的需要，理论上，这种政策不会对经济施加任何影响；另一方面，也可以把中性的财政政策理解为是一种积极的财政政策，因为它是政府为了保持社会总供给与总需求之间的平衡而进行的一种政策调整，是积极的财政政策的延续。

第二节　财政政策传导机制

根据财政政策在经济中抵消总需求变化的工具作用方式的不同，可以将财政政策分为自动稳定器财政政策和相机抉择的稳定器财政政策。

一、自动稳定器

自动稳定器又称内在稳定器，是指在经济中能够自动地抵消总需求变化的财政政策工具或者财政活动。自动稳定器的特点是：在一定的前提下，它对于总需求的调节是自发的，不需要人们针对特殊变化临时做出判断并采取相应的措施。它可以自行发挥作用，减轻需求水平的波动，进一步稳定经济。在各类财政政策工具中，自动稳定器主要用在累进公司所得税、个人所得税以及有明确条件规定的对个人的转移支付。政府对个人的转移支付一般具备无偿性，它属于国家内部社会保障方面的开支，诸如失业救济、政府对居民的困难拨款以及抚恤金等，政府通过这种转移支付并不获得直接的经济补偿。这种支付发挥自动稳定的机理是：当经济处于衰退时，企业生产下降，投资不旺，导致失业人口大量增加，因此居民收入水平下降，在不改变原来消费偏好的情况下，居民总的需求水平必然会下降，而这时，如果政府通过转移支付把一部分资金转移到个人手上，就可以抑制个人需求的下降，从而阻止社会总需求水平的下降，这对经济的恢复可以发挥相当大的作用。在经济处于繁荣时期，企业生产大幅度增加，投资增加，失业人口大幅度下降，居民收入也大幅度上升，这时政府的转移支付就会下降，就会减缓社会总需求的膨胀。所以，政府对个人转移支付的这种作用，实际上具有自动稳定经济运行的作用。

累进的公司所得税和个人所得税也有类似的功能。当经济处于繁荣时期，公司利润和个人收入增加，消费和投资也会增加，由于累进税制的特点，收入越高，税率也就越高，所以，随着公司利润和个人收入的提高，这时政府的税收就会以更大的幅度增加，这样就遏制了总需求的膨胀；当经济处于萧条时，公司利润和个人收入减少，由于累进税制的特点，收入越少，税率也就越低，所以，随着公司利润和个人收入的降低，这时政府的税收就会以更快的速度下降，这样就阻碍了总需求的降低。

总之，累进的所得税和转移支付能够自动调节社会总需求的波动幅度，避免经济过度地需求膨胀或过度地需求不足，减轻需求水平波动，进而起到稳定经济的作用。

二、相机抉择的稳定器

相机抉择的稳定器和自动稳定器的区别是：它不是自动地发挥作用，而是建立在决策者对客观经济形势的分析和判断之上，在合适的时机决定采取的相应的财政政策措施。相机抉择的稳定器是指为了使经济达到预定的总需求水平和就业水平，政府根据不同的情况所采取的财政政策措施。例如，在经济运行过程中，如果政府认为社会总体水平已经过高，甚至出现总需求膨胀或者通货膨胀的现象，政府就会实行紧缩性财政政策，使总需求水平降低，使之与当前的社会总体供给水平相适应；相反，如果政府认为社会总需求不足，经济不景气，失业率过高，政府便采取扩张性的财政政策，以刺激或促进社会总需求水平的上升。

在多种财政政策工具中，相机抉择的稳定器主要有：(1)调整政府购买商品和劳务的水平(即调整除了政府转移支付以外的其他财政支出水平)；(2)调整税率；(3)调整税收起征点和减免税的适用条件；(4)调整转移支付的条件；(5)调整加速折旧政策；等等。

运用相机抉择原理调节经济运行，一般是逆经济周期而行，即当经济处于萧条时期，政府往往采取扩张的措施，如扩大开支，降低税率，加速折旧等，从而刺激社会总需求的增加；当经济处于繁荣时期，政府就会采取紧缩的政策，如缩小开支，提高税率，降低折旧率等，以此抑制社会总需求的增加。总之，相机抉择原理的运用同样是调节经济的过度膨胀和经济的过度萧条，以保持经济的平稳运行。

关于相机抉择，许多人可能并不熟悉，首先，我们介绍什么是相机抉择。相机抉择是指政府在进行社会需求管理时，根据市场具体情况和特点，灵活地决定和选择当前究竟应采取哪一种或哪几种政策措施的一种方法。

相机抉择还可以分为财政政策和货币政策两个不同的方面来单独探讨。相机抉择的财政政策是指政府根据一定时期的经济社会状况，机动地决定和选择不同类型的反经济周期的财政政策工具，干预经济运行，实现财政目标。相机抉择财政政策分为汲水政策和补偿政策。汲水政策是指在经济萧条时期进行公共投资，以增加社会有效需求，使经济恢复活力的政策。补偿政策是指政府有意识地从当时经济状态的反方向上调节经济变动的财政政策，以实现稳定经济波动的目的。例如，在20世纪30年代的世界经济危机中，美国实施的罗斯福一霍普金斯计划（1929～1933年）、日本实施的时局匡救政策（1932年）等，都是相机抉择财政政策的范例。相机抉择的货币政策又称权衡性货币政策，是指货币当局或中央银行依据对经济形势的判断，为达成既定的货币政策目标而采取的权衡性措施。为了调节短期利息率和经济发展水平，而不断改变准备金或者货币流通量的增长率。

除了财政政策和货币政策在相机抉择之间的取舍使用以外，这两种政策还会相互作用。到现在为止，我们是将货币政策和财政政策作为两种不同的政策来论述的。在美国，财政政策是国会和总统的责任，而货币政策由美联储负责。这一分工使得分开论述它们更方便。实际上，对经济来说，重要的是两种政策的效果和两者之间的重要的相互作用。如果美联储刺激经济同时提高利率，货币政策就会向相反的方向发生作用，部分或全部地抵消财政政策的扩张性效应。20世纪80年代初就出现过这种情况，当时紧缩性货币政策比扩张性财政政策的作用大，经济陷入了一次严重衰退。

我们也论述过财政政策的变动是如何要求美联储改变其政策规则的。如果货币政策的目标之一在于充分就业，保持低而稳定的通货膨胀率，那么中央银行将需要采取行动以抵消财政政策可能对通货膨胀产生的影响。

财政政策和货币政策都可以用于在短期内扩张总需求和增加产出。当通货膨胀的威胁增加时，两种政策都可以用于削弱总需求。但是这两种政策的影响不仅仅限于总需求。由于它们对投资的影响不同，它们对经济可能会产生不同的长期影响。货币扩张会降低实际利率，刺激投资。相反，财政扩张会降低国民储蓄并造成实际利率的升高和投资的降低。通过减少私人投资以使用财政政策刺激经济，可能会对未来的潜在产出产生有害的影响。

财政政策和货币政策对出口和进口的影响也不同。由于外国投资者会在其他地方寻找更高的收益，降低利率的货币扩张也会造成通货贬值。贬值会减少进口，增加出口。相反，使得利率上升的财政扩张会导致通货升值，由于外国货变得较便宜，净出口会下降。

最近几十年，在美国，货币政策已经成为宏观稳定政策的主要工具，斟酌处置的财政政策几乎不起作用。我们在前面论述过，主要原因是财政政策程序中内在的滞后性，特别是内部时滞（inside lag），即实施必要的支出或税收变动所需要的时间。首先，认识经济的变化或限制总支出需要花费时间。数据要修正，相互冲突的情况常常会使得确定真实情况的尝试困难重重。例如，2001年衰退以后，一项家庭调查倾向于表示就业正在增长，而另一项对企业的调查却表示工作机会正在丧失。此后，在对经济的一些变化有所认识以后，由于涉及新税或支出（无论是增加还是削减）的整套提案并使它获得国会通过都需要时间。虽然认识经济状况变化的滞后对不同的方法都是一样的，但财政政策的内部时滞依旧比货币政策长得多。战后衰退持续时间平均少于 1 年。但当税收提案被国会批准时(通常长于 1 年),经济已经进入经济周期的不同阶段。一个在最初引进时有意义的政策,在实施时可能很容易被证明是不合时宜的。这一不易使用性限制了斟酌处置的财政政策的有效性。相反,联邦公开市场委员会每 6 周开一次会,而且如果情况需要,委员会成员可以更频繁地举行电话会议。因此,货币政策可以迅速行动以处理新的经济情况。

货币政策与财政政策的不同还在于政策行动影响经济的速度是不同的。货币政策通过降低利率来刺激经济,从而增加对设备和房屋的投资,提高净出口。即使在厂商看到实际利率下降后,厂商进行新投资、企业开始生产新订货的产品可能也需要时间。同样,在长期,虽然较低的利率会导致对住房需求的上升,但制定计划、得到许可、开工建设都需要时间。一般地,货币政策对产出的效果需要 6 个月或更长时间才能感觉到。相反,政府购买的增加对总支出有直接和即时的影响。政策变动影响经济所需要的时间被称为外部时滞(outside lag),财政政策的外部时滞通常较短。

相机抉择的原则是:当社会总需求小于社会总供给,即总需求低于充分就业产量,失业扩大时,政府就实行扩张性财政政策,减少财政收入,增加财政支出,扩大财政赤字;或者实行扩张性货币政策,即增加货币供应量以降低利率;或者同时实行这两种政策,以刺激社会需求,特别是刺激投资需求,使需求与供给均衡,消除失业。当社会总需求大于社会总供给,即总需求高于充分就业产量发生通货膨胀时,政府就实行紧缩性财政政策,增加财政收入,压缩财政支出,减少财政赤字;或者实行紧缩性货币政策,减少货币供应以提高利率;或者同时实行这两种政策,以抑制社会需求,使需求与供给均衡,消除通货膨胀。在反危机的政策措施中,凯恩斯十分重视财政政策的作用。主要原因是,凯恩斯认为当利率低到一定水平时,人们会无限储存货币,而不用于投资或消费,即所谓流动性陷阱。因此,在一定条件下,增加供应的货币量会被货币流通速度降低所抵消,不继续导致社会有效需求的相应扩大。而财政支出多直接用于投资,由于投资乘数效应,它具有较强的刺激有效需求的作用。

相机抉择的货币政策规范具有三个特点:(1)货币政策本身属于一种能动性的短期经济稳定政策,货币当局之所以要根据经济运行态势相机抉择,其目的是要用货币政策所造成的能动性名义国民收入波动来抵消因总需求扰乱所导致的自发性名义国民收入波动,借以调节经济周期,稳定经济运行。(2)货币政策对因总需求扰乱所导致的名义国民收入的自发性波动的能动抵制作用,从而是对经济运行的稳定作用,是通过"逆对经济风向行事"的"反经济周期"的具体操作方式而实现的。(3)在"逆对经济风向行事"的"反经济周期"的货币政策的具体操作过程中,货币当局被赋予广泛的权力,它可以根据自己的主观判断权衡取舍,从而扮演了一个"货币列车"的"驾驶员"角色。

三、财政政策的目标

财政政策的目标,是政府希望通过预定的财政措施的实施所能达到和实现的目的,它既是政府制定财政政策的主要依据,又是考察财政政策实施效果的标准。财政政策的目标与其他宏观经济政策的目标一样,是确定与宏观经济周期性的波动紧密相连。此外,政府还肩负着保持社会稳定的基本功能,因此财政政策还应包含社会目标。在现代市场经济条件下,政府通常针对如下几个目标制定其财政政策。

(一)充分就业

充分就业是指在现有工资水平下,凡是愿意工作的人都能够顺利地寻找到工作。充分就业并不意味着所有的失业者都就业。失业主要有四种类型:季节性失业、摩擦性失业、结构性失业和周期性失业。前三种失业都是临时性的,随着季节的变化,失业者主动地寻找就业机会以及自我培训等方式,短时期内就能解决。周期性失业是由于经济周期性的变动引起的,而市场本身在克服周期性经济波动方面是无能为力的,由此而导致的失业是市场所不能解决的,财政政策所要解决的失业实际上就是周期性的经济波动所导致的非自愿失业。

充分就业是财政政策的首要目标。市场经济出现严重衰退和经济危机的直接表现就是失业率上升。大量的失业不仅是社会资源严重闲置浪费的直接表现,而且还会引发许多社会问题乃至政治问题。这样,解决就业问题就是政府首先要关注的问题。从宏观经济角度看,一旦政府的宏观经济政策运作促进就业率上升,其直接的结果就是经济景气回升好转。正因为如此,宏观经济政策的目标首要的就是就业问题。财政政策作为整个宏观经济政策的一个主要组成部分,就业也就成为其政策运作的首要目标。

(二)经济增长

衡量经济增长的方式通常有两种:一是一国经济总量的增长。目前,国际上通用的衡量经济总量增长的指标是GDP(国内生产总值)或GNP(国民生产总值)的增长幅度,该指标反映的是一国经济总量的增长情况。二是一国或一个地区实际的人均GDP或人均GNP增长状况,这个指标反映的是一国或地区居民生活水平的提高状况。从理论上说,适度的经济增长率是经济增长的边际成本等于边际收益时的经济增长率,但实际上适度的经济增长率不仅是难以确定的,而且在现实中也是不可能实现的。因此,理论界通常认为,只要经济增长保持一个较为平稳的速度,只要社会资源能够得到较充分的利用,只要本国居民的生活水平可以逐步提高,只要能够避免经济增长出现较大的波动幅度,那么这种经济增长率就属于较为适度和合理的增长率。

(三)物价稳定

保持物价稳定实际上就是控制通货膨胀。通货膨胀是商品价格普遍上涨的价格波动现象,因此世界各国通常采用各类商品价格上涨的指数来衡量通货膨胀的水平,如美国一般采用消费者物价指数、生产者物价指数和国民生产总值物价指数来衡量物价上涨的程度,我国则运用零售物价指数、消费物价指数和批发物价指数反映通货膨胀的水平。

理论研究和实证分析都表明,通货膨胀是伴随着经济增长所特有的一种经济现象,但通货膨胀将对社会和经济造成很大的危害:通过价格的变化进行收入的再分配,导致新的社会分配不公平,同时又会对普通居民拥有的无形资产的价值造成侵蚀,减少人们手中财富的价值;因商品价格的上涨而使人们的名义工资增加,实际收入减少,导致人们生活水平下降;工资收入者名义收入的上升容易产生通货膨胀税,使纳税人的税收负担加重;通货膨胀还容易增强人们的投机意识,不利于正常的投资和经济活动;等等。因此,如果因经济增长或其他的原因导致物价不稳定或通货膨胀,那么治理通货膨胀以保持物价稳定就成为政府财政政策的重要目标。

(四)收入分配公平

在市场经济条件下,由市场机制对经济活动进行调节,市场按照经济效率的原则在收入分配领域进行调节,这样调节的结果可能是:先天条件好的劳动者收入水平提高,而先天条件差的劳动者收入水平很低,甚至没有收入来源。不同的劳动者收入差距会越来越大,导致收入分配的不公平,而这种不公平除了部分是属于市场效率原因造成分配结果的不公平外,还有部分原因是起点的不公平,如家庭条件的好坏对未来劳动者的教育程度产生影响,从而使接受不同教育水平的人在不同的行业和领域寻找就业机会,而行业及领域的差距,实际上意味着收入水平的差异。再如，两个不同的人从上一代哪里继承了不同规模的遗产，由此可能因先天资产状况的差异而导致这两个人以后收入状况出现巨大的差异等。

无论是收入分配起点的不公平，还是分配结果的不公平，都是市场本身所不能解决的问题，而收入分配的巨大差异将会引起很多社会问题，甚至成为社会不稳定的因素。因此，通过政府运用适当的手段对这种不公平的收入进行分配干预，以实现社会收入分配的公平，自然就成为财政政策的重要目标。

财政政策的目标具有多元性和实效性的特点。从理论上讲，财政政策目标既可以是一元的，又可以是多元的。但是，在现代市场经济体制下，由于经济的开放性和经济环境的复杂性，一个国家的财政政策目标不止一个，而是多个。财政政策目标具有多层次性，往往可以被分解为若干层次。例如，保持总供给和总需求大体上平衡的财政政策目标，在总需求膨胀的提前下，可以被分解为降低社会总需求水平和增加现实的供给能力这样两个子目标；在总需求不足的提前下，则可以分解为提高社会总需求水平和调整社会供给结构等若干子目标。

从根本上说，财政政策目标的确定与实现，最终取决于一定的社会经济和政治条件，而在不同的时期、不同的社会历史阶段，一个国家的社会经济与政治条件是不同的，社会经济与政治条件的阶段性，决定了财政政策目标在约束力和针对性方面具有一定的实效性。因此，各个国家的政府一般将财政政策目标按照时间长短划分为长期的财政政策目标、中期的财政政策目标和短期的财政政策目标。

财政政策的上述特点，决定了各财政政策目标在方向上可能是一致的，也可能是相互重叠的或者相互交叉的，甚至是相互矛盾的。例如，使社会总供给与总需求大体平衡的目标，与稳定物价的目标在大的方向上是一致的，因此可以认为这两个目标之间是相互重叠的，实际上，社会总供给与总需求相平衡也是稳定物价的基本前提条件之一；与此同时，正如“菲利普斯曲线”所证明的，充分就业目标和稳定物价目标之间是相互矛盾的。

认识财政政策目标的上述特点，对于政府制定财政政策具有重要的现实意义。任何一项财政政策措施的确定与实施，都是为了实现特定的财政政策目标。财政政策目标的多元性与实效性等特点，决定了为了达到既定的财政政策目标所要采取的财政政策措施必须有若干种。在实践中，如果各个财政政策目标之间是相互矛盾的，那么为了实现这些目标所采取的措施之间也会相互抵触、相互削弱，甚至成为抵消其他财政政策措施的力量，最终使既定的财政政策目标无法实现。因此，政府在确定财政政策之前，应当充分了解各个财政政策目标与相应的财政政策措施之间的关系，使之相互协调，从而提高财政政策效率，实现既定的财政政策目标。

材料 10－1　　欧元区国家财政政策

财政政策的自动稳定器作用已经成为使用欧元作为货币的欧洲诸国的争议问题，在欧洲，人们担心的是自动财政稳定器的缺乏，自动稳定器可以在一些成员国的经济衰退而其他成员国经济繁荣时在欧元区内部稳定经济的波动。

使用欧元的欧洲经济和货币同盟（European Economic and Monetary Union，EMU）的成员国共享一个单一的货币政策，该政策由位于法兰克福的欧洲中央银行（European Central Bank，ECB）负责实施。ECB 根据欧盟的总体经济状况制定政策，但是对欧盟来说，正确的政策对欧盟内个别国家来说可能不是最好的政策。例如，假定德国和法国，欧盟中最大的两个经济体，正在经历经济繁荣，而葡萄牙则处于衰退之中，ECB 可以提高利率以减弱德国和法国的繁荣，但会使得葡萄牙的衰退雪上加霜。由于 ECB 影响的是整个欧盟的利率，它的政策不能为适应每一个成员国的需要而量体裁衣。

但这与有50个州的美国有什么不同？美联储是根据整个国家的情况制定政策。一些州可能正处在衰退中，因此希望美联储的政策更具扩张性；而一些州可能经济繁荣，因此偏紧的政策对它们更有利。

美国有而欧洲没有的是，自动帮助稳定整体经济的联邦财政体系。如果一个州衰退，从该州征收的联邦税款就会下降，给予该州的联邦转移支付则会上升。这一转移支付有助于促进该州需求的增长。联邦系统会把收入从扩张中的州转移到收缩中的州，帮助减弱处在繁荣中的州的需求，同时帮助抵消处在收缩中的州的衰退。

在EMU的成员国中不存在这种财政转移支付。尽管所有成员国有着共同的货币政策，但它们没有共同的财政政策。如果德国经济处于繁荣之中，而葡萄牙经济萧条，德国收入增加所增加的税收不会被用于对葡萄牙提供更多的转移支付。

第三节 财政政策与货币政策的配合

一、货币政策概述

要了解货币政策，必须具备一些西方银行制度的知识，因为货币政策要通过银行制度来实现。在银行制度方面，西方主要国家的金融机构并不完全相同。大体来说，它们的金融机构包括金融中介机构和中央银行两类。金融中介机构中最主要的是商业银行，其他还有储蓄和贷款协会、信用协会、保险公司、私人养老基金等。

一般认为，中央银行具有三大职能：

(1)作为发行的银行，发行国家货币。(2)作为银行的银行，既为商业银行提供贷款(用票据再贴现、抵押贷款等办法)，又为商业银行集中保管存款准备金，还为商业银行集中办理全国的结算业务。(3)作为国家的银行，第一，它代理国库，一方面根据国库委托代收各种税款和公债价款等收入作为国库的活期存款，另一方面代理国库拨付各种经费，代为各种付款与转账；第二，提供政府所需资金，既用贴现短期国库券等形式为政府提供短期资金，也用帮助政府发行公债或直接购买公债的方式为政府提供长期资金；第三，代表政府与外国发生金融业务关系；第四，执行货币政策；第五，监督、管理全国金融市场活动。

二、财政与银行信贷作用的不同

在我国，财政与银行信贷是国家从宏观上集中分配资金的两条不同渠道，两者虽然都能对社会的总需求与总供给进行调节，但在消费需求与投资需求形成中的作用又是不同的，而且这种作用是不可相互替代的。我们可以从以下几方面来看两者的不同作用。

(一)两者的作用机制不同

财政是国家集中一部分GDP用于满足社会公共需要，因而在国民收入的分配中，财政居于主导地位。财政直接参与国民收入的分配，并对集中起来的国民收入在全社会范围内进行再分配。银行是国家再分配货币资金的主要渠道，这种对货币资金的再分配，除了收取利息外，并不直接参与GDP的分配，而只是在国民收入分配和财政再分配基础上的一种再分配。

(二)两者的作用方向不同

从消费需求的形成看，包括个人消费需求和社会消费需求两个方面。社会消费需求基本上是通过财政支出形成的，因而财政在社会消费需求形成中起决定作用。而银行信贷在这方面则显得无能为力。个人消费需求的形成则受到财政、信贷两方面的影响。在个人所得税制度日益完善的情况下，财政对个人消费需求的形成是有直接影响的；而银行主要是通过工资基金的管理和监督以及现金投放的控制，间接地影响个人的消费需求。再从投资需求的形成看，财政在形成投资需求方面的作用，主要是调整产业结构、促进国民经济结构的合理化，而银行的作用则主要在于调整总量和产品结构。

（三）两者在膨胀和紧缩需求方面的作用不同

财政赤字可以扩张需求，财政盈余可以紧缩需求，但财政本身并不具有直接创造需求的能力，唯一能创造需求、创造货币的是中央银行。因此，财政的扩张和紧缩效应一定要通过货币政策机制的传导才能发生。

正是由于财政与银行在消费需求与投资需求形成中有不同的作用，所以才要求财政政策与货币政策必须配合运用。如果财政政策与货币政策各行其是，就会产生碰撞与摩擦，彼此抵消力量，从而减弱宏观调控的效应和力度，也难以实现预期的调控目标。

我国在实施积极的财政政策的同时，实行了稳健的货币政策，因而可以避免经济增长的同时加剧通货膨胀的后果。目前则转向“双稳健政策”，运用稳健财政政策保证适度经济增长，运用稳健货币政策保证适度货币供应，既有利于遏制通货紧缩的趋势，又可以避免通货膨胀死灰复燃。但由于国际和国内形势的急剧变化，货币政策转向紧缩政策，财政政策仍实行稳健政策，应积极采取各种措施配合和促进货币政策的实施，保持经济稳定较快增长。

三、财政政策与货币政策配合使用的几种模式

财政政策与货币政策在实践中往往要配合使用。所谓财政政策和货币政策的配合，是指政府将财政政策和货币政策按某种形式搭配组合起来，以调节总需求，最终实现宏观经济的内外平衡。财政政策与货币政策的配合使用，一般有四种模式：

（一）扩张性的财政政策和扩张性的货币政策，即“双松”政策

松的财政政策和松的货币政策能更有力地刺激经济。一方面通过减少税收或扩大支出规模等松的财政政策来增加社会总需求，增加国民收入，但也会引起利率水平提高。另一方面通过降低法定准备金率、降低再贴现率、买进政府债券等松的货币政策，增加商业银行的储备金，扩大信贷规模，增加货币供给，抑制利率的上升，以消除或减少松的财政政策的挤出效应，使总需求增加，其结果是：在利率不变的条件下，刺激经济，并通过投资乘数的作用使国民收入和就业机会增加。这样可以消除经济衰退和失业，比单独运用财政政策或货币政策更有缓和衰退、刺激经济的作用。

扩张性的财政政策和扩张性的货币政策搭配所适用的经济初始状态是：(1)存在比较高的失业率；(2)大部分企业开工不足，设备闲置；(3)大量资源有待开发；(4)市场疲软，没有通胀现象；(5)国际收支盈余过多。在此状态下，这种搭配模式一方面会刺激对进口产品的需求，减少国际收支盈余；另一方面对推动生产和降低失业率有促进作用。这种模式能够短时间内提高社会总需求，见效迅速，但运用时应谨慎，如果掌握的尺度不好，会造成通货膨胀的危险。

（二）紧缩性的财政政策和紧缩性的货币政策，即“双紧”政策

当经济过度繁荣、通货膨胀严重时，可以将紧的财政政策和紧的货币政策配合使用。这就是说通过增加税收和减少政府支出规模等紧的财政政策来压缩总需求，从需求方面抑制通货膨胀。而利用提高法定存款准备金率等紧的货币政策减少商业银行的准备金，会使利率提高，

投资下降，货币供给量减少，有利于抑制通货膨胀；同时，由于紧的财政政策在抑制总需求的同时会使利率下降，而通过紧的货币政策使利率上升，从而不使利率的下降起到刺激总需求的作用。其结果可在利率不变的情况下，抑制经济过度繁荣，使总需求和总产出下降。

实施紧缩性的财政政策和紧缩性的货币政策搭配的初始状态是：(1)经济处于高通货膨胀；(2)不存在高失业率；(3)国际收支出现巨额赤字。

削减总需求一方面有利于抑制通货膨胀、保证货币和物价的稳定；另一方面有助于改善国际收支状况，减少国际收支赤字。但是，这一模式如果运用不当，往往会造成经济停滞。

(三)扩张性的财政政策和紧缩性的货币政策

这种政策组合的结果是利率上升，总产出的变化不确定。具体来说，这种模式在刺激总需求的同时又能抑制通货膨胀。松的财政政策通过减税、增加支出，有助于克服总需求不足和经济萧条；而紧的货币政策会减少货币供给量，进而抑制由于松的财政政策引起的通货膨胀的压力。

实施扩张性的财政政策和紧缩性的货币政策搭配适宜的条件是：(1)经济停滞不前，甚至衰退；(2)社会总需求不足；(3)物价稳定，没有通货膨胀迹象；(4)失业率高；(5)国际收支赤字。在这种情况下，用松的财政政策来拉动内需，应对经济衰退，用紧的货币政策来减少国际收支赤字，调节国际收支平衡，从而有助于促进宏观经济的内外均衡。

(四)紧缩性的财政政策和扩张性的货币政策

同扩张性的财政政策和紧缩性的货币政策相反，这种政策组合的结果是利率下降，总产出的变化不确定。一方面，通过增加税收，控制支出规模，压缩社会总需求，抑制通货膨胀；另一方面，采取松的货币政策增加货币供应，以保持经济适度增长。

实施紧缩性的财政政策和扩张性的货币政策搭配的适宜条件是：(1)经济过热；(2)物价上涨，通货膨胀；(3)社会失业率低；(4)国际收支出现过多顺差。在此状态下，采取紧缩性的财政政策和扩张性的货币政策的配合是适宜的，前者可以用来对付通货膨胀，后者可用来减少过多的国际收支盈余(通过刺激进口和以低利率刺激资本流出)，从而有助于促进宏观经济的内外均衡。

货币政策是中央银行为实现既定的目标运用各种工具调节货币供应量，进而影响宏观经济运行的各种方针措施。主要包括信贷政策和利率政策。收缩信贷和提高利率是“紧”的货币政策，能够抑制社会总需求，但会制约投资和短期内发展；反之，是“松”的货币政策，能扩大社会总需求，对投资和短期内发展有利，但容易引起通货膨胀的上升。

财政政策包括国家税收政策和财政支出政策。增税和减支是“紧”的财政政策，可以减少社会需求总量，但对投资不利；反之，是“松”的财政政策，有利于投资，但社会需求总量的扩大容易导致通货膨胀。

虽然这两项政策在宏观经济运行中都有较强的调节能力，但仅靠一项政策很难全面实现宏观经济的调控目标，没有双方的配合，单个政策的实施效果将会大大减弱，这就要求二者相互协调，密切配合，充分发挥综合优势。

财政政策与货币政策有四种不同的搭配组合，政府究竟采用哪种取决于客观的经济环境，实际上主要取决于政府对客观经济情况的判断。概括地说，“一松一紧”主要是解决结构问题；单独使用“双松”或“双紧”主要为解决总量问题。

在市场经济中，货币政策和财政政策是国家履行宏观经济管理职能的两个最重要的调节手段，在公有制基础上的市场经济中，由于根本利益一致和统一的总体经济目标，货币政策和财政政策的实施具有坚实的基础，同时这两大政策具有内在的统一性，为它们之间的协调配合奠定了牢固的基础。但由于这两大政策各有其特殊作用，调节的侧重面也不同，因此，这两大政策又具有相对的独立性，二者既不能简单地等同或混同，又不能各行其是，而应该相互协调，密切配合，以实现宏观经济管理的目标。

货币政策与财政政策的协调配合需注意以下几个方面：

第一，两大政策的协调配合要以实现社会总供求的基本平衡为共同目标。

第二，两大政策的协调配合应有利于经济的发展。

第三，两大政策既要相互支持，又要保持相对独立。

第四，从实际出发进行两大政策的搭配运用。

货币政策和财政政策的协调配合，是实现国家宏观经济管理目标的客观要求和必要条件。但两大政策协调配合的效果，不仅取决于正确确定两大政策的搭配方式及其具体操作，在很大程度上还取决于外部环境的协调配合。例如，需要有产业政策、收入分配政策、外贸政策、社会福利政策等其他政策的协同；有良好的国际环境和稳定的国内社会政治环境；有合理的价格体系和企业(包括金融企业)的运行机制；还需要有各部委、各部门和地方政府的支持配合。供给侧结构性改革，重点是解放和发展社会生产力，用改革的办法推进结构调整，减少无效和低端供给，扩大有效和中高端供给，增强供给结构对需求变化的适应性和灵活性，提高全要素生产率。

材料 10－2　　供给侧改革

当前，制约我国经济发展的因素中供给和需求两侧都有，但主要问题在于供给侧。其根本原因，在于发展方式和消费需求发生了根本变化，由市场普遍短缺转为局部过剩，由强调数量转为追求质量。经济增速放缓，看似有效需求不足，实则有效供给不足，结构失衡、供需错配才是深层症结。

比如，一些行业和产业产能严重过剩，同时大量关键装备、核心技术、高端产品还依赖进口；农业发展形势很好，但有些农产品却不能很好适应需求变化，群众不买账；国内需求不振，而消费外溢导致的“海淘”热度却不减，大量消费者去境外“爆买”。这说明，我国不是需求不足，而是需求变了，供给的产品却没有变，质量、服务跟不上，从而导致消费能力严重外流。

在有效供给不能适应需求总量和结构变化的情况下，根本解决之道在于结构性改革。要创新经济治理思路，在适度扩大总需求的同时，着力加强供给侧结构性改革，减少无效和低端供给，扩大有效和中高端供给，增强供给结构对需求变化的适应性和灵活性；要通过一系列政策举措，特别是推动科技创新、发展实体经济、保障和改善人民生活的政策措施，来解决我国经济供给侧存在的问题。这是适应我国经济发展新常态的必然要求，也是中国经济迈向“双中高”的必由之路。

推进供给侧结构性改革，前提是厘清认识、明确思路。

习近平主席在研讨班上强调，我们讲的供给侧结构性改革，既强调供给又关注需求，既突出发展社会生产力又注重完善生产关系，既发挥市场在资源配置中的决定性作用又更好发挥政府作用，既着眼当前又立足长远。

这样的改革思路，充分体现了发展的辩证法，是针对时弊、着眼长远的治本之道。推进供给侧结构性改革，制胜要诀是抓住关键领域和薄弱环节。

习近平强调，推进供给侧结构性改革，要从生产端入手，重点是促进产能过剩有效化解，促进产业优化重组，降低企业成本，发展战略性新兴产业和现代服务业，增加公共产品和服务供给。

去产能、去库存、去杠杆、降成本、补短板，这"五大重点任务"，事关改革全局，必须坚定扎实地干，当前，尤其要从生产端入手，斩钉截铁处置"僵尸企业"，进一步促进产业优化重组，通过一整套"加减乘除"的组合拳，全面改善供给结构，不断提高供给体系质量和效益，从而更好地满足人民需要，推动我国社会生产力水平实现新跃升。

供给侧结构性改革，就是从提高供给质量出发，用改革的办法推进结构调整，矫正要素配置扭曲，扩大有效供给，提高供给结构对需求变化的适应性和灵活性，提高全要素生产率，更好满足广大人民群众的需要，促进经济社会持续健康发展。

改革实质：

1. 供给方式

供给侧改革实质上就是改革政府公共政策的供给方式，也就是改革公共政策的产生、输出、执行以及修正和调整方式，更好地与市场导向相协调，充分发挥市场在配置资源中的决定性作用。说到底，供给侧改革，就是按照市场导向的要求来规范政府的权力。离开市场在配置资源中的决定性作用谈供给侧改革，以有形之手抑制无形之手，不仅不会有助于经济结构调整和产业结构调整，也会损害已有的市场化改革成果。

2. 供给结构

从中国中央政府"推动供给侧结构性改革，着力改善供给体系的供给效率和质量"等明确表示看，供给侧改革就是以市场化为导向、以市场所需供给约束为标准的政府改革。从供给侧改革的阶段性任务看，无论是削平市场准入门槛、真正实现国民待遇均等化，还是降低垄断程度、放松行政管制，也无论是降低融资成本、减税让利民众，还是减少对土地、劳动、技术、资金、管理等生产要素的供给限制，实际上都是政府改革的内容。

改革重点：

供给侧改革的关键是推进供给的结构性调整，即通过创新供给结构引导需求的结构调整与升级。习近平总书记在谈到中国经济新常态特点时特别强调中国经济面临三大结构调整，即经济结构、增长动力结构和增长方式结构的重大调整。

1. 经济结构

供给侧结构性改革应当有利于经济结构的调整。经济结构按层次包括产业结构和产品结构的调整，调整产业结构重点是推进现代第三产业的发展，提高第三产业占国民经济的比重。调整产品结构包括生产性消费品结构和生活性消费品结构，变制造大国为制造强国；推进消费升级和消费结构调整也是供给侧结构改革的重要任务。

2. 动力结构

供给侧结构性改革应当有利于经济增长动力结构的调整。改革开放以来，出口、投资、消费一直是支撑我国经济发展的"三驾马车"，其中出口与投资贡献率最高。美国次贷危机以后，特别是我国经济已步入自然回落周期以来，中国经济增长动力结构发生了深刻变化，内需逐渐成为主要动力。因此，供给侧结构性改革要适应和推进动力结构的调整。

3. 经济增长方式

供给侧结构性改革应当有利于经济增长方式的结构调整。习近平总书记在论述经济新常态第三个特点时指出，中国经济正由要素驱动、投资驱动转向创新驱动。十八届五中全会在制定五年发展规划时，将创新发展确定为五大发展战略之首。供给侧结构性改革应当在供给侧理论、供给侧制度、供给侧技术等方面寻求突破。供给侧与需求侧的结构性改革应当同步推进，不能顾此失彼。习近平总书记提出供给侧结构性改革时强调，“在适度扩大总需求的同时，着力加强供给侧结构性改革”。显然，供给侧与需求侧是矛盾统一体的两个方面，不能强调一侧，忽略另一侧。这是因为，中国经济运行正面临着供给侧和需求侧都亟待结构性调整的双重压力，供给侧方面的问题是结构性供给过剩和结构性供给不足并存。只有坚持供给侧和需求侧的同步结构性调整，实现新的平衡，才能实现经济的稳步增长。

实施路径：

1. 针对突出问题，抓住关键点，促进过剩产能有效化解，促进产业优化重组，降低成本，帮助企业保持竞争优势，化解房地产库存，促进房地产业持续发展，防范化解金融风险。

2. 坚持解放和发展社会生产力，坚持以经济建设为中心不动摇，坚持五位一体总体布局，使市场在资源配置中起决定性作用，调动各方面积极性。

参考文献

1.(美)大卫・N.海曼. 公共财政:现代理论在政策中的应用[M].章彤译. 北京:中国财政经济出版社,2002.

2. 邓子基,邱华炳. 财政学[M]. 北京:高等教育出版社,2000.

3. 普拉丹. 公共支出分析的基本方法[M]. 蒋洪等译. 北京:中国财政经济出版社,2000.

4. 叶振鹏,张馨. 公共财政论[M]. 北京:经济科学出版社,1999.

5. 鲁迪格・多恩布什,斯坦利・费希尔,理查德・斯坦兹. 宏观经济学(第十版)[M]. 王志伟译 . 北京:中国人民大学出版社,2009.

6. 高鸿业 . 宏观经济学(第四版)[M]. 北京:中国人民大学出版社,2007.

7. 约瑟夫・E. 斯蒂格利茨,卡尔・E. 沃尔什. 经济学(第四版)[M]. 黄险峰,张帆译 . 北京:中国人民大学出版社,2010.

8. 陈共 . 财政学[M]. 北京: 中国人民大学出版社,2015.